2025年度版

徳島県の
理科

過 去 問

協同教育研究会 編

協同出版

本書には，徳島県の教員採用試験の過去問題を収録しています。各問題ごとに，以下のように5段階表記で，難易度，頻出度を示しています。

難 易 度

非常に難しい	☆☆☆☆☆
やや難しい	☆☆☆☆
普通の難易度	☆☆☆
やや易しい	☆☆
非常に易しい	☆

頻 出 度

◎	ほとんど出題されない
◎◎	あまり出題されない
◎◎◎	普通の頻出度
◎◎◎◎	よく出題される
◎◎◎◎◎	非常によく出題される

はじめに～「過去問」シリーズ利用に際して～

　教育を取り巻く環境は変化しつつあり，日本の公教育そのものも，教員免許更新制の廃止やGIGAスクール構想の実現などの改革が進められています。また，現行の学習指導要領では「主体的・対話的で深い学び」を実現するため，指導方法や指導体制の工夫改善により，「個に応じた指導」の充実を図るとともに，コンピュータや情報通信ネットワーク等の情報手段を活用するために必要な環境を整えることが示されています。

　一方で，いじめや体罰，不登校，暴力行為など，教育現場の問題もあいかわらず取り沙汰されており，教員に求められるスキルは，今後さらに高いものになっていくことが予想されます。

　本書の基本構成としては，出題傾向と対策，過去5年間の出題傾向分析表，過去問題，解答および解説を掲載しています。各自治体や教科によって掲載年数をはじめ，「チェックテスト」や「問題演習」を掲載するなど，内容が異なります。

　また原則的には一般受験を対象としております。特別選考等については対応していない場合があります。なお，実際に配布された問題の順番や構成を，編集の都合上，変更している場合があります。あらかじめご了承ください。

　最後に，この「過去問」シリーズは，「参考書」シリーズとの併用を前提に編集されております。参考書で要点整理を行い，過去問で実力試しを行う，セットでの活用をおすすめいたします。

　みなさまが，この書籍を徹底的に活用し，教員採用試験の合格を勝ち取って，教壇に立っていただければ，それはわたくしたちにとって最上の喜びです。

協同教育研究会

CONTENTS

第1部

徳島県の
理科
出題傾向分析

徳島県の理科　傾向と対策

　中学理科については，2024年度も2023年度に引き続き，大問5問と比較的問題数が少ないことが特徴である。物理・化学・生物・地学の大問各1問と学習指導要領からの出題であった。試験時間は100分で，解答方式は記述式である。各科目の設問は，物理を除いて高校理科とほぼ共通で，基本的に高校範囲の出題と考えてよい。対策として，高校教科書の重要用語，例題，実験について計算も含めて学習を積んでおけば十分対応できると考えられる。あるテーマについて小問が幾つかある形式の出題がほとんどであるが，年度によっては実験を題材とした出題も見られるため，重要実験については概要，留意点，器具の取扱い等の細かい点まで確認しておくこと。

　学習指導要領については，大問1問の出題であるが，全体に占める配点の割合は30％とかなり大きい。学習指導要領と同解説を併せて熟読し，理解しておくことが大切である。2024年度も例年同様に，教科の目標，分野に即した内容，指導計画の作成と内容の取扱いについての出題であった。空欄補充問題であるが，語句をしっかりと記憶していることが求められる。また，年度によっては観察，実験，野外観察の指導の留意事項・配慮事項を記述する設問が出題されているので，単なる暗記ではない理解が必要である。学習指導要領の中でも，教科内容の目標や取扱いについては特に注意して学習しておくとよいだろう。

　高校理科については，物理が8問(2問は学習指導要領関連)，化学が7問(1問は学習指導要領関連)，生物が8問(2問は学習指導要領関連)，地学が6問(1問は学習指導要領関連)の出題で，試験時間は100分，解答方式は中学理科と同様に記述式である。各科目は一般的な高校の学習範囲から大学入試標準レベルに収まる出題がほとんどであり，高校範囲からの大きな逸脱は見られない。ただし，各科目ともに論述問題があり，特に生物は例年，記述・論述の比率が非常に高いため，試験の際は時間配分に気をつけて単純な問題は素早く解答したい。また2021年度には，地

4

学において黒板に正確に楕円を書く方法を記述させる問題など，実際の授業を意識した論述問題も出題されている。対策として，まずは大学入試標準レベルの問題集を解き，現在の自己の知識量の確認を行っておく必要がある。その上で，細かく理解を進めるべきと判断した分野の出題形式に慣れていくとよいと考えられる。また，2023年度の化学のように問題文中にオレフィンメタセシス反応を扱うなど，大学教養レベルの知識が要求されることもあるので，自身の専門分野については大学の内容も整理しておくことを勧める。

学習指導要領については例年必ず出題されている。また，各科目とも配点の約25％と，中学理科と同様にウエイトが高いため，学習指導要領と同解説を併せて熟読して理解しておくこと。例年，各科目の目標，内容，内容の取扱いの空欄補充問題が中心であるが，物理や地学では，学習指導要領に即した具体的な授業内容や実験内容を論述させる問題が出題されているので，単なる暗記ではない理解が必要である。

早くから学習計画を立てて着実に進めたい。さらに過去問には必ず当たっておこう。数年分の過去問を実際の受験のつもりで試すことにより，出題傾向を自分で分析し，出題形式に慣れ，自分の苦手な分野を知ることができる。苦手克服の対策により，自信にもつながるであろう。

過去5年間の出題傾向分析

■中学理科

科目	分類	主な出題事項	2020年度	2021年度	2022年度	2023年度	2024年度
物理	身近な物理現象	光					
		音					●
		力	●				
	電流の働き	電流と回路					
		電流と磁界					
	運動の規則性	運動と力	●			●	
		仕事, エネルギー, 熱					
	学習指導要領	内容理解, 空欄補充, 正誤選択	●	●	●	●	●
化学	身近な物質	物質の性質					
		物質の状態変化		●			
		水溶液					
		酸性・アルカリ性の水溶液					
		気体の性質		●			
	化学変化と分子・原子	物質の成り立ち	●			●	
		化学変化と物質の質量					
	物質と化学変化の利用	酸化・還元					
		化学変化とエネルギー					
	学習指導要領	内容理解, 空欄補充, 正誤選択	●	●	●		●
生物	植物のからだのつくりとはたらき	観察実験					
		花や葉のつくりとはたらき					
		植物の分類					
	動物のからだのつくりとはたらき	刺激と反応					
		食物の消化					
		血液の循環	●				
		呼吸と排出					
	生物の細胞と生殖	生物のからだと細胞				●	
		生物の殖え方					●
		環境・生態系			●		
	学習指導要領	内容理解, 空欄補充, 正誤選択	●	●	●	●	●
地学	大地の変化	岩石					●
		地層				●	
		地震					
	天気の変化	雲のでき方・湿度			●		
		前線と低気圧					
		気象の変化					

科目	分類	主な出題事項	2020年度	2021年度	2022年度	2023年度	2024年度
地学	地球と宇宙	太陽系	●	●			
		地球の運動と天体の動き	●				
	学習指導要領	内容理解，空欄補充，正誤選択	●	●			●

■高校物理

分類		主な出題事項	2020年度	2021年度	2022年度	2023年度	2024年度
力学		力		●		●	●
		力のモーメント				●	
		運動方程式		●		●	
		剛体の回転運動				●	
		等加速度運動		●	●	●	
		等速円運動		●			
		単振動	●		●		●
		惑星の運動・万有引力					●
		仕事，衝突			●		
波動		波動の基礎	●				●
		音波		●			●
		光波			●	●	
電磁気		電界と電位					
		コンデンサーの基礎					
		直流回路		●			
		コンデンサー回路				●	
		電流と磁界		●	●		
		電磁誘導	●	●	●		
		交流電流					●
		電磁波					
熱と気体		熱，状態の変化		●			●
		状態方程式				●	●
		分子運動	●		●		
		熱力学第一法則		●		●	
原子		光の粒子性					
		物質の二重性					
		放射線		●		●	
		原子核反応	●		●		●
その他		実験・観察に対する考察	●		●		●
学習指導要領		内容理解，空欄補充，正誤選択	●	●	●	●	●

■高校化学

分類	主な出題事項	2020年度	2021年度	2022年度	2023年度	2024年度
物質の構成	混合物と純物質					
	原子の構造と電子配置	●		●	●	
	元素の周期表			●		
	粒子の結びつきと物質の性質			●		●
	原子量, 物質量				●	
	化学変化とその量的関係		●	●	●	●
物質の変化	熱化学	●				●
	酸と塩基					●
	酸化と還元	●			●	●
	電池		●			
	電気分解				●	
無機物質	ハロゲン					
	酸素・硫黄とその化合物					●
	窒素・リンとその化合物					
	炭素・ケイ素とその化合物					
	アルカリ金属とその化合物			●	●	
	2族元素とその化合物				●	
	アルミニウム・亜鉛など				●	
	遷移元素			●	●	
	気体の製法と性質					
	陽イオンの沈殿, 分離				●	
有機化合物	脂肪族炭化水素	●	●		●	
	アルコール・エーテル・アルデヒド・ケトン		●		●	
	カルボン酸とエステル		●		●	
	芳香族炭化水素		●			
	フェノールとその誘導体		●			
	アニリンとその誘導体					
	有機化合物の分離					●
物質の構造	化学結合と結晶					●
	物質の三態					
	気体の性質			●	●	
	溶液, 溶解度			●	●	
	沸点上昇, 凝固点降下, 浸透圧			●	●	●
反応速度と化学平衡	反応速度	●				
	気相平衡					
	電離平衡					
	溶解度積					
	ルシャトリエの原理					

分類	主な出題事項	2020年度	2021年度	2022年度	2023年度	2024年度
天然高分子	糖類			●		
	アミノ酸・タンパク質				●	
	脂質			●		
合成高分子	合成繊維	●				
	合成樹脂（プラスチック）				●	●
	ゴム					
生活と物質	食品の化学					
	衣料の化学					
	材料の化学					
生命と物質	生命を維持する反応					
	医薬品					
	肥料					
学習指導要領	内容理解，空欄補充，正誤選択	●	●	●	●	●

■高校生物

分類	主な出題事項	2020年度	2021年度	2022年度	2023年度	2024年度
細胞・組織	顕微鏡の観察					
	細胞の構造	●			●	
	浸透圧					
	動物の組織					
	植物の組織					
分裂・生殖	体細胞分裂					
	減数分裂			●		●
	重複受精					●
発生	初期発生・卵割					
	胚葉の分化と器官形成				●	
	誘導					
	植物の組織培養					
感覚・神経・行動	感覚器		●			
	神経・興奮の伝導・伝達	●		●		●
	神経系					
	動物の行動					
恒常性	体液・血液循環					
	酸素解離曲線					
	ホルモン					
	血糖量の調節					●
	体温調節					
	腎臓・浸透圧調節					●
	免疫		●			

分類	主な出題事項	2020年度	2021年度	2022年度	2023年度	2024年度
恒常性	器官生理					
	自律神経系					
遺伝	メンデル遺伝					●
	相互作用の遺伝子					
	連鎖			●		
	伴性遺伝					
	染色体地図					●
植物の反応	植物の反応					
	植物ホルモン					
	オーキシンによる反応					
	種子の発芽				●	
	花芽形成					
遺伝子	DNAの構造とはたらき					●
	遺伝情報の発現とタンパク質合成	●	●	●		
	遺伝子の発現・調節					
	遺伝子工学			●	●	●
酵素・異化	酵素反応	●	●			
	好気呼吸			●	●	
	嫌気呼吸					
	筋収縮			●		
同化	光合成曲線					
	光合成の反応		●			
	窒素同化				●	
	C4植物					
個体群・植物群落・生態系	成長曲線・生存曲線・生命表	●				
	個体群の相互作用		●			
	植物群落の分布			●		
	植物群落の遷移			●		
	物質の循環					
	物質生産					
	湖沼生態系					
	環境・生態系					●
進化・系統・分類	進化の歴史			●		
	分子系統樹					
	進化論			●		
	集団遺伝				●	
	系統・分類			●		
学習指導要領	内容理解, 空欄補充, 正誤選択	●	●	●	●	●

■高校地学

分類	主な出題事項	2020年度	2021年度	2022年度	2023年度	2024年度
惑星としての地球	地球の姿	●	●	●	●	●
	太陽系と惑星		●	●	●	●
大気と海洋	大気の運動		●	●	●	
	天候					
	海水の運動		●	●		
地球の内部	地震と地球の内部構造	●	●	●		
	プレートテクトニクス	●		●		
	マグマと火成活動		●	●		●
	地殻変動と変成岩		●			
地球の歴史	地表の変化と堆積岩	●	●	●	●	●
	地球の歴史の調べ方			●	●	
	日本列島の生い立ち					
宇宙の構成	太陽の姿		●			●
	恒星の世界		●	●	●	
	銀河系宇宙	●		●		
その他	実習活動の要点					
学習指導要領	内容理解, 空欄補充, 正誤選択	●	●	●	●	●

第2部

徳島県の
教員採用試験
実施問題

2024年度　実施問題

中学理科・高校化学共通

【1】固体の構造について，(1)～(4)の問いに答えなさい。

(1) 共有結合のみからなる結晶をつくるものはどれか，ア～オから1つ選び，記号で答えなさい。

ア Cu　　イ I_2　　ウ KCl　　エ MgO　　オ Si

(2) 分子結晶はどれか，ア～オから2つ選び，記号で答えなさい。

ア 生石灰　　　イ ドライアイス　　ウ ナフタレン

エ セッコウ　　オ 水晶

(3) 結晶に関する記述として誤りを含むものはどれか，ア～オから1つ選び，記号で答えなさい。

ア イオン結晶は，ベンゼンやジエチルエーテルには溶けにくい。

イ 金属結晶の融点は，金属元素の原子量が大きいほど高い。

ウ 共有結合の結晶は分子結晶に比べて硬い。

エ 金属結晶には，展性や延性がある。

オ イオン結晶は，固体状態では電気を通さないが，融解状態では電気を通す。

(4) 次図は塩化ナトリウムの結晶の単位格子である。図の立方体の一辺の長さをa〔cm〕，アボガドロ定数をN_A〔/mol〕，塩化ナトリウムのモル質量をM〔g/mol〕とするとき，塩化ナトリウムの結晶の密度〔g/cm³〕を表す式を書きなさい。

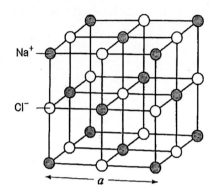

Na⁺

Cl⁻

a

(☆☆☆◎◎◎◎)

中 学 理 科

【1】次の文章を読み，(1)～(6)の問いに答えなさい。

　　被子植物の受精卵は，細胞分裂を繰り返して胚球と(　①　)になり，胚球はさらに分裂を繰り返して子葉などからなる胚になる。その後，種子が形成されると，この段階で発生の進行が止まり，種子は(　②　)する。一方，胚乳は，胚発達のための栄養分を貯蔵する役割を果たすが，胚乳が見られない無胚乳種子もある。

(1)　次図は胚珠内で見られる減数分裂直前の胚のう母細胞のDNA量と，生じた胚のう内の卵細胞のDNA量を示している。2つの太線をつなぎ，胚のう母細胞から卵細胞が生じるまでの，核あたりのDNA量の変化のグラフを完成させなさい。

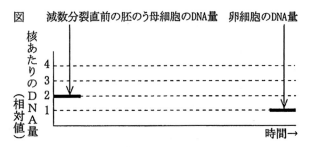

図　減数分裂直前の胚のう母細胞のDNA量　卵細胞のDNA量

(2)　文中の空欄(①)・(②)に適する語句を書きなさい。

(3)　胚を構成する子葉以外の部分を，次のア～オから3つ選び，記号で答えなさい。

　　ア　幼生　　イ　胚軸　　ウ　胞胚　　エ　幼芽　　オ　幼根

(4)　無胚乳種子の特徴を栄養分に注目して20字程度で説明しなさい。

(5)　胚乳で合成・貯蔵されるデンプンの違いにより，イネの種子はウルチとモチに分けられる。ウルチ系統のめしべに，モチ系統の花粉を受粉させF_1を得た。その後，このF_1どうしで自家受精が起こり種子が生じたとする。このとき生じた種子の胚乳の遺伝子型はAAA，AAa，Aaa，aaaである。このときの分離比を答えなさい。なお，ウルチとモチは1対の対立遺伝子(Aとa)によって決まり，ウルチが顕性(優性)形質である。

(6)　植物の中には，自身の花粉と受粉しても受精に至らないなど，他の個体と交配するために，自家受精を避けるしくみをもつものがある。このしくみを何というか答えなさい。

(☆☆☆◎◎◎)

【2】次の文章を読み，(1)～(4)の問いに答えなさい。

(1)　(①)～(④)に適する語句を書きなさい。ただし，同じ番号には同じ語句があてはまる。

　　静かな湖面に小石を落とすと，そこを中心に同心円状の波紋が広がる。このような現象は，日常生活の至るところに存在している。

このように，ある点で生じた振動が次々と周囲に伝わる現象を波または波動といい，これを伝える物質を(①)という。(①)の各点の振動方向が波の進行方向に(②)になっている波を縦波という。

　ひもの一端を固定し，他の端を手に持ってぴんと張り，手を上下に一振りすると，ひもがたわんでできる山のかたちが伝わる。このような孤立した波を(③)という。人が聞くことのできる音の振動数はおよそ20～20000Hzの範囲であり，この上限を越える音のことを(④)という。

(2)　単振動の周期が0.005秒のとき，振動数は何Hzか，答えなさい。

(3)　ラジオの時報の最初の音の振動数は440Hzである。音速が330m/sのとき，この時報の音の波長は何cmか，答えなさい。

(4)　図1と図2はよく晴れた昼間と夜間を示しており，気温は地面からの高さによりそれぞれ違う。以下の(a)・(b)の問いに答えなさい。

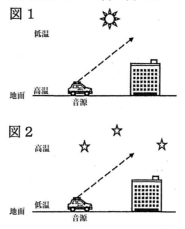

図1

図2

(a)　音源から破線でかかれた矢印の向きに出た音は，どのように進むか，図1と図2のそれぞれに，実線に矢印を付けて記入しなさい。

(b)　(a)から，遠くの音がよく聞こえるのはよく晴れた昼間と夜間のどちらか。また，その理由を説明しなさい。

(☆☆☆◎◎◎)

17

【３】　次の(1)〜(3)の問いに答えなさい。

(1)　次の文章を読んで，(a)〜(c)の問いに答えなさい。

　　地球の磁気とそれによる磁場を地磁気という。地球の磁場は，自転軸に対して約10°傾けて置かれた棒磁石の磁場に似ている。図は，地磁気の5つの要素を表したものである。地磁気の強さを全磁力といい，水平方向の強さを水平分力，垂直方向の強さを鉛直分力という。水平分力が地理上の真北からずれている角度を偏角，地磁気の向きと水平面のなす角度を伏角という。伏角は，赤道付近では（　①　），オーストラリア(南半球中緯度)付近では（　②　）となる。日本付近では（　③　）なる。

図

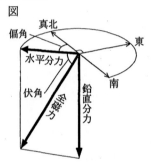

(a)　文章中の（　①　）・（　②　）に最も適するものを，次のア〜オからそれぞれ1つずつ選び，記号で答えなさい。

　　ア　上向きに50°　　イ　上向きに90°　　ウ　0°(水平)

　　エ　下向きに50°　　オ　下向きに90°

(b)　文章中の（　③　）に最も適するものを次のア〜エから選び，記号で答えなさい。

　　ア　水平分力は北ほど小さくなり，全磁力は磁極に近づくほど小さく

　　イ　水平分力は北ほど小さくなり，全磁力は磁極に近づくほど大きく

　　ウ　水平分力は北ほど大きくなり，金磁力は磁極に近づくほど小さく

18

エ　水平分力は北ほど大きくなり，全磁力は磁極に近づくほど大きく

(c)　太陽表面でフレアが発生してプラズマの粒子の数と速度が増加すると，プラズマが地球の磁力線にそって高緯度地域の大気に進入することがあり，そこで地球の大気粒子と衝突すると発光現象が起こる。この発光現象を何というか，書きなさい。

(2)　千葉県房総半島南部には海岸段丘が見られる。海岸段丘はどのようにしてできたものか，書きなさい。

(3)　次の文章中の（　①　）〜（　③　）に適する語句を，以下のア〜エからそれぞれ1つずつ選び，記号で答えなさい。ただし，同じ番号には同じ語句があてはまる。

　　マグマが生成されるのは，（　①　）が変わらず（　②　）が上昇するときと，（　②　）が変わらず（　①　）が低下するときである。また，水のような融点を下げる物質が加わることでも岩石の融解が生じる。地下の岩石が融解してできた液状のマグマは，周囲の岩石よりも（　③　）が小さいため地下深部から上昇し，周囲の岩石と（　③　）がつり合う深さで停止し，マグマだまりがつくられる。

ア　体積　　イ　温度　　ウ　圧力　　エ　密度

(☆☆☆◎◎◎)

【4】中学校学習指導要領「第2章　各教科」「第4節　理科」について，次の(1)〜(4)の問いに答えなさい。

(1)　次の文は，「第1　目標」の一部である。（　①　）〜（　③　）にあてはまる語句を書きなさい。ただし，同じ番号には同じ語句があてはまる。

> 第1　目標
> 　自然の事物・（　①　）に関わり，理科の見方・考え方を働かせ，見通しをもって観察，実験を行うことなどを通して，自然の事物・（　①　）を科学的に（　②　）するために必要な（　③　）を次のとおり育成することを目指す。

(2)　次の文は，〔第1分野〕「2　内容」の一部である。(　①　)～
(　④　)にあてはまる語句を書きなさい。

---

(2)　身の回りの物質
　ア　身の回りの物質の性質や変化に着目しながら，次のこ
　　とを理解するとともに，それらの観察，実験などに関す
　　る技能を身に付けること。
　　(ウ)　状態変化
　　　㋑　物質の融点と沸点
　　　　物質は融点や沸点を境に状態が変化することを知る
　　　とともに，(　①　)を加熱する実験を行い，沸点の違
　　　いによって物質の(　②　)ができることを見いだして
　　　理解すること。
　イ　身の回りの物質について，(　③　)を見いだし見通しを
　　もって観察，実験などを行い，物質の性質や状態変化に
　　おける(　④　)を見いだして表現すること。

---

(3)　次の文は，〔第2分野〕「2　内容」の一部である。(　①　)～
(　⑥　)にあてはまる語句を書きなさい。ただし，同じ番号には同
じ語句があてはまる。

---

(1)　いろいろな生物とその(　①　)
　イ　身近な生物についての観察，実験などを通して，いろ
　　いろな生物の(　①　)や(　②　)を見いだすとともに，生
　　物を分類するための(　③　)や(　④　)を見いだして表現
　　すること。
(7)　自然と人間
　イ　身近な自然環境や地域の(　⑤　)などを調べる観察，実
　　験などを行い，自然環境の保全と科学技術の利用の在り
　　方について，科学的に(　⑥　)して判断すること。

---

(4)　次の文は，「第3　指導計画の作成と内容の取扱い」の一部である。

（　①　）・（　②　）にあてはまる語句を書きなさい。

2　第2の内容の取扱いについては，次の事項に配慮するもの
とする。
(10)　科学技術が日常生活や社会を豊かにしていることや
（　①　）の向上に役立っていることに触れること。また，
理科で学習することが様々な（　②　）などと関係してい
ることにも触れること。

(☆☆◎◎◎)

高　校　理　科

【物理】

【1】次図のように水平に対する傾きの角がθのあらい斜面に，ばね定数
k〔N/m〕の質量が無いと想定する軽いばねの上端を固定している。ば
ねの下端に質量m〔kg〕の小物体を取り付けて，斜面の傾斜に沿って，
ばねが自然長になる位置(図の$x=0$)に小物体を置いて静かに放してか
ら，小物体が斜面に沿って滑り始めて速さがはじめて0になるまでを
考える。

なお，この小物体とあらい斜面との間の動摩擦係数をμ'，重力加速
度の大きさをg〔m/s²〕として，以下の(1)〜(5)の問いに答えなさい。

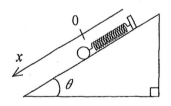

(1)　小物体がこの斜面に沿って，$x=0$から変位x_1〔m〕だけ滑る間に
重力のする仕事を求めなさい。

(2)　(1)の間に弾性力がする仕事を求めなさい。

(3)　(1)の間に動摩擦力がする仕事を求めなさい。

(4)　小物体の速さがはじめて0になる変位をx_2〔m〕を求めなさい。

(5)　(4)の変位x_2〔m〕から再び斜面に沿って動き始めるための条件として，この小物体とあらい斜面との間の静止摩擦係数μが取り得る値の範囲をμ'とθを用いて求めなさい。

(☆☆☆◎◎)

【2】滑らかに動くピストンを使ってn〔mol〕の単原子分子理想気体(気体定数R〔J/(mol・K)〕)をシリンダーに封じ込め，次図のような気体の状態A→状態B→状態C→状態D→状態Aを1サイクルとする熱機関をつくった。

図中のp_A，p_B，V_A，V_Cを用いて，以下の(1)～(5)の問いに答えなさい。

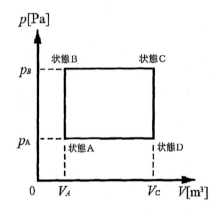

(1)　状態Aから状態Bの変化において，気体が受け取った熱量を求めなさい。ただし，気体が高温の熱源から吸収した場合を正とし，気体が低温の熱源へ排出した場合を負とする。

(2)　状態Bから状態Cの変化において，気体が外部からされた仕事を求めなさい。

(3)　状態Bから状態Cの変化において，(1)と同様に気体が受け取った熱量を求めなさい。

(4) 状態Dから状態Aの変化において，気体が外部からされた仕事を求めなさい。

(5) $p_A=1.5\times10^5$Pa，$p_B=4.5\times10^5$Pa，$V_A=0.50$m³，$V_C=1.5$m³のとき，次の(a)・(b)の問いに有効数字2桁で答えなさい。

　(a) この熱機関の1サイクルにおいて，実際に外部に対してする仕事を求めなさい。

　(b) (a)のときの熱機関の熱効率を求めなさい。

(☆☆☆◎◎◎)

【3】次図の気柱共鳴装置を用いて，おんさの振動数を測定する実験を行った。

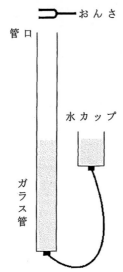

[手順]
　① 水カップを管口の辺りで支えながら，目盛りのついたガラス管に水を注ぐ。なお，この装置のガラス管(気柱)と水カップは，底の穴がホースでつながっている。
　② 水面の位置を，ガラス管の方は管口近くに，水カップの方は底の近くになるように調整する。

③　実験前の実験室の気温を測定する。

④　おんさをたたいて，おんさを管口に近づける。

⑤　水カップをゆっくり下げていき，ガラス管が共鳴しておんさの音が大きく聞こえる共鳴点を探し，ガラス管の管口から水面までの距離L_1を求める(3回測定)。

⑥　さらに水カップを下げていき，2つ目の共鳴点を探し，距離L_2を求める(3回測定)。

⑦　実験後の実験室の気温を測定する。

⑧　実験室内の音速を平均気温から導く。

V〔m/s〕$=331.5+0.6t$〔℃〕

[測定結果]

実験室の気温　実験前　$t_1=15.8$℃

　　　　　　　実験後　$t_2=16.2$℃

　　　　　　　平　均　$t=16.0$℃

共鳴点の測定

回数	1	2	3	平均
L_1[m]	0.183	0.190	0.182	0.185
L_2[m]	0.570	0.580	0.569	0.573

　この実験では，おんさの振動数とガラス管(気柱)の固有振動数が同じになる条件において共鳴した。この時，ガラス管内には入射波と反射波が重なりあって定在波が生じているとして，次の(1)～(5)の問いに答えなさい。

(1)　定在波の波長を求めなさい。

(2)　おんさの振動数を求めなさい。

(3)　開口端補正を求めなさい。

(4)　このおんさを1オクターブ高い振動数に変え，同じ平均気温において同様の実験を行った場合，観測されると予想される1つ目の共鳴点L_1'の長さを求めなさい。ただし，開口端補正に変化はないものとする。

(5)　実験室の気温がこの実験時よりも高くなると，L_1の値はどのように変化するか。「音の速さ」，「固有振動数」，「波長」の語句を用いて説明しなさい。

(☆☆☆◯◯◯)

【4】図のように，抵抗値Rの抵抗R，自己インダクタンスLのコイルL，電気容量CのコンデンサーCを直列に接続し，角周波数ωの交流電源に接続した。このとき電流の最大値をI_0，時刻をtとして，$I=I_0\sin\omega t$で表される電流が回路に流れた。以下の(1)〜(5)の問いに答えなさい。

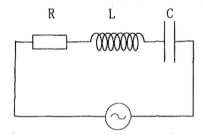

(1)　時刻tでの，コイルにかかる電圧V_Lを求めなさい。

(2)　Rが30Ω，角周波数ωに対するコイルLとコンデンサーCのリアクタンスがそれぞれ120Ωと80Ω，$I_0=0.40$Aのとき，回路全体のインピーダンスを求めなさい。

(3)　(2)の条件のとき，回路で消費される平均の消費電力を求めなさい。

(4)　この回路における共振角周波数をL，Cを用いて求めなさい。

(5)　R，L，Cをそれぞれ並列に接続した場合のインピーダンスをω，R，L，Cを用いて求めなさい。

(☆☆☆◯◯◯)

【5】人工衛星が地球の周りを，半径rの円軌道を描いて運動している。この人工衛星の質量をm，速さをvとする。万有引力定数をG，地球の半径をR，地球の質量をM，地上での重力加速度の大きさをgとして，次の(1)〜(5)の問いに答えなさい。

(1)　地表における重力加速度の大きさを，G, M, Rを用いて求めなさい。

(2)　人工衛星の速さをg, R, rを用いて求めなさい。

(3)　人工衛星の公転周期をg, R, r，円周率πを用いて求めなさい。

(4)　人工衛星が，空気の影響が無視できる地表すれすれを円軌道を描いて運動しているときの速さを，g, Rを用いて求めなさい。

(5)　地表から打ち上げた人工衛星が，無限の遠方まで飛んでいくための最小の初速度の大きさをg, Rを用いて求めなさい。

(☆☆☆◎◎◎)

【6】核反応と核エネルギーについて，次の(1)～(4)の問いに答えなさい。

(1)　次の核反応式の(　　)に入る数値を求めなさい。

$${}^{235}_{92}\text{U} + {}^{1}_{0}\text{n} \rightarrow {}^{144}_{56}\text{Ba} + {}^{89}_{36}\text{Kr} + (\quad) \times {}^{1}_{0}\text{n}$$

(2)　核子1個あたりの結合エネルギーが${}^{235}_{92}\text{U}$はE_A〔MeV〕，${}^{144}_{56}\text{Ba}$はE_B〔MeV〕，${}^{89}_{36}\text{Kr}$はE_C〔MeV〕のとき，(1)の核反応で放出される核エネルギーE〔MeV〕を求めなさい。

(3)　等しい運動エネルギーを持った2個の重水素原子核が正面衝突して，次の核反応を起こした。

$${}^{2}_{1}\text{H} + {}^{2}_{1}\text{H} \rightarrow (\quad) + {}^{1}_{0}\text{n}$$

ア　このような核反応を何というか答えなさい。

イ　また，この核反応式を完成させるために，(　　)に入る原子核を答えなさい。

(4)　(3)の反応式において，放出される核エネルギーを求めなさい。ただし，${}^{2}_{1}\text{H}$，${}^{1}_{0}\text{n}$，(　　)に入る原子核それぞれの質量をM_a〔kg〕，M_b〔kg〕，M_c〔kg〕とし，真空中の光の速さをc〔m/s〕とする。

(☆☆☆◎◎◎)

【7】次の文は，高等学校学習指導要領(平成30年告示)「理科」の「第2款　各科目　第3物理　3　内容の取扱い」及び「第3款　各科目にわたる指導計画の作成と内容の取扱い」の一部である。[　①　]～

26

[　⑨　]にあてはまる語句を答えなさい。ただし，同じ記号には同じ語句が入るものとする。

第2款　各科目　第3物理　3　内容の取扱い

(1)　内容の取扱いに当たっては，次の事項に配慮するものとする。

ア　内容の(1)様々な運動から(4)原子までについては，「[　①　]」との関係を考慮し，それぞれのアに示す知識及び技能とイに示す思考力，判断力，[　②　]等とを相互に関連させながら，この科目の学習を通して，[　③　]に探究するために必要な資質・能力の育成を目指すこと。

イ　この科目で育成を目指す資質・能力を育むため，「[　①　]」の3の(1)のイと同様に取り扱うとともに，この科目の学習を通して，探究の全ての学習過程を経験できるようにすること。

(2)　省略

第3款　各科目にわたる指導計画の作成と内容の取扱い

2　内容の取扱いに当たっては，次の事項に配慮するものとする。

(1)から(5)省略

(6)　[　④　]が日常生活や社会を豊かにしていることや[　⑤　]の向上に役立っていることに触れること。また，理科で学習することが様々な[　⑥　]などと関連していることにも触れること。

(7)　観察，実験，野外観察などの指導に当たっては，関連する[　⑦　]等に従い，[　⑧　]に十分留意するとともに，使用薬品などの管理及び[　⑨　]についても適切な措置を講ずること。

(☆☆◎◎◎)

【8】重力加速度を求めるため，単振り子を利用した次のような実験を行った。次の(1)～(3)の問いに答えなさい。

> ― 実験
>
> 　単振り子をセットし，振り子上部の固定部分からおもりまでのひもの長さを測定する。周期T_{10}として10往復分の周期を測定し，10で割ることにより1往復分の周期T_1を求める。これを10回繰り返し，1往復分の周期の平均値$\overline{T_1}$を求める。以上のデータと，単振り子の周期の公式から重力加速度gを求める。
>
> 　同様にして，ひもの長さを変えた場合やおもりの質量を変えた場合の実験を行う。

(1)　より正確な値を求めるために，上の実験で求める重力加速度の値が理科年表(国立天文台編纂)に記載されている値に可能な限り近づくように，どのような指導を行うことが適切か。3つ述べなさい。

(2)　ある生徒から「10往復を10回分測定するなら，100回測定して100で割って平均を出してもよいのではないか」との質問があった場合，適切と考える回答を答えなさい。

(3)　観点別評価における3観点について，【　ア　】・【　イ　】に適切な語句を答えなさい。また今回の実験について，それぞれ具体的な「評価規準」が書かれた例として正しくなるように(　①　)～(　③　)に適切な語句を答えなさい。

観点	評価規準
知識・技能	単振り子の周期を表す式を導く過程により振り子の(　①　)性を理解し，実験データから重力加速度を求めることができる。
【　ア　】	おもりにはたらく(　②　)力から得た単振り子の周期の式を用いて，周期と質量及びひもの長さとの関係について説明できる。
【　イ　】	単振動について，運動の最中，速度や加速度がどのように変化しているか，また(　③　)はどのようにすれば変化するのかということを理解しようとしている。

(☆☆☆◎◎◎)

【化学】

必要ならば次の値を用いなさい。

原子量：H＝1.0，C＝12，N＝14，O＝16，S＝32，Cl＝35.5

有機化合物の構造式は次の<例>のように示しなさい。

〈例〉

O－C－CH－CH₂－CH－NH₂

（環構造と置換基：O－C（＝O）－CH（OH）－CH₂－CH（CH₃）－NH₂）

【1】 次の文を読み，(1)・(2)に答えなさい。数値計算の解答は有効数字2桁で答えなさい。

都市ガスは，液化天然ガス(LNG)を使用しており，主成分メタンCH_4に，少量のエタンC_2H_6，プロパンC_3H_8を含む。これに対して，LPガス(プロパンガスともいわれる)は，液化石油ガス(LPG)を使用しており，主成分プロパンC_3H_8・ブタンC_4H_{10}に，少量のプロピレンC_3H_6等を含む。都市ガスとLPガスでは，その成分の違いにより，一定量を燃焼させた場合の発熱量が異なる。

(1) 定圧過程での反応熱は反応前後のエンタルピー変化に等しい。標準状態(298.15K，$1.013×10^5$Pa)における反応前後のエンタルピー $\varDelta H_f$〔kJ/mol〕という。化学反応のエンタルピー変化は反応経路に依存しないため，ある反応の$\varDelta H_f$を，経路の異なる反応の$\varDelta H_f$から計算することが可能となる。下線部の法則名を答えなさい。

(2) 化合物1molが構成元素の単体から生成するときの$\varDelta H_f$を標準生成エンタルピー$\varDelta H_f^\circ$〔kJ/mol〕という。メタンCH_4(気体)，プロパンC_3H_8(気体)，ブタンC_4H_{10}(気体)，二酸化炭素CO_2(気体)，水H_2O(液体)の$\varDelta H_f^\circ$はそれぞれ，-75kJ/mol，-105kJ/mol，-126kJ/mol，-394kJ/mol，-286kJ/molである。(a)～(c)に答えなさい。

(a) メタンの完全燃焼における$\varDelta H_f$を求めなさい。

(b) LPガスの成分が，プロパン：ブタン＝4：1であるとしたとき，LPガス1molが完全燃焼するときの$\varDelta H_f$を求めなさい。

(c) ある地域における1m³あたりの価格が，都市ガス：LPガス＝1：

4であると仮定したとき，単位熱量あたりの価格比はどうなるか。都市ガスはメタンのみ，LPガスはプロパン：ブタン＝4：1であるとし，都市ガスを1としたときのLPガスの値を求めなさい。

(☆☆☆◎◎◎)

【2】次の文を読み，(1)～(6)に答えなさい。数値計算の解答は有効数字3桁で答えなさい。

　硫黄は自然界に広く硫化物として存在する元素である。単体は火山地帯で産出するほか，石油の精製時にも得られる。硫黄を空気中で燃やすと刺激臭のある有毒な気体である(あ)が生成する。(あ)は水と反応すると酸性を示す。非金属元素からなる(あ)のような化合物を(い)という。

　(う)は火山ガスなどに含まれる無色の有毒な気体であり，実験室では(a)硫化鉄(Ⅱ)に希硫酸を加えることにより発生させることができる。

　硫酸は，工業的には，単体の硫黄の燃焼により生成した(b)(あ)を高温で空気と反応させて(え)をつくり，(え)を濃硫酸中の水と反応させて合成される。この合成法を(お)という。硫酸は鉛蓄電池，肥料，薬品や有機化合物の製造など化学工業で広く用いられている。

(1)　(あ)～(お)にあてはまる適切な語句または化合物名を書きなさい。ただし，同じ記号には同じ語句または化合物名が入るものとする。

(2)　下線部(a)の化学反応式を書きなさい。

(3)　下線部(b)について，現在，この反応に主として用いられている触媒を化学式で書きなさい。

(4)　純粋な硫黄1.00kgから理論上得られる98.0％硫酸は何kgか，求めなさい。

(5)　濃硫酸は気体の乾燥剤として用いられる。濃硫酸で乾燥できない気体はどれか，ア～オから1つ選びなさい。また，その気体を乾燥

するのに適当な乾燥剤を1つ書きなさい。

ア　二酸化炭素　　イ　二酸化硫黄　　ウ　塩素

エ　アンモニア　　オ　窒素

(6)　98.0％硫酸1.00×10mLを水でうすめて希硫酸5.00×10mLをつくった(これを希硫酸Ⅰとする)。1.00×10^2mLメスフラスコを用いて希硫酸Ⅰの1.00×10mLを水でうすめて1.00×10^2mLとした(これを希硫酸Ⅱとする)。希硫酸Ⅱ1.00×10mLを0.300mol/L水酸化ナトリウムNaOH水溶液で滴定したところ，中和に23.9mLを要した。98.0％硫酸の密度は何g/cm³か，求めなさい。

(☆☆☆◎◎◎)

【3】次の文を読み，(1)～(4)に答えなさい。数値計算の解答は有効数字2桁で答えなさい。

　溶存酸素濃度(DO 単位mg/L)は，水質汚染の指標となっており，水中生物の活動には2mg/L以上が必要であるといわれている。DOを滴定によって測定する方法はウインクラー法といわれ，基本的な原理は次のとおりである。

[操作Ⅰ]　試料溶液に硫酸マンガン(Ⅱ)$MnSO_4$水溶液と水酸化ナトリウムNaOHにより塩基性にしたヨウ化カリウムKI水溶液を加えると，$Mn(OH)_2$及びこれが溶存酸素と反応した$MnO(OH)_2$が生成する。

$$Mn^{2+} + 2OH^- \rightarrow Mn(OH)_2$$

$$2Mn(OH)_2 + O_2 \rightarrow 2MnO(OH)_2$$

なお，このとき，試料中の溶存酸素に対して，十分な量の$MnSO_4$，NaOH，KIが加えられているものとする。

[操作Ⅱ]　これに硫酸を加えて酸性にすると，$MnO(OH)_2$によりKIからヨウ素I_2が遊離する。

$$MnO(OH)_2 + 【　あ　】 + 【　い　】 \rightarrow Mn^{2+} + I_2 + 【　う　】　①$$

[操作Ⅲ]　生じたI_2をチオ硫酸ナトリウム$Na_2S_2O_3$水溶液により滴定し

　　　定量する。

$$I_2 + 2S_2O_3^{2-} \rightarrow 2I^- + S_4O_6^{2-}$$

(1) 【　あ　】～【　う　】に係数及び化学式を補い，①の反応式を完成させなさい。

(2) [操作Ⅲ]において，終点を明瞭に判別するために用いる指示薬は何か，書きなさい。また，終点では，溶液の色は，何色から何色に変わるか，書きなさい。

(3) 溶存酸素O_2 1.0molが完全に反応したとき，[操作Ⅲ]の滴定に要する$Na_2S_2O_3$の物質量は何molか，求めなさい。

(4) 試料溶液1.0×10^2mLについて，[操作Ⅰ]～[操作Ⅲ]を行ったところ，2.5×10^{-2}mol/L $Na_2S_2O_3$水溶液が2.5mL必要であった。試料溶液のDOは何mg/Lか，求めなさい。

(☆☆☆◎◎)

【4】化合物A，B，Cの混合物がある。この混合物から各成分を取り出すため，分液漏斗を用いて次図に示すような操作を行ったところ，Aはエーテル層(a)，Bはエーテル層(b)，Cは水層(e)に主として含まれていることがわかった。また，化合物A，B，Cについて，[実験Ⅰ]～[実験Ⅲ]を行った。(1)～(5)に答えなさい。

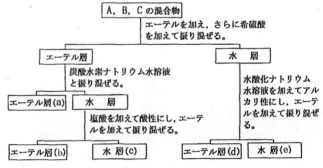

[実験Ⅰ] Aは分子式$C_5H_{12}O$で，酸化すると化合物Dになった。DをA及び少量の濃硫酸と共に加熱すると，炭素数10個の化合物となった。

[実験Ⅱ]　Bは分子式$C_7H_6O_3$で，ナトリウムフェノキシドに高温・高圧で二酸化炭素を反応させ，硫酸を加えると生じた。Bに無水酢酸を反応させると化合物Eになった。またBにメタノールを反応させると化合物Fになった。

[実験Ⅲ]　Cは分子式$C_3H_7NO_2$で光学異性体が存在する。Cをメタノール及び乾燥した塩化水素と共に加熱すると，化合物Gが得られた。Gに無水酢酸を作用させると，分子式$C_6H_{11}NO_3$の化合物となった。

(1)　Aにあてはまる化合物の構造式をすべて書きなさい。

(2)　Bにあてはまる化合物の構造式を書きなさい。

(3)　E・Fのうち，塩化鉄(Ⅲ)水溶液により赤紫色を示すものの記号，名称，構造式を書きなさい。

(4)　Cの構造式を書きなさい。

(5)　D，F，Gの混合物に図に示した操作を行った場合，D，F，Gはそれぞれ(a)～(e)のどこに主として含まれることになるか。(a)～(e)から選びなさい。

(☆☆☆☆◎◎)

【5】ナイロン66は，アメリカの化学者W.H.Carothersが発明した世界で最初の合成繊維である。原料はアジピン酸$HOCO(CH_2)_4COOH$とヘキサメチレンジアミン$H_2N(CH_2)_6NH_2$であるが，実験室では，アジピン酸の代わりにアジピン酸ジクロリド$ClCO(CH_2)_4COCl$を用いることで，次のように簡便に行うことができる。(1)～(4)に答えなさい。数値計算の解答は有効数字2桁で答えなさい。

[操作1]　60℃の湯にヘキサメチレンジアミン(融点42℃)の瓶を浸し，融解させる。

[操作2]　50mLビーカー(ビーカーⅠ)に水15mLを入れ，水酸化ナトリウム0.5gを加える。

[操作3]　ドライヤーで温めた駒込ピペットを用い，ビーカーⅠに，融解させたヘキサメチレンジアミン1.5mLを加え，溶解させる。

[操作4]　アジピン酸ジクロリド1.0mLを別の50mLビーカー(ビーカーⅡ)に入れ，ヘキサン20mLを加え，溶解させる。

[操作5]　ビーカーⅠの溶液を，ガラス棒を伝わせてビーカーⅡの溶液の上に，2層になるように静かに加える。2層の境界面に膜ができる。

[操作6]　膜の中央をピンセットでつまんで引き上げ，糸状の繊維を試験管に巻き取る。

[操作7]　得られた糸状の繊維を水洗した後，アセトンで洗浄し，乾燥させる。

(1)　重合度をnとし，アジピン酸ジクロリドとヘキサメチレンジアミンからナイロン66が生成する反応の化学反応式を書きなさい。

(2)　ヘキサメチレンジアミンを，水酸化ナトリウム水溶液に溶解させるのはなぜか，書きなさい。

(3)　得られたナイロンの平均分子量を測定すると，3.5×10^4であった。1分子中に含まれるペプチド結合の個数はいくらか，求めなさい。

(4)　収率が100％であったとき，理論上生成するナイロン66は何gか，求めなさい。ただし，アジピン酸ジクロリド，ヘキサメチレンジアミンの密度を，それぞれ1.25g/cm^3，0.854g/cm^3とする。

(☆☆☆◎◎◎)

【6】高等学校学習指導要領「理科」について，(1)～(3)の問いに答えなさい。

(1)　次の文は，「第1款　目標」である。[　①　]～[　④　]にあてはまる語句を書きなさい。ただし，同じ記号には同じ語句が入るものとする。

　　自然の事物・現象に関わり，理科の見方・考え方を働かせ，[　①　]をもって観察，実験を行うことなどを通して，自然の事物・現象を[　②　]に探究するために必要な資質・能力を次のとおり育成することを目指す。

(1)　自然の事物・現象についての[　③　]を深め，[　②　]に探究するために必要な観察，実験などに関する技能を身に付けるようにする。

(2)　観察，実験などを行い，[　②　]に探究する力を養う。

(3)　自然の事物・現象に主体的に関わり，[　②　]に探究しようとする[　④　]を養う。

(2)　次の文は，「第5　化学　2　内容」の一部である。[　①　]～[　⑥　]にあてはまる語句を書きなさい。

(1)　物質の状態と平衡
　ア　物質の状態とその変化，溶液と平衡について，次のことを理解するとともに，それらの観察，実験などに関する技能を身に付けること。
　(ア)　物質の状態とその変化
　　⑦　状態変化
　　　物質の沸点，融点を[　①　]や化学結合と関連付けて理解すること。また，状態変化に伴う[　②　]の出入り及び状態間の平衡と温度や圧力との関係について理解すること。
　　⑦　気体の性質
　　　気体の[　③　]と圧力や温度との関係を理解すること。
　　⑨　固体の構造
　　　[　④　]の概念及び結晶の構造を理解すること。
　(イ)　溶液と平衡
　　⑦　溶解平衡
　　　溶解の仕組みを理解すること。また，[　⑤　]を溶解平衡と関連付けて理解すること。
　　⑦　溶液とその性質

　　　　　　溶液とその性質に関する実験などを行い，身近な
　　　　　　現象を通して溶媒と溶液の性質の違いを理解するこ
　　　　　　と。
　　　イ　物質の状態と平衡について，観察，実験などを通して
　　　　探究し，物質の状態とその変化，溶液と平衡における
　　　　[　⑥　]や関係性を見いだして表現すること。

(3)　次の文は，「第4　化学基礎　3　内容の取扱い」の一部である。
　　[　①　]～[　⑤　]にあてはまる語句を書きなさい。

　(2)　内容の範囲や程度については，次の事項に配慮するもの
　　とする。
　　　イ　内容の(2)のアの(ア)の⑦(原子の構造)については，原子
　　　　番号，質量数及び[　①　]を扱うこと。その際，[　②　]
　　　　とその利用にも触れること。⑦(電子配置と周期表)の
　　　　「原子の電子配置」については，代表的な[　③　]を扱う
　　　　こと。「元素の周期律」については，イオン化エネルギー
　　　　の変化にも触れること。
　　　　　(イ)の⑦(イオンとイオン結合)については，多原子イオ
　　　　ンも扱うこと。「イオン結合でできた物質」については，
　　　　代表的なものを扱い，その用途にも触れること。⑦(分子
　　　　と共有結合)については，代表的な無機物質及び有機化合
　　　　物を扱い，それらの用途にも触れること。また，分子の
　　　　[　④　]や[　⑤　]にも触れるとともに，共有結合の結晶
　　　　及びプラスチックなどの高分子化合物の構造にも触れる
　　　　こと。⑦(金属と金属結合)については，代表的な金属を
　　　　扱い，その用途にも触れること。

（☆☆○○○）

【生物】

【1】次の文章を読み，(1)〜(5)の問いに答えなさい。

　ヒトの腎臓は，腹部の背側に1対ある臓器であり，物質のろ過・再吸収・排出が行われる。腎臓の構造および機能上の単位は（　ア　）と呼ばれ，糸球体と（　イ　）からなる腎小体と，細尿管および（　ウ　）で構成されている。

　表は，健康な人の血しょう・原尿・尿におけるグルコース，イヌリン，尿素の濃度(mg/mL)を調べたものである。なお，イヌリンは，ろ過はされるが，再吸収されない物質である。

表

成分	血しょう	原尿	尿
グルコース	0.1	0.1	0
イヌリン	0.1	0.1	10
尿素	0.03	0.03	2

(1)　文中の空欄（　ア　）〜（　ウ　）に入る適語を答えなさい。

(2)　健康な人の尿中にグルコースはほとんど排出されないが，糖尿病患者の尿中にはグルコースが排出されるようになる。その理由を説明しなさい。ただし，健康な人と糖尿病患者の細尿管の機能に違いはないものとする。

(3)　15分間に再吸収される尿素は何mgになるか答えなさい。ただし，1分間に1.5mLの尿が生成されるとする。

(4)　ある物質Aの濃縮率は40倍であった。物質Aの再吸収率(%)を答えなさい。

(5)　鳥類やは虫類は，窒素化合物を尿素ではなく尿酸で排出する。そのメリットを，鳥類とは虫類が卵生であるという点を踏まえて説明しなさい。

(☆☆☆◎◎◎)

【2】次の文章を読み，(1)～(6)の問いに答えなさい。

　　DNAの2本のヌクレオチド鎖は逆向きに配列しているので，a複製時の開裂部分で新たに合成されるヌクレオチド鎖では，一方は開裂が進む方向と同じ向きに連続的に合成されるのに対して，他方は逆向きに不連続に合成される。このとき連続的に合成される鎖を(　ア　)鎖，不連続に合成される鎖を(　イ　)鎖という。(　イ　)鎖では，b短いヌクレオチド鎖が(　ウ　)方向へ合成され，cこれが連結される。

(1) 文中の空欄(　ア　)～(　ウ　)に入る適語を答えなさい。ただし，(　ウ　)には5′→3′または3′→5′のいずれかを答えなさい。なお，同じ記号には同じ語句が入るものとする。

(2) 下線部aの部分で，2本鎖DNAを1本鎖DNAにする反応を触媒する酵素を答えなさい。

(3) 下線部bの鎖の名前を答えなさい。

(4) 下線部cの反応を触媒する酵素を答えなさい。

(5) 次の図①～⑧は複製中のDNAの複製フォーク(2本鎖が部分的にほどけてDNA合成が起こっている部分)の片側の模式図であり，矢印の向きは新生鎖の合成方向を示している。新生鎖の合成方向が正しいものをすべて選び，記号で答えなさい。

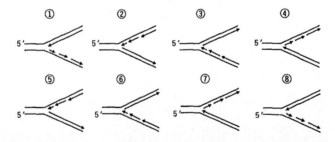

(6) 真核生物では複数の箇所からDNAが複製される。DNAポリメラーゼによる新生鎖の伸長速度が1500塩基/分で，S期(DNA合成期)の長さが5時間であるときに，$1.8×10^8$塩基対のDNAが複製されるためには複製開始点は何箇所必要か，答えなさい。

(☆☆☆◎◎◎)

【3】 次の文章を読み，(1)～(6)の問いに答えなさい。

　被子植物の受精卵は，細胞分裂を繰り返して胚球と（　ア　）になり，胚球はさらに分裂を繰り返して子葉などからなる胚になる。その後，種子が形成されると，この段階で発生の進行が止まり，種子は（　イ　）する。一方，胚乳は，胚発達のための栄養分を貯蔵する役割を果たすが，胚乳が見られない無胚乳種子もある。

(1)　次図は胚珠内で見られ減数分裂直前の胚のう母細胞のDNA量と，生じた胚のう内の卵細胞のDNA量を示している。2つの太線をつなぎ，胚のう母細胞から卵細胞が生じるまでの，核あたりのDNA量の変化のグラフを完成させなさい。

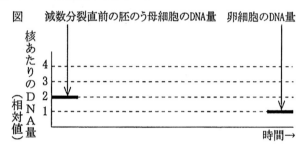

図　　減数分裂直前の胚のう母細胞のDNA量　　卵細胞のDNA量

(2)　文中の空欄（　ア　）・（　イ　）に入る適語を答えなさい。

(3)　胚を構成する子葉以外の3つの部分をすべて答えなさい。

(4)　無胚乳種子の特徴を栄養分に注目して20字程度で説明しなさい。

(5)　胚乳で合成・貯蔵されるデンプンの違いにより，イネの種子はウルチとモチに分けられる。ウルチ系統のめしべに，モチ系統の花粉を受粉させF_1を得た。その後，このF_1どうしで自家受精が起こり種子が生じたとする。このとき生じた種子の胚乳の遺伝子型とその分離比を答えなさい。なお，ウルチとモチは1対の対立遺伝子(Aとa)によって決まり，ウルチが顕性(優性)形質である。

(6)　植物の中には，自身の花粉と受粉しても受精に至らないなど，他の個体と交配するために，自家受精を避けるしくみをもつものがある。このしくみを何というか答えなさい。

(☆☆☆◎◎◎)

【4】次の文章を読み，(1)～(5)の問いに答えなさい。

　　a刺激を受けていないニューロンでは，細胞内外に安定した電位差が形成されている。bこの電位差の形成には，細胞膜にあるナトリウムポンプと，一部のカリウムチャネルが関わっている。このような状態にある軸索に刺激が加わると，これまで閉じていたナトリウムチャネルが開くことで，c細胞膜の電位が変化し活動電位が生じる。ニューロンにはd興奮性と抑制性のものがあり，中枢神経ではこれらがシナプスを介し，膨大な数の神経回路を形成している。

(1)　下線部aの電位差は何と呼ばれるか答えなさい。

(2)　下線部aの電位は，軸索の外側に対して内側の電位は，およそどのくらいの値であるか，単位と合わせて答えなさい。

(3)　下線部bについて，この電位差の形成におけるカリウムチャネルの役割について説明しなさい。

(4)　下線部cの活動電位は，ニューロンに生じる脱分極がある値を超えないと発生しない。この値を何と呼ぶか答えなさい。また，この値をわずかに超える脱分極が引き起こされた場合と，大きく超える場合とでは，活動電位の発生にどのような違いが生じるか説明しなさい。

(5)　下線部dの抑制性ニューロンが放出する神経伝達物質の受容体の大部分は，塩化物イオンを通過させるチャネルである。このチャネルを通して塩化物イオンが流入することでニューロンの興奮が抑制される理由を説明しなさい。

(☆☆☆◎◎◎◎)

【5】次の文章ア・イを読み，(1)～(4)の問いに答えなさい。

　ア　ある海岸の岩礁潮間帯では，多様な種が生息する図1のような生態系が成立していた。

　　しかし，この岩礁潮間帯からヒトデを継続的に取り除くと，数年後にはイガイが岩礁のほとんどをおおいつくし，フジツボやイボニシ，カメノテは散在するのみとなり，岩礁に生えていた藻類は定着

できなくなった。なお，図中の矢印は，被食者から捕食者に向かっている。

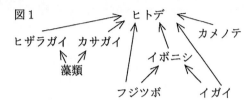

図1

(1) 生物多様性の3つの階層(段階)を答えなさい。

(2) この食物網におけるヒトデのような生物をキーストーン種という。キーストーン種について説明しなさい。

イ 図2は，生殖場所をめぐって互いに競争している複数種のサンゴによって構成されたサンゴ礁で調査したサンゴの種数，かく乱の大きさ，生きたサンゴの被度(%)を示したものである。

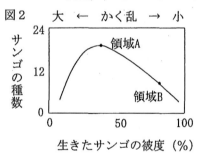

図2

(3) 領域Aでは，適度なかく乱により領域Bより多くの種が共存している。この考え方を何というか答えなさい。

(4) 領域Bは，領域Aと比較して種数が少ない。かく乱の影響も踏まえて，その理由を説明しなさい。

(☆☆☆◎◎◎)

【6】次の文章を読み，(1)〜(4)の問いに答えなさい。

維管束植物では，通常は生殖的隔離が成立しているはずの別種間で交雑が生じ，パンコムギのように，交雑と倍数化によって新しい種が

生まれることがある。このような種の場合，もとになった種を実験的に明らかにできる。_a交雑と倍数化によって生じた種と，もとになったと考えられる種のあいだで交雑を行い，得られた雑種第一代個体の減数分裂を観察して判断する方法である。この方法によって，パンコムギは（　ア　）コムギ(2n＝28)と（　イ　）コムギ(2n＝14)の交雑と倍数化によって生じたことがわかり，さらに（　ア　）コムギは一粒系コムギ(2n＝14)とクサビコムギ(2n＝14)の交雑と倍数化によって生じたことも_b木原均によって明らかにされた。なお，パンコムギのゲノムはAABBDDと表すと，マカロニコムギはAABB，一粒系コムギはAA，クサビコムギはBB，タルホコムギはDDと表される。

(1) 文中の空欄（　ア　）・（　イ　）に入る適語を答えなさい。なお，同じ記号には同じ語句が入るものとする。

(2) マカロニコムギとパンコムギはそれぞれ何倍体であると考えられるか答えなさい。

(3) 下線部aのような実験を行った場合，どのような結果が得られれば，もとになったと考えられる種と判断できるか，説明しなさい。

(4) 下線部bの木原均は，コルヒチンを用いて三倍体(3n)の種なしスイカの作出法を開発した学者でもある。三倍体(3n)のスイカが種なしとなる理由を説明しなさい。

(☆☆☆◎◎◎)

【7】次の文は，高等学校学習指導要領「理科」の「第6　生物基礎」における「3　内容の取扱い(2)」の一部である。（　a　）～（　f　）にあてはまる語句を答えなさい。

ア　内容の(1)のアの(ア)の⑦(生物の共通性と多様性)については，生物は進化の過程で共通性を保ちながら（　a　）してきたことを扱うこと。その際，原核生物と真核生物に触れること。①(生物とエネルギー)については，呼吸と光合成の概要を扱うこと。その際，ミトコンドリアと葉緑体，酵素の触媒作用や（　b　），ATPの役割にも触れること。

　(イ)の⑦(遺伝情報とDNA)については，DNAの複製の概要を扱うこと。その際，細胞周期とDNAの（　c　）についても触れること。⑦(遺伝情報とタンパク質の合成)については，（　d　）の概要を扱うこと。その際，タンパク質の生命現象における重要性にも触れること。また，全ての遺伝子が常に（　e　）しているわけではないことにも触れること。さらに，遺伝子と（　f　）との関係にも触れること。

(☆☆◎◎◎)

【8】次の文は，高等学校学習指導要領「理科」の「第7　生物」における「2　内容　(4)生物の環境応答」である。（　a　）～（　f　）にあてはまる語句を答えなさい。なお，同じ記号には同じ語句が入るものとする。

　生物の環境応答についての観察，実験などを通して，次の事項を身に付けることができるよう指導する。

ア　生物の環境応答について，次のことを理解するとともに，それらの観察，実験などの技能を身に付けること。

　(ア)　動物の反応と行動

　　⑦　刺激の受容と反応

　　　刺激の受容と反応に関する資料に基づいて，（　a　）を受容し（　b　）を介して反応する仕組みを，関与する（　c　）と関連付けて理解すること。

　　⑦　動物の行動

　　　動物の行動に関する資料に基づいて，行動を（　b　）の働きと関連付けて理解すること。

　(イ)　植物の環境応答

　　⑦　植物の環境応答

　　　植物の環境応答に関する観察，実験などを行い，植物の成長や反応に（　d　）が関わることを見いだして理解すること。

イ　生物の環境応答について，観察，実験などを通して探究し，

43

（　e　）に対する生物の（　f　）を見いだして表現すること。

（☆☆○○○）

【地学】

【1】次の(1)〜(4)の問いに答えなさい。

(1)　次の文章を読んで，(a)〜(c)の問いに答えなさい。

　　地球の磁気とそれによる磁場を地磁気という。地球の磁場は，自転軸に対して約10°傾けて置かれた棒磁石の磁場に似ている。図は，地磁気の5つの要素を表したものである。地磁気の強さを全磁力といい，水平方向の強さを水平分力，垂直方向の強さを鉛直分力という。水平分力が地理上の真北からずれている角度を偏角，地磁気の向きと水平面のなす角度を伏角という。伏角は，赤道付近では（　①　），オーストラリア(南半球中緯度)付近では（　②　）となる。日本付近では（　③　）なる。

図

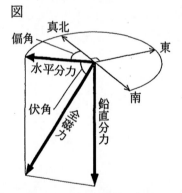

(a)　文章中の（　①　）・（　②　）に最も適するものを，次のア〜オからそれぞれ1つずつ選び，記号で答えなさい。

　　ア　上向きに50°　　イ　上向きに90°　　ウ　0°(水平)

　　エ　下向きに50°　　オ　下向きに90°

(b)　文章中の（　③　）に最も適するものを次のア〜エから選び，記号で答えなさい。

44

ア　水平分力は北ほど小さくなり，全磁力は磁極に近づくほど小
　　さく

イ　水平分力は北ほど小さくなり，全磁力は磁極に近づくほど大
　　きく

ウ　水平分力は北ほど大きくなり，全磁力は磁極に近づくほど小
　　さく

エ　水平分力は北ほど大きくなり，全磁力は磁極に近づくほど大
　　きく

(c)　太陽表面でフレアが発生してプラズマの粒子の数と速度が増加
　　すると，プラズマが地球の磁力線にそって高緯度地域の大気に進
　　入することがあり，そこで地球の大気粒子と衝突すると発光現象
　　が起こる。この発光現象を何というか，書きなさい。

(2)　千葉県房総半島南部には海岸段丘が見られる。海岸段丘はどのよ
　うにしてできたものか，書きなさい。

(3)　次の文章中の（　①　）〜（　③　）に適する語句を，以下のア〜エ
　からそれぞれ1つずつ選び，記号で答えなさい。ただし，同じ番号
　には同じ語句が入る。

　　マグマが生成されるのは，（　①　）が変わらず（　②　）が上昇す
　るときと，（　②　）が変わらず（　①　）が低下するときである。ま
　た，水のような融点を下げる物質が加わることでも岩石の融解が生
　じる。地下の岩石が融解してできた液状のマグマは，周囲の岩石よ
　りも（　③　）が小さいため地下深部から上昇し，周囲の岩石と
　（　③　）がつり合う深さで停止し，マグマだまりがつくられる。

　ア　体積　　イ　温度　　ウ　圧力　　エ　密度

(4)　地殻の厚さが29kmで，平均1900mの厚さの氷に覆われている地域
　で，この氷がすべて完全にとけたとき，この地域は何m隆起するか，
　小数第3位を四捨五入して求めなさい。ただし，氷の密度を$0.9g/cm^3$，
　マントルの密度を$3.3g/cm^3$，地殻の密度を$2.7g/cm^3$とし，地殻は侵食
　を受けることなく，アイソスタシーが成立しているものとする。

（☆☆☆◎◎◎）

45

【2】次の(1)・(2)の問いに答えなさい。

(1) 次の文章を読んで，(a)～(c)の問いに答えなさい。

　　地球が太陽のまわりを回るという考え方である地動説は，16世紀に(①)によって発表され，地球の公転は，17世紀になって(②)によって明らかにされ，ニュートンにより理論的に裏づけられた。基線として地球の公転半径(1天文単位)をとったときの視差をその恒星の年周視差といい，(A)。また，地球の公転に伴い，恒星からくる光は，地球上の観測者には実際の位置よりも前方からくるように見える。1年を周期として起こるこのずれの角度を年周(③)といい，(B)。

(a) 文章中の(①)・(②)に適する人物名を，次のア～エからそれぞれ1つずつ選び，記号で答えなさい。

　　ア　ラッセル　　イ　ハッブル　　ウ　ケプラー

　　エ　コペルニクス

(b) 文章中の(③)にあてはまる語句を書きなさい。

(c) 文章中の(A)・(B)に適するものを，次のア～エからそれぞれ1つずつ選び，記号で答えなさい。

　　ア　同じ方向の恒星では距離によらず共通で，その最大の値は20.5″である

　　イ　同じ方向の恒星では距離によらず共通で，その最大の値は1″である

　　ウ　恒星が遠いほどその値は大きくなる

　　エ　恒星が遠いほどその値は小さくなる

(2) 見かけの等級が5等級，絶対等級が0等級，波長$0.29\,\mu\mathrm{m}$で放射エネルギーが最大になる恒星について，(a)・(b)の問いに答えなさい。

(a) この恒星の表面温度は何Kか，ウィーンの変位則を用いて求めなさい。

(b) 地球からこの恒星までの距離は何パーセクか，求めなさい。

(☆☆☆◎◎◎)

【3】次の(1)～(3)の問いに答えなさい。

(1) 太陽が毎秒放射するエネルギー量をE〔W/s〕，太陽と地球との平均距離をa〔m〕，地球の半径をR〔m〕とするとき，地球全体が1秒間に受け取る太陽放射エネルギー量〔W〕を，E，a，Rを用いて表しなさい。

(2) 次の文章中の(①)・(②)にあてはまる語句を書きなさい。ただし，同じ番号には同じ語句が入る。

　　夜間，太陽放射がなくなると，地表から出ていく放射が地表が受け取る放射を上まわるため，地表面の温度は下がる。このような現象を(①)という。(①)により，地表面の温度が下がると，気温が上空ほど高くなることがある。このような層を(②)層という。上空に(②)層があるときは，煙や塵などの汚染物質が(②)層の下にたまりやすくなる。

(3) 温室効果がなければ，地球全体の平均地表気温は，現在よりも30℃以上も低下してしまうと考えられている。温室効果とは何か，「温室効果ガス」という語句を用いて説明しなさい。

(☆☆☆◎◎◎)

【4】次の図は，1年間を平均とした地球のエネルギー収支を表したものであり，図中の数字は太陽放射を100％としたときのエネルギーの大きさを示している。大気圏外，大気圏，地表において，エネルギー収支はつり合っているものとして，(1)・(2)の問いに答えなさい。

図

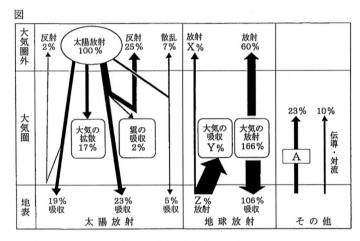

(1)　図中のX，Y，Zにあてはまる数字を書きなさい。

(2)　図中の　A　は，地表から大気に，放射以外で移動するエネルギーの輸送を示している。それは何か，書きなさい。

(☆☆☆○○○)

【5】図1は，クリノメーターで層理面の走向と傾斜を測定するようすを表したものであり，X－X'は測定する面と水平面の交線を示している。図2は，ある層理面の走向を測定したクリノメーターの磁針のようすを表したものである。図3は，ある地域の地質図であり，A層は礫岩層である。砂岩層のB層，泥岩層のC層，石灰岩層のD層は整合であり，A層～D層には褶曲や地層の逆転は認められなかった。あとの(1)～(4)の問いに答えなさい。

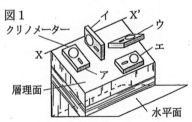

図1
クリノメーター
イ
X'
ウ
エ
X
ア
層理面
水平面

48

図2

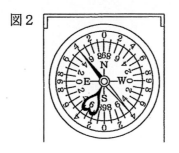

図3

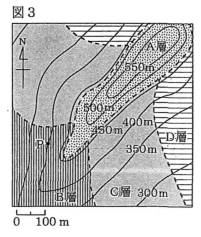

0   100 m

(1) クリノメーターで走向と傾斜を測定する方法として正しいもの
を，図1のア〜エからそれぞれ1つずつ選び，記号で答えなさい。

(2) ある層理面の走向を測定したとき，図2の位置でクリノメーター
の磁針が止まった。図2で読み取れる層理面の走向を書きなさい。

(3) 図3のA層とC層の傾斜はそれぞれいくらか，求めなさい。

(4) 図3の地点Pで鉛直方向に向かって掘削したところ，B層とC層の
境界面に達した。地点PからB層とC層の境界面まで何m掘削したか，
最も適切なものを次のア〜エから選びなさい。

ア　5m　　イ　20m　　ウ　35m　　エ　50m

(☆☆☆◎◎◎)

49

【6】次の(1)・(2)の問いに答えなさい。

(1)　次の(a)・(b)の問いに答えなさい。

(a)　高等学校学習指導要領「理科」の「第9　地学　1　目標」の一部について，(①)～(④)にあてはまる語句を書きなさい。ただし，同じ番号には同じ語句が入る。

> ──「第9　地学　1　目標」
>
> 　地球や地球を取り巻く環境に関わり，理科の見方・考え方を働かせ，(①)をもって観察，実験を行うことなどを通して，地球や地球を取り巻く環境を(②)に探究するために必要な資質・能力を次のとおり育成することを目指す。
> (1)　地学の基本的な概念や(③)・(④)の理解を深め，(②)に探究するために必要な観察，実験などに関する基本的な技能を身に付けるようにする。

(b)　高等学校学習指導要領「理科」の「第8　地学基礎　2　内容(2)」の一部について，(①)～(④)にあてはまる語句を書きなさい。

> ──「第8　地学基礎　2　内容　(2)　ア　(ア)」
>
> ⑦　古生物の変遷と地球環境
> 　　地層や(①)に関する観察などを行い，地質時代が古生物の変遷に基づいて区分されることを理解するとともに，地球環境の変化に関する資料に基づいて，(②)の変化と生命活動の相互の関わりを見いだして理解すること。

> ──「第8　地学基礎　2　内容　(2)」
>
> イ　変動する地球について，観察，実験などを通して探究し，地球の変遷，地球の環境について，(③)や(④)を見いだして表現すること。

(2) 次の(a)・(b)の問いに答えなさい。

  (a) 高等学校学習指導要領「理科」の「第8 地学基礎 3 内容の取扱い (2) イ」では，内容の(2)のアの(イ)の⑦(日本の自然環境)の「恩恵や災害」については，「自然災害の予測や防災にも触れること。」とある。自然災害の予測や防災について，ICTを活用して，授業をどのように展開するか，具体的に書きなさい。

  (b) 高等学校学習指導要領「理科」の「第9 地学 3 内容の取扱い (2) エ」では，内容の(4)のアの(ア)の⑦(太陽の活動)の「太陽表面の現象」については，「スペクトルも扱うこと。」とある。スペクトルと太陽の構成元素について，授業でどのように観察，実験を行い，説明をするか，具体的に書きなさい。

(☆☆◎◎◎)

解答・解説

中学理科・高校化学共通

【1】(1) オ　　(2) イ，ウ　　(3) イ　　(4) $\dfrac{4M}{a^3N_A}$

〈解説〉(1) Cuは金属結合，I_2は分子間力，KClとMgOはイオン結合により結晶をつくる。　(2) 生石灰は酸化カルシウムのイオン結晶，セッコウは硫酸カルシウムのイオン結晶，水晶は二酸化ケイ素の共有結合の結晶である。　(3) アルカリ金属やアルカリ土類金属といった同族元素に属する金属元素では，原子量が小さいほど融点は高い。

(4) 図の単位格子に含まれる塩化物イオンの数は4個，ナトリウムイオンの数は4個なので，NaClとしては4個存在する。NaCl4個分の質量は$\dfrac{4M}{N_A}$〔g〕，単位格子の体積はa^3〔cm³〕と表せるので，塩化ナトリウムの結晶の密度は$\dfrac{4M}{a^3N_A}$〔g/cm³〕となる。

$$\boxed{\textbf{中　学　理　科}}$$

【1】(1)

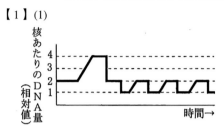

(2)　① 胚柄　　② 休眠　　(3)　イ，エ，オ　　(4)　栄養を子葉
に蓄え，胚乳が退化している。(19字)　　(5)　(AAA：AAa：Aaa：
aaa)＝1：1：1：1　　(6)　自家不和合性

〈解説〉(1)　まず，胚のう母細胞($2n$)は，減数分裂を行うことで4つの娘
　　細胞を生じるので，核あたりのDNA量は$2n→4n→2n→n$となる。次に，
　　4つの娘細胞のうち3つは退化して残り1個が胚のう細胞(n)となるので，
　　核あたりのDNA量はnのままである。その後，胚のう細胞(n)の核は核
　　分裂を3回行うが，核あたりのDNA量は分裂する前は$2n$，分裂後はnと
　　なる。　　(2)　植物の種子は，発生の途中で休眠することで，冬や乾燥
　　などの厳しい環境を生き残る。　　(3)(4)　解答参照。　　(5)　F_1の遺伝子
　　型はAaなので，F_1がつくる中央細胞はAA：aa＝1：1となる。また，精
　　細胞はA：a＝1：1なので，生じる種子の胚乳の遺伝子型の分離比は
　　AAA：AAa：Aaa：aaa＝1：1：1：1となる。　　(6)　自家不和合性によ
　　り近親交配が行われないことで，遺伝的多様性が保たれる。

【2】(1)　① 媒質　　② 平行　　③ パルス波　　④ 超音波
(2)　200〔Hz〕　　(3)　75〔cm〕
(4)　(a)

図1　　　　　　　図2

(b) (よく晴れた)夜(間)　理由…(同じ媒質でも)高温ほど音の速さが大きくなり，屈折角が大きくなって進むから。

〈解説〉(1)　媒質の各点の振動方向が，波の進行方向に垂直になっているものは横波である。また，振動数が20Hz以下の音は超低周波という。

(2)　振動数は周期の逆数なので，$\frac{1}{0.005}=200$〔Hz〕となる。

(3)　波の基本式より，求める波長は$\frac{330}{440}=0.75$〔m〕$=75$〔cm〕となる。　(4)　(a)　音の伝わる速さは温度が高いほど速くなるので，空気の温度差があると音は屈折する。図1は昼間で地面に近い空気の方が高温なので，音は空を上昇するように屈折する。図2は夜間で地面に近い空気の方が低温なので，音は地面に近づくように屈折する。

(b)　解答参照。

【3】(1)　(a)　①　ウ　②　ア　(b)　イ　(c)　オーロラ

(2)　海面付近の平らな面が，地震のときに隆起して陸地になることを繰り返してできたもの。　(3)　①　ウ　②　イ　③　エ

〈解説〉(1)　(a)　①　赤道付近では，伏角はおよそ0°と考えてよい。②　磁力線はN極からS極へ向かうので，南半球にあるオーストラリア付近では上向き，北半球では下向きである。また，伏角が±90°となるのは極地方である。　(b)　日本付近では，北にある地点の方が伏角は大きいので，水平分力は北ほど小さい。また，磁極に近いほど磁力線が密集するので，全磁力は磁極に近づくほど大きくなる。　(c)　太陽表面でフレアが発生して太陽風のプラズマ粒子の密度と速さが増加すると，地球がもつ磁気に影響を与え，高緯度地域でオーロラが観測される。　(2)　解答参照。　(3)　マグマが生成する条件は，温度の上昇，圧力の低下，マントルを構成するかんらん岩の融点の低下である。かんらん岩が部分融解してできたマグマの密度は，周囲のかんらん岩より小さい。

【4】(1)　①　現象　②　探究　③　資質・能力　(2)　①　混合物　②　分離　③　問題　④　規則性　(3)　①　共通点

② 相違点　　③ 観点　　④ 基準　　⑤ 自然災害　　⑥ 考察

(4)　① 安全性　　② 職業

〈解説〉(1)　理科の目標は，中学校理科においてどのような資質・能力の育成を目指しているのかを簡潔に示したものである。初めに，どのような学習の過程を通してねらいを達成するかを示し，(1)では育成を目指す資質・能力のうち「知識及び技能」を，(2)では「思考力，判断力，表現力等」を，(3)では「学びに向かう力，人間性等」をそれぞれ示し，三つの柱に沿って明確化している。　(2)(3)　解答参照。

(4)「(10)　科学技術と日常生活や社会との関連」に関する事項である。理科で学習した様々な原理や法則は日常生活や社会と深く関わりをもっており，科学技術の発展を支える基礎となっている。このことを，生徒が認識することが大切である。

高 校 理 科

【物理】

【1】(1)　$mgx_1\sin\theta$ 〔J〕　　　(2)　$-\dfrac{1}{2}kx_1{}^2$ 〔J〕　　　(3)　$-\mu'mgx_1\cos\theta$ 〔J〕　　　(4)　$\dfrac{2mg}{k}(\sin\theta-\mu'\cos\theta)$ 〔m〕　　　(5)　$\mu<\tan\theta-2\mu'$

〈解説〉(1)　変位x_1〔m〕のとき，小物体は鉛直方向に$x_1\sin\theta$〔m〕だけ下るので，重力のする仕事は$mgx_1\sin\theta$〔J〕となる。　(2)　弾性力による位置エネルギーは，$x=0$で0J，$x=x_1$で$\dfrac{1}{2}kx_1{}^2$〔J〕である。弾性力の向きと小物体の運動方向は逆なので，求める仕事は$-\dfrac{1}{2}kx_1{}^2$〔J〕となる。　(3)　垂直抗力をN〔N〕とすると，斜面に垂直な方向の力のつりあいは，$mg\cos\theta-N=0$より，$N=mg\cos\theta$〔N〕となる。したがって，動摩擦力の大きさは$\mu'N=\mu'mg\cos\theta$〔N〕である。動摩擦力の向きと小物体の運動方向は逆なので，求める仕事は$-\mu'mgx_1\cos\theta$〔J〕となる。　(4)　小物体を$x=0$で静かに放した瞬間，および小物体が

$x=x_2$に達したとき，小物体のもつ運動エネルギーは0Jなので，$x=0$から$x=x_2$までに重力，弾性力，動摩擦力のした仕事の合計は0Jである。よって，$mgx_2\sin\theta - \frac{1}{2}kx_2^2 - \mu'mgx_2\cos\theta = 0$より，$x_2 = \frac{2mg}{k}(\sin\theta - \mu'\cos\theta)$〔m〕となる。　(5)　$x=x_2$のとき小物体にはたらく静止摩擦力の大きさをf〔N〕とすると，斜面に沿う方向の力は，下向きを正として$f+mg\sin\theta - kx_2$である。これが負となるとき条件を満たすので，$f+mg\sin\theta - kx_2 < 0$より，$f < kx_2 - mg\sin\theta$となる。ここで，動き出す直前は最大摩擦力となるので$f = \mu mg\cos\theta$より，$\mu mg\cos\theta < kx_2 - mg\sin\theta$となり，(4)の$x_2$を代入すると，$\mu mg\cos\theta < 2mg(\sin\theta - \mu'\cos\theta) - mg\sin\theta = mg(\sin\theta - 2\mu'\cos\theta)$より，$\mu < \tan\theta - 2\mu'$となる。

【2】(1)　$\frac{3}{2}(p_B - p_A)V_A$〔J〕　　　(2)　$-p_B(V_C - V_A)$〔J〕

(3)　$\frac{5}{2}p_B(V_C - V_A)$〔J〕　　(4)　$p_A(V_C - V_A)$〔J〕　　(5)　(a)　3.0×10^5〔J〕　　(b)　0.22

〈解説〉(1)　状態A，B，C，Dの絶対温度をそれぞれT_A，T_B，T_C，T_Dとすると，状態方程式より，$p_AV_A = nRT_A$，$p_BV_A = nRT_B$，$p_BV_C = nRT_C$，$p_AV_C = nRT_D$となる。A→Bの変化は定積変化なので，求める熱量は$\frac{3}{2}nR(T_B - T_A) = \frac{3}{2}(p_B - p_A)V_A$〔J〕となる。　(2)　$p-V$図の面積より，B→Cの変化で気体が外部にした仕事は$p_B(V_C - V_A)$〔J〕である。よって，気体が外部からされた仕事は，$-p_B(V_C - V_A)$〔J〕となる。

(3)　B→Cの変化は定圧変化なので，求める熱量は$\frac{5}{2}nR(T_C - T_B) = \frac{5}{2}p_B(V_C - V_A)$〔J〕となる。　(4)　$p-V$図の面積より，D→Aの変化で気体が外部からされた仕事は$p_A(V_C - V_A)$〔J〕となる。　(5)　(a)　1サイクルで実際に外部に対してする仕事は，(2)(4)より，$p_B(V_C - V_A) - p_A(V_C - V_A) = (p_B - p_A)(V_C - V_A)$が成り立つので，求める仕事は$\{(4.5 \times 10^5) - (1.5 \times 10^5)\} \times (1.5 - 0.50) = (3.0 \times 10^5) \times 1.0 = 3.0 \times 10^5$〔J〕となる。

(b)　(1)(3)より，1サイクルで気体が受け取った熱量は，$\frac{3}{2}(p_B -$

$$p_A)V_A + \frac{5}{2}p_B(V_C - V_A) = \frac{3}{2} \times \{(4.5 \times 10^5) - (1.5 \times 10^5)\} \times 0.50 + \frac{5}{2} \times (4.5 \times 10^5)$$

$$10^5) \times (1.5 - 0.50) = \frac{3}{2} \times (3.0 \times 10^5) \times 0.50 + \frac{5}{2} \times (4.5 \times 10^5) \times 1.0 = 13.5 \times$$

10^5 〔J〕となる。これに対して、1サイクルで熱機関がした仕事は(a)より 3.0×10^5 〔J〕なので、求める熱効率は $\frac{3.0 \times 10^5}{13.5 \times 10^5} \fallingdotseq 0.22$ となる。

【3】(1)　0.776〔m〕　　(2)　440〔Hz〕　　(3)　0.009〔m〕
(4)　0.088〔m〕　　(5)　気温が高くなると、音の速さは速くなるが、おんさの固有振動数は一定であるため、気柱に生じる定在波の波長が長くなる。そのため、L_1の値は気温が高くなる前よりも大きくなる。

〈解説〉(1)　ガラス管内の水面の位置は、定在波の節になっている。閉管内での定在波を考えるので、L_1とL_2の差が$\frac{1}{2}$波長に相当する。よって、求める波長は平均値を用いて、$(0.573 - 0.185) \times 2 = 0.776$〔m〕となる。　(2)　実験室の気温の平均値を用いると、このときの音速は$331.5 + 0.6 \times 16.0 = 341.1$〔m/s〕となる。よって、求める振動数は波の基本式より、$\frac{341.1}{0.776} \fallingdotseq 440$〔Hz〕となる。　(3)　(1)より、定在波の$\frac{1}{4}$波長は$0.776 \times \frac{1}{4} = 0.194$〔m〕であり、これと$L_1$との差が開口端補正なので、$0.194 - 0.185 = 0.009$〔m〕となる。　(4)　音が1オクターブ高くなると、振動数は2倍になるので、波長は半分になる。したがって、このときの定在波の$\frac{1}{4}$波長は、$0.194 \times \frac{1}{2} = 0.097$〔m〕となる。開口端補正は変化しないので、$L_1' = 0.097 - 0.009 = 0.088$〔m〕となる。
(5)　ガラス管の固有振動数は一定なので、これと共鳴するときのおんさの振動数も変わらない。

【4】(1)　$V_L = \omega L I_0 \sin\left(\omega t + \frac{\pi}{2}\right)$〔V〕　　(2)　50〔Ω〕　　(3)　2.4〔W〕
(4)　$\dfrac{1}{\sqrt{LC}}$〔rad/s〕　　(5)　$\dfrac{1}{\sqrt{\dfrac{1}{R^2} + \left(\omega C - \dfrac{1}{\omega L}\right)^2}}$〔Ω〕

〈解説〉(1)　コイルにかかる電圧は、コイルに流れる電流よりも位相

が$\dfrac{\pi}{2}$だけ進む。コイルにかかる電圧の最大値は，コイルのリアクタンスωLを用いると，$\omega L I_0$と表せるので，求める電圧は$V_L = \omega L I_0 \sin\left(\omega t + \dfrac{\pi}{2}\right)$〔V〕となる。 (2) 直列回路なので，回路全体のインピーダンスは$\sqrt{30^2+(120-80)^2}=50$〔Ω〕となる。 (3) コイルとコンデンサーについて，消費電力の平均は0である。抵抗について，電圧の最大値は$30I_0$，電流の最大値はI_0であり，消費電力を求める場合は実効値を用い，電圧および電流の最大値のそれぞれ$\dfrac{1}{\sqrt{2}}$倍となるので，求める消費電力は$\left(\dfrac{1}{\sqrt{2}}\times30I_0\right)\times\dfrac{1}{\sqrt{2}}I_0=15\times0.40^2=2.4$〔W〕となる。

(4) 共振が起きるとき，$\omega L=\dfrac{1}{\omega C}$が成り立つので，求める共振角周波数は$\omega=\dfrac{1}{\sqrt{LC}}$〔rad/s〕となる。 (5) 並列に接続すると，R，L，Cにかかる電圧は等しく，Lに流れる電流は電圧に比べて$\dfrac{\pi}{2}$遅れ，Cに流れる電流は電圧に比べて$\dfrac{\pi}{2}$進む。R，L，Cに流れる電流の最大値をそれぞれI_R，I_L，I_Cとすると，電圧の最大値をVとする電圧が$V\sin\omega t$のとき，R，L，Cに流れる電流はそれぞれ$I_R\sin\omega t$，$-I_L\cos\omega t$，$I_C\cos\omega t$となるので，これらの合計は$I_R\sin\omega t+(I_C-I_L)\cos\omega t=\sqrt{I_R{}^2+(I_C-I_L)^2}\sin(\omega t+\delta)$となる$\left(\text{ただし，}\cos\delta=\dfrac{I_R}{\sqrt{I_R{}^2+(I_C-I_L)^2}}\text{，}\sin\delta=\dfrac{I_C-I_L}{\sqrt{I_R{}^2+(I_C-I_L)^2}}\right)$。よって，電流の最大値は$\sqrt{I_R{}^2+(I_C-I_L)^2}=\sqrt{\left(\dfrac{V}{R}\right)^2+\left(\dfrac{V}{\omega L}-\omega CV\right)^2}=V\sqrt{\left(\dfrac{1}{R}\right)^2+\left(\dfrac{1}{\omega L}-\omega C\right)^2}$となる。よって，求めるインピーダンスは，電圧の最大値Vを電流の最大値で割って，$\dfrac{1}{\sqrt{\left(\dfrac{1}{R}\right)^2+\left(\dfrac{1}{\omega L}-\omega C\right)^2}}$〔Ω〕となる。

【5】 (1) $\dfrac{GM}{R^2}$　　(2) $R\sqrt{\dfrac{g}{r}}$　　(3) $\dfrac{2\pi}{R}\sqrt{\dfrac{r^3}{g}}$　　(4) $\sqrt{gR}$

(5) $\sqrt{2gR}$

〈解説〉(1)　求める重力加速度の大きさをgとする。地表は地球の中心からRだけ離れた点なので，万有引力の大きさは$\dfrac{GMm}{R^2}$であり，これは地表における重力mgと等しいので，$mg=\dfrac{GMm}{R^2}$より，$g=\dfrac{GM}{R^2}$となる。

(2)　求める速さをvとすると，人工衛星の運動方程式は$\dfrac{mv^2}{r}=\dfrac{GMm}{r^2}$より，$v=\sqrt{\dfrac{GM}{r}}$となる。(1)より，$GM=gR^2$なので，$v=R\sqrt{\dfrac{g}{r}}$となる。

(3)　求める公転周期をTとすると，$T=\dfrac{2\pi r}{v}=\dfrac{2\pi}{R}\sqrt{\dfrac{r^3}{g}}$となる。

(4)　求める速さをVとすると，人工衛星の運動方程式は$\dfrac{mV^2}{R}=mg$より，$V=\sqrt{gR}$となる。　　(5)　求める速さをV_0とすると，地表から打ち上げた瞬間の人工衛星の運動エネルギーは$\dfrac{1}{2}mV_0^2$，万有引力による位置エネルギーは$\dfrac{GMm}{R}$と表せる。一方，無限遠での位置エネルギーは0であるが，無限の遠方まで人工衛星が飛んでいくためには運動エネルギーが0以上となる必要があるので，力学的エネルギー保存の法則より，$\dfrac{1}{2}mV_0^2-\dfrac{GMm}{R}\geqq0$が成り立ち，$GM=gR^2$を用いると，$V_0\geqq\sqrt{2gR}$となる。

【6】 (1)　3　　(2)　$(144E_B+89E_C)-235E_A$〔MeV〕　　(3)　ア　核融合反応　　イ　${}^3_2\text{He}$　　(4)　$\{2M_a-(M_b-M_c)\}c^2$〔J〕

〈解説〉(1)　求める数値をxとすると，核反応の両辺の質量数に注目して，$235+1=144+89+x\times1$より，$x=3$となる。　　(2)　E_Aは核反応の際に加えるエネルギーであり，E_BとE_Cは核反応に伴い放出されるエネルギーなので，求める放出される核エネルギーは$E=(144E_B+89E_C)-235E_A$

〔MeV〕となる。　(3)　ア　解答参照。　イ　求める原子核の原子番号をZ，質量数をAとすると，$1+1=Z+0$，$2+2=A+1$より，$Z=2$，$A=3$となる。原子番号2の元素はHeなので，求める原子核は${}^3_2$Heである。
(4)　質量欠損は$2M_a-M_b-M_c$であり，これにc^2をかけて，求めるエネルギーは$(2M_a-M_b-M_c)c^2$〔J〕となる。

【7】①　物理基礎　②　表現力　③　科学的　④　科学技術　⑤　安全性　⑥　職業　⑦　法規　⑧　事故防止　⑨　廃棄
〈解説〉①～③　各科目における「内容の取扱い」は，その教科における「目標」に基づいて構成されており，使われている表現は様々な箇所で共通して用いられている。　④～⑨　「(6)　科学技術と日常生活や社会との関連」および「(7)　事故防止，薬品などの管理及び廃棄物の処理」に関する事項である。

【8】(1)　・ひもの長さを測定するときに，おもりの重心から測定する。　・振り子の振れ幅を，大きすぎないようにする。　・振り子を上から見て，直線的な往復運動にする。　(2)　100回測定した時間の平均から周期の平均を求めるには，100ではなく1000で割る必要があります。　(3)　ア　思考・判断・表現　イ　主体的に学習に取り組む態度　①　規則　②　復元　③　周期
〈解説〉(1)　微小振動する単振り子の周期Tは，長さLと重力加速度gを用いて$T=2\pi\sqrt{\dfrac{L}{g}}$と表せる。　(2)　生徒の質問だと「10往復を100回測定」するので，この時点で振り子は合計1000回往復しているので，1往復分の平均を求めるためには，100ではなく1000で割らなければいけない。　(3)　観点については，学力の三要素に照らして設定されている。評価規準については，学習指導要領の内容と共通点が多いので，同解説と併せて細部までしっかり確認する必要がある。

【化学】

【1】(1)　ヘスの法則　　　(2)　(a)　-8.9×10^2〔kJ/mol〕

(b)　-2.4×10^3〔kJ/mol〕　　　(c)　1.5

〈解説〉(1)　解答参照。　　(2)　(a)　メタンの完全燃焼の反応式は，$CH_4+2O_2\rightarrow CO_2+2H_2O$と表せる。求める反応エンタルピー$\varDelta H_f$は，酸素の生成エンタルピーを0とし，右辺の物質の生成エンタルピーから左辺の物質の生成エンタルピーを引いて，$(-394-286\times2)-(-75)=-891\fallingdotseq-8.9\times10^2$〔kJ/mol〕となる。　　(b)　プロパンの完全燃焼の反応式は$C_3H_8+5O_2\rightarrow3CO_2+4H_2O$と表せるので，その反応エンタルピーは，$(-394\times3-286\times4)-(-105)=-2221$〔kJ/mol〕となる。また，ブタンの完全燃焼の反応式は$C_4H_{10}+\dfrac{13}{2}O_2\rightarrow4CO_2+5H_2O$と表せるので，その反応エンタルピーは，$(-394\times4-286\times5)-(-126)=-2880$〔kJ/mol〕となる。LPガス中のプロパンとブタンの比は4：1なので，このLPガス1molが完全燃焼するときの$\varDelta H_f$は，$-2221\times\dfrac{4}{5}+(-2880)\times\dfrac{1}{5}=-2352.8\fallingdotseq-2.4\times10^3$〔kJ/mol〕となる。　　(c)　都市ガスの1m³あたりの価格をxとすると，LPガスの1m³あたりの価格は$4x$と表せる。よって，それぞれの単位熱量あたりの価格は$\dfrac{x}{891}$と$\dfrac{4x}{2352.8}$となるので，求める値は$\dfrac{\dfrac{4x}{2352.8}}{\dfrac{x}{891}}\fallingdotseq1.5$となる。

【2】(1)　あ　二酸化硫黄　　い　酸性酸化物　　う　硫化水素
え　三酸化硫黄　　お　接触法　　(2)　$FeS+H_2SO_4\rightarrow FeSO_4+H_2S$
(3)　V_2O_5　　(4)　3.13〔kg〕　　(5)　記号…エ　　乾燥剤…ソーダ石灰　　(6)　1.79〔g/cm³〕

〈解説〉(1)～(3)　解答参照。　　(4)　原料のSと生成するH_2SO_4(分子量98)

の物質量は等しいので，H_2SO_4の物質量は$\dfrac{1000}{32}$〔mol〕であり，その質量は$\dfrac{1000}{32}\times98$〔g〕である。よって，理論上得られる98.0％硫酸の質量は，$\dfrac{1000}{32}\times98\times\dfrac{100}{98.0}=3125$〔g〕$\fallingdotseq3.13$〔kg〕となる。　(5)　濃硫酸は酸性の乾燥剤なので，塩基性のアンモニアとは反応するので用いることはできない。また，中性の乾燥剤である塩化カルシウムとも反応するので，同じ塩基性の乾燥剤であるソーダ石灰を用いる。

(6)　はじめの98.0％硫酸の密度をx〔g/cm³〕とすると，1.00×10〔mL〕（〔cm³〕）の質量は$10.0x$〔g〕であり，このうちH_2SO_4の物質量は

$\dfrac{10.0x\times\dfrac{98.0}{100}}{98}=0.100x$〔mol〕となる。これを5倍に薄めたものが希硫酸Ⅰであり，そのうちの$\dfrac{1}{5}$の量をメスフラスコに入れて10倍に薄めたので，モル濃度は$\dfrac{0.100x\times\dfrac{1}{5}\times\dfrac{1}{10}}{\dfrac{1.00\times10^2}{1000}}=2.00x\times10^{-2}$〔mol/L〕となる。さらに，中和滴定の結果より，$2\times(2.00x\times10^{-2})\times\dfrac{1.00\times10}{1000}=1\times0.300\times\dfrac{23.9}{1000}$が成り立つので，$x\fallingdotseq1.79$〔g/cm³〕となる。

【3】(1)　あ　$2I^-$　い　$4H^+$　う　$3H_2O$　(2)　指示薬…デンプン水溶液　色の変化…青紫色から無色　(3)　4.0〔mol〕　(4)　5.0〔mg/L〕

〈解説〉(1)　$MnO(OH)_2$は酸性条件下では酸化剤としてはたらき，$2I^-$を酸化してI_2とし，自身は還元されてMn^{2+}となる。　(2)　[操作Ⅱ]で生成したヨウ素にデンプン水溶液を加えると，ヨウ素デンプン反応により青紫色を呈する。その後，[操作Ⅲ]の滴定の終点ではヨウ素がなくなるので，水溶液の色は無色になる。　(3)　$1.0mol$のO_2から$2.0mol$の$MnO(OH)_2$が生成し，$2.0mol$の$MnO(OH)_2$から$2.0mol$のI_2が生成し，I_2の2倍の物質量の$S_2O_3^{2-}$が反応する。よって，必要な$Na_2S_2O_3$は$4.0mol$であ

る。　(4)　滴定に必要な$Na_2S_2O_3$の物質量は，$(2.5 \times 10^{-2}) \times \dfrac{12.5}{1000} = 6.25 \times 10^{-5}$〔mol〕となる。(3)より，溶存酸素(分子量32)の物質量は$(6.25 \times 10^{-5}) \times \dfrac{1}{4} = 1.5625 \times 10^{-5}$〔mol〕であり，その質量は$(1.5625 \times 10^{-5}) \times 32 = 5.0 \times 10^{-4}$〔g〕$= 0.50$〔mg〕となる。よって，試料溶液のDOは$\dfrac{0.50}{\frac{1.0 \times 10^2}{1000}} = 5.0$〔mg/L〕となる。

【４】(1)

$CH_3 - CH_2 - CH_2 - CH_2 - CH_2 - OH$

$CH_3 - \underset{\underset{CH_3}{|}}{CH} - CH_2 - CH_2 - OH$

$CH_3 - CH_2 - \underset{\underset{CH_3}{|}}{CH} - CH_2 - OH$

$CH_3 - \underset{\underset{CH_3}{|}}{\overset{\overset{CH_3}{|}}{C}} - CH_2 - OH$

(2)

(3)　記号…F　　名称…サリチル酸メチル

構造式…

(4)

$H_2N - \underset{\underset{CH_3}{|}}{CH} - \underset{\underset{O}{\|}}{C} - OH$

(5)　D　(b)　　F　(a)　　G　(d)

〈解説〉(1)　化合物Aの不飽和度は$\dfrac{5\times2+2-12}{2}=0$であり，酸化される

のでアルコールとわかる。また，Aの酸化物である化合物Dは，アル

コールであるAと反応するので，Dはカルボン酸，Aは第一級アルコー

ルである。　(2)　化合物Bは，炭酸より強い酸であること，分子式が

$C_7H_6O_3$であること，および製法からサリチル酸とわかる。　(3)　化合

物Eはアセチルサリチル酸，化合物Fはサリチル酸メチルである。塩化

鉄(Ⅲ)水溶液は，フェノール類の検出に用いられるので，呈色するの

はFである。　(4)　化合物Cは酸性条件でも塩基性(アルカリ性)条件で

も電離して水層に含まれ，光学異性体をもち，分子式が$C_3H_7NO_2$なの

で，アラニンである。　(5)　化合物Dはカルボン酸なので，サリチル

酸と同じエーテル層(b)に含まれる。化合物Fはフェノール類であり炭

酸より弱い酸なので，エーテル層(a)に含まれる。化合物Cから生じた

化合物Gに無水酢酸を作用させるとアセチル化するので，GにはCのア

ミノ基が残っていると考えられる。一方，カルボキシ基は化合物Cと

メタノール及び乾燥した塩化水素によりエステル化されているので，

Gは塩基性である。よって，エーテル中でGに希硫酸を加えると水層

へ移動するが，その後水酸化ナトリウム水溶液を加えるとエーテル層

(d)に移動する。

【5】(1)

n H$_2$N-(CH$_2$)$_6$-NH$_2$ + n Cl-C-(CH$_2$)$_4$-C-Cl

　　　　　　　　　　　　　　　　　O　　　　　O

→H[HN-(CH$_2$)$_6$-NH-C-(CH$_2$)$_4$-C]Cl+(2n-1)HCl

　　　　　　　　　　　O　　　　　O

(2)　生成したHClを取り除き，平衡を右に移動させるため。

(3)　3.1×10^2〔個〕　　(4)　1.5〔g〕

〈解説〉(1)　縮合重合が起こり，塩化水素が脱離する。　(2)　解答参照。

(3)　ナイロン66の両端の塩素と水素を無視して考える。重合度をnと

すると，ナイロン66の分子量は $226n$ と表せるので，$226n=3.5\times10^4$ より，$n=\dfrac{3.5\times10^4}{226}$ となる。よって，ペプチド結合の数は $2n=2\times\dfrac{3.5\times10^4}{226}≒3.1\times10^2$ 〔個〕となる。　(4)　反応に用いたヘキサメチレンジアミン(分子量116)の物質量は $\dfrac{0.854\times1.5}{116}$ 〔mol〕，アジピン酸ジクロリド(分子量183)の物質量は $\dfrac{1.25\times1.0}{183}$ 〔mol〕である。収率が100%なので，より少ない物質量のアジピン酸ジクロリドがすべて反応するまで縮合重合が起こったと考えられ，理論上生成するナイロン66の質量は，$226n\times\dfrac{1}{n}\times\dfrac{1.25\times1.0}{183}≒1.5$ 〔g〕となる。

【6】(1)　①　見通し　　②　科学的　　③　理解　　④　態度
(2)　①　分子間力　　②　エネルギー　　③　体積　　④　結晶格子
⑤　溶解度　　⑥　規則性　　(3)　①　同位体　　②　放射性同位体
③　典型元素　　④　極性　　⑤　配位結合

〈解説〉(1)　理科の目標は，小学校及び中学校理科の目標との関連を図りながら，高等学校理科においてどのような資質・能力の育成を目指しているのかを簡潔に示したものである。初めに，どのような学習の過程を通してねらいを達成するかを示し，(1)では育成を目指す資質・能力のうち「知識及び技能」を，(2)では「思考力，判断力，表現力等」を，(3)では「学びに向かう力，人間性等」をそれぞれ示し，三つの柱に沿って明確化している。　(2)　「内容」は，アとして知識及び技能，イとして思考力，判断力，表現力等を身に付けるよう指導することを示している。なお，学びに向かう力，人間性等については，「化学」の目標の(3)を適用する。　(3)　今回の改訂で，内容の系統性の確保とともに，育成を目指す資質・能力とのつながりを意識した構成，配列となるように，「化学基礎」では日常生活や社会との関連を重視し，「(3)　ア　(ウ)　化学が拓ひらく世界」を新設した。「内容の取扱い」では，「日常生活や社会で利用されている科学技術の具体的事例を取り上げること。」と示されている。

【生物】

【1】(1)　ア　腎単位　　イ　ボーマンのう　　ウ　毛細血管

(2)　細尿管でのグルコースの再吸収量には限界があり，糖尿病患者は
その限界を超えるグルコースが原尿中にろ過されるから。

(3)　22.5〔mg〕　　(4)　60〔%〕　　(5)　尿酸は水に不溶のため，
閉鎖された卵内において，拡散して胚に害を及ぼすことがなく，浸透
圧に影響を与えない。

〈解説〉(1)　血液は糸球体からボーマンのうへろ過され，細尿管では原
　尿中の一部の成分が毛細血管へ再吸収される。　(2)　糖尿病には，自
　己免疫疾患などによりランゲルハンス島B細胞が破壊されて起こるⅠ
　型糖尿病と，標的細胞のインスリン受容体の異常によりインスリンの
　感受性の低下が起こるⅡ型糖尿病がある。いずれの場合も血糖濃度を
　下げるはたらきが低下するので，過剰なグルコースが尿に含まれる。
　(3)　15分間に生成される尿は$1.5 \times 15 = 22.5$〔mL〕である。また，表
　よりイヌリンの濃縮率は$\frac{10}{0.1} = 100$〔倍〕なので，15分間に生成される
　原尿量は$22.5 \times 100 = 2250$〔mL〕である。この原尿に含まれる尿素は
　$2250 \times 0.03 = 67.5$〔mg〕，尿中の尿素量は$22.5 \times 2 = 45$〔mg〕なので，
　再吸収される尿素は，$67.5 - 45 = 22.5$〔mg〕となる。　(4)　ある物質
　Aの原尿中の濃度をa〔mg/mL〕とすると，尿中の濃度は$40a$〔mg/mL〕
　と表せる。また，原尿100mLに対して尿は1mL生成するので，物質A
　の再吸収率は$\frac{a \times 100 - 40a \times 1}{a \times 100} \times 100 = 60$〔%〕となる。　(5)　解答参
　照。

【2】(1)　ア　リーディング　　イ　ラギング　　ウ　$5' \rightarrow 3'$

(2)　DNAヘリカーゼ　　(3)　岡崎フラグメント　　(4)　DNAリガー
ゼ　　(5)　①，⑦　　(6)　200〔箇所〕

〈解説〉(1)〜(4)　解答参照。　(5)　選択肢の図では，2本のヌクレオチド
　鎖はすべて右から左に開裂している。この場合，左端が5′末端である
　ヌクレオチド鎖を鋳型として合成されるのがリーディング鎖となる。
　(6)　5時間で伸長する塩基数は$1500 \times 60 \times 5 = 4.5 \times 10^5$〔塩基〕であり，

1箇所の複製開始点から両側に塩基が伸長するので，必要な複製開始点の数は$\dfrac{1.8\times10^8}{4.5\times10^5}\times\dfrac{1}{2}=200$〔箇所〕となる。

【3】(1)

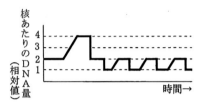

(2)　ア　胚柄　　イ　休眠　　(3)　幼芽，胚軸，幼根　　(4)　栄養を子葉に蓄え，胚乳が退化している。(19字)　　(5)　ＡＡＡ：ＡＡa：Ａaa：aaa＝1：1：1：1　　(6)　自家不和合性

〈解説〉(1)　まず，胚のう母細胞($2n$)は，減数分裂を行うことで4つの娘細胞を生じるので，核あたりのDNA量は$2n\to4n\to2n\to n$となる。次に，4つの娘細胞のうち3つは退化して残り1個が胚のう細胞(n)となるので，核あたりのDNA量はnのままである。その後，胚のう細胞(n)の核は核分裂を3回行うが，核あたりのDNA量は分裂する前は$2n$，分裂後はnとなる。　(2)　植物の種子は，発生の途中で休眠することで，冬や乾燥などの厳しい環境を生き残る。　(3)(4)　解答参照。　(5)　F_1の遺伝子型はAaなので，F_1がつくる中央細胞はAA：aa＝1：1となる。また，精細胞はA：a＝1：1なので，生じる種子の胚乳の遺伝子型の分離比はAAA：AAa：Aaa：aaa＝1：1：1：1となる。　(6)　自家不和合性により近親交配が行われないことで，遺伝的多様性が保たれる。

【4】(1)　静止電位　　(2)　-90〔mV〕～-60〔mV〕　　(3)　ナトリウムポンプによって細胞外よりも高濃度になったカリウムイオンを，カリウムチャネルから細胞外へ排出することで，細胞内が細胞外に対して負に帯電した状態にしている。　　(4)　値…閾値　　説明…閾値を大きく超える脱分極が引き起こされても活動電位の大きさは変わらないが，活動電位の生じる頻度が増大する。　　(5)　塩化物イオンが

流入すると，膜電位が負の方向に変化し，過分極が起こる。その結果，興奮性ニューロンからの刺激による膜電位の上昇が抑えられ，脱分極が閾値を超えにくくなるから。

〈解説〉(1)〜(3)　静止電位は，細胞内が細胞外に対して負に帯電している状態であり，一般には-90〔mV〕〜-60〔mV〕である。これに対し，活動電位はその電位が逆転することで生じる。　(4)　閾値を超える脱分極が起きても，活動電位の大きさは変わらないが，これを全か無かの法則という。　(5)　このような過分極を起こす電位を，抑制性シナプス後電位(IPSP)という。

【5】(1)　・遺伝的多様性　　・種多様性　　・生態系多様性
(2)　食物網の上位の捕食者で，その生態系のバランスを保つのに重要な役割を果たす生物種のこと。　　(3)　中規模かく乱説　　(4)　領域Bは領域Aに比べてかく乱の影響が少ないため，種間競争が激しくなり，競争に強い種のみが生き残るから。

〈解説〉(1)　解答参照。　(2)　問題文では，キーストーン種であるヒトデを除いたことで，この生態系の多様性は失われている。　(3)　例えば，里山では人為的に中規模なかく乱が生じているため，種多様性が大きい。近年では，このような里山の現象が深刻な問題となっている。
(4)　かく乱の影響がほとんどない状態では，種間競争に強い種にかたよった生物群集となる。一方，大規模なかく乱が頻発すると，そのかく乱に強い種にかたよる。

【6】(1)　ア　マカロニ　　イ　タルホ　　(2)　マカロニコムギ…四倍体　　パンコムギ…六倍体　　(3)　雑種をつくり，減数分裂させる。このとき，二価染色体が生じれば共通の染色体を持つことがわかり，もとになった種と考えられる。　　(4)　減数分裂の際，娘細胞に染色体が均等に分配されないため，正常な種子形成ができないから。

〈解説〉(1)(2)　一粒系コムギ(AA；二倍体)と，クサビコムギ(BB；二倍体)が交雑して得られた雑種(AB)が倍数化して生じたのがマカロニコム

67

ギ(AABB)であり，これは四倍体である。さらに，このマカロニコムギ(AABB；四倍体)とタルホコムギ(DD；二倍体)が交雑したもの(ABD)が倍数化して生じたのがパンコムギ(AABBDD)であり，これは六倍体である。　(3)　近縁な種間の雑種であれば，相同性のある染色体同士が対合して二価染色体を形成すると考えられる。　(4)　コルヒチンは減数分裂における紡錘糸の形成を阻害するので，$2n$が$4n$となる。このようにしてできた配偶子は$2n$であり，野生型がつくるnの配偶子により，$3n$の種無しスイカができる。

【７】a　多様化　　b　基質特異性　　c　二重らせん構造　　d　転写と翻訳　　e　発現　　f　ゲノム

〈解説〉ab　ここでは，生物の特徴についての観察，実験などを通して，生物の共通性と多様性，生物とエネルギーについて理解させ，それらの観察，実験などの技能を身に付けさせるとともに，思考力，判断力，表現力等を育成することが主なねらいである。　c〜f　ここでは，遺伝子とその働きについての観察，実験などを通して，遺伝情報とDNA，遺伝情報とタンパク質の合成について理解させ，それらの観察，実験などの技能を身に付けさせるとともに，思考力，判断力，表現力等を育成することが主なねらいである。

【８】a　外界の刺激　　b　神経系　　c　細胞の特性　　d　植物ホルモン　　e　環境変化　　f　応答の特徴

〈解説〉ここでは，理科の見方・考え方を働かせ，生物の環境応答についての観察，実験などを通して，動物の反応と行動及び植物の環境応答について理解させるとともに，それらの観察，実験などの技能を身に付けさせ，思考力，判断力，表現力等を育成することが主なねらいである。

【地学】

【1】(1) (a) ① ウ ② ア (b) イ (c) オーロラ
(2) 海面付近の平らな面が，地震のときに隆起して陸地になることを繰り返してできたもの。 (3) ① ウ ② イ ③ エ
(4) 518.18〔m〕

〈解説〉(1) (a) ① 赤道付近では，伏角はおよそ0°と考えてよい。② 磁力線はN極からS極へ向かうので，南半球にあるオーストラリア付近では上向き，北半球では下向きである。また，伏角が±90°となるのは極地方である。 (b) 日本付近では，北にある地点の方が伏角は大きいので，水平分力は北ほど小さい。また，磁極に近いほど磁力線が密集するので，全磁力は磁極に近づくほど大きくなる。 (c) 太陽表面でフレアが発生して太陽風のプラズマ粒子の密度と速さが増加すると，地球がもつ磁気に影響を与え，高緯度地域でオーロラが観測される。 (2) 解答参照。 (3) マグマが生成する条件は，温度の上昇，圧力の低下，マントルを構成するかんらん岩の融点の低下である。かんらん岩が部分融解してできたマグマの密度は，周囲のかんらん岩より小さい。 (4) アイソスタシーが成り立っているので，とけた氷の重さと隆起したマントルの重さが等しくなる。求める隆起した高さをx〔m〕とし，単位面積あたりで考えると，$0.9 \times 1900 = 3.3 \times x$より，$x = 518.181 \cdots \fallingdotseq 518.18$〔m〕となる。

【2】(1) (a) ① エ ② ウ (b) 光行差 (c) A エ
B ア (2) (a) 10000〔K〕 (b) 100〔パーセク〕

〈解説〉(1) (a) コペルニクスは地動説を提唱し，ケプラーは惑星の軌道運動に関する法則(ケプラーの法則)を発見し，これはニュートンの万有引力の発見により理論的に解明された。 (b) 恒星から届く光は，動いている観測者には実際の位置よりも前方から届くように見え，この角度のずれを光行差という。地球の公転に伴う1年周期の光行差を，年周光行差という。 (c) 年周視差は，恒星までの距離に反比例する。年周光行差は恒星の位置と公転方向により決まり，恒星に対して直角

に変位するとき最大で20.5″になる。　(2)　(a)　恒星の放射エネルギーが波長 λ 〔μm〕で最大となり，表面温度が T〔K〕のとき，ウィーンの変位則より $\lambda T=2900$ が成り立つので，$T=\dfrac{2900}{0.29}=10000$〔K〕となる。　(b)　恒星の絶対等級を M〔等級〕，見かけの等級を m〔等級〕，恒星までの距離を d〔パーセク〕とすると，$M=m+5-5\log_{10}d$ が成り立つので，$0=5+5-5\log_{10}d$ より，$d=100$〔パーセク〕となる。

【3】(1)　$\dfrac{R^2E}{4a^2}$　(2)　①　放射冷却　②　逆転　(3)　地表からの赤外放射は温室効果ガスにいったん吸収されるが，あたたまった大気から赤外放射が行われるとともに，そのうち一部は地表に戻り，地表をあたためること。

〈解説〉(1)　太陽と地球の平均距離 a〔m〕を半径とする球の表面積 $4\pi a^2$〔m²〕のうち，地球の断面積 πR^2〔m²〕で地球が太陽放射エネルギーを受けると考えると，$E\times\dfrac{\pi R^2}{4\pi a^2}=\dfrac{R^2E}{4a^2}$〔W〕となる。　(2)　放射冷却により，通常の対流圏の気温分布と逆になっている層を逆転層という。(3)　温室効果をもたらすのは，水蒸気，二酸化炭素，メタンなどである。

【4】(1)　X　6　　Y　114　　Z　120　　(2)　水の蒸発や凝結

〈解説〉(1)　X　大気圏外でのエネルギー収支のつり合いから，$100=2+25+7+X+60$ より，X=6となる。　Y　大気圏でのエネルギー収支のつり合いから，$17+2+Y+23+10=166$ より，Y=114となる。Z　$Z=X+Y=6+114=120$ となる。なお，地表でのエネルギー収支のつり合いから，$19+23+5+106=Z+23+10$ より，Z=120と求めてもよい。　(2)　水の蒸発や凝結は潜熱の移動，伝導・対流は顕熱の移動であり，図ではこれらを区別している。

【5】(1)　走向…ウ　　傾斜…イ　　(2)　N40°E　　(3)　A層…0°　C層…45°SW　　(4)　エ

〈解説〉(1)　走向を測る場合は，ウのようにクリノメーターの水準器を

用いてクリノメーターを水平にし，長辺を層理面に当てると，長辺の
方向が走向となる。傾斜を測る場合は，イのように走向に直交する方
向で，層理面の最大傾斜方向にクリノメーターを当て，内側の垂針で
角度を読む。　(2)　走向を測定する磁針は黒い方の針であり，外側の
目盛りを読むので，N40°Eである。　(3)　A層の地層の境界線は等高
線に平行であり，A層は水平なので傾斜は0°である。また，図3の右下
側のC層とB層・D層の地層の境界線と，標高350m・400m・450m等高
線の交点から走向線を求め，これらの走向線の水平距離と標高差より，
傾斜は45°SWとなる。　(4)　地点Pは，B層とC層の境界面の標高350m
の走向線上にある。地点Pの標高は400mなので，鉛直方向に50m掘削
するとこの境界面に達する。

【6】(1)　(a)　①　見通し　　②　科学的　　③　原理　　④　法則
(b)　①　化石　　②　大気　　③　規則性　　④　関係性
(2)　(a)　地域の自然災害の実例や防災に関する資料，ハザードマップ
などを，タブレット端末を用いて，生徒に調べさせる。調べ学習を通
して地域の自然災害の特徴を理解させたり，予測された被害を低減さ
せる取り組みを立案させたりする。その際，他の地域や世界で起きた
自然災害や災害対策と比較しながら考察させる。　(b)　直視分光器
を用いて，空，白熱電球，蛍光灯，スペクトル管などのスペクトルを
観察させ，連続スペクトルと線スペクトルについて説明する。吸収線
や輝線の波長が原子やイオンなどによって決まっていることについて
説明し，これらのことから，太陽のスペクトルの観察によって，太陽
の構成元素を推定できることを理解させる。
〈解説〉(1)　(a)　「地学」の目標は，高等学校理科の目標を受けて，地球
や地球を取り巻く環境に関わり，理科の見方・考え方を働かせ，見通
しをもって観察，実験を行うことなどを通して，地球や地球を取り巻
く環境を科学的に探究するために必要な資質・能力を育成することで
ある。「地球や地球を取り巻く環境に関わり」とあるのは，地球や地
球を取り巻く環境への関心を高め，自ら課題を設定しようとする動機

付けとすることを示している。　(b)　「(2)　変動する地球」に関する内容である。ここでは，理科の見方・考え方を働かせ，変動する地球についての観察，実験などを通して，地球の変遷及び地球の環境について理解させるとともに，それらの観察，実験などに関する技能を身に付けさせ，思考力，判断力，表現力等を育成することが主なねらいである。　(2)　「高等学校学習指導要領(平成30年告示)解説　理科編」を参照。

2023年度　実施問題

中　学　理　科

【1】以下の(1)〜(5)の問いに答えなさい。

　どのような生物も，その基本となる最小単位は細胞である。図は動物の細胞を電子顕微鏡で観察した模式図である。

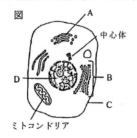

図

(1)　図A〜Dの細胞小器官または構造体の名称を答えなさい。

(2)　図に中心体が示されているが，中心体は主に動物細胞に見られる細胞小器官である。その働きを2つ答えなさい。

(3)　下線部のような考え方を「細胞説」というが，動物細胞と植物細胞について，初めてこのような考え方を示したのは誰か，それぞれ答えなさい。

(4)　細胞あたりのミトコンドリア数について，その数が少ない細胞は100個程度だが，多い細胞では数千個ほどみられる。ミトコンドリアが多いと考えられる細胞として最も適切なものを次のア〜エから選び，記号で書きなさい。

　　ア　表皮細胞　　イ　赤血球　　ウ　筋肉細胞　　エ　肺細胞

(5)　細胞小器官や構造体の働きを調べるために，その重さや大きさの違いによって個別に取り出す細胞分画法がある。この操作は通常4℃ほどで行われるが，その理由を2つ答えなさい。

(☆☆◎◎◎◎◎)

【2】図のように，質量2.0〔kg〕のおもりAと質量1.0〔kg〕のおもりBを
　　糸でつなぎ，滑車にかけ，ストッパーを用いて静止させた。机上面は
　　水平で，おもりAから滑車まで，及びおもりBから床までは十分な距離
　　があり，滑車と糸との摩擦や空気抵抗，糸の質量は考えなくてよいも
　　のとする。なお，重力加速度の大きさを9.8〔m/s²〕とし，答えには単
　　位も記入すること。ただし有効数字2桁とする。以下の(1)・(2)の問い
　　に答えなさい。

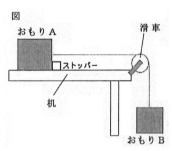

図

(1)　おもりAと机上面の間に摩擦がない場合，ストッパーを取り払う
　　とおもりは静かに動き出した。次の(a)～(c)の問いに答えなさい。

　(a)　力の単位N(ニュートン)を，正しい次元で表したものを次のア
　　　～エから1つ選び，記号で書きなさい。ただし，M(質量)，L(長
　　　さ)，T(時間)を表すものとする。

　　　ア　$[MLT^{-1}]$　　イ　$[ML^{-1}T^{-2}]$　　ウ　$[ML^2T^{-2}]$

　　　エ　$[MLT^{-2}]$

　(b)　おもりAにはたらく重力の大きさを求めなさい。

　(c)　おもりBに生じる加速度の大きさを求めなさい。

(2)　図の状態で，摩擦がある場合，ストッパーを取り払ってもおもり
　　は動かなかった。このときのおもりAと机上面の静止摩擦係数を
　　0.60，動摩擦係数を0.30とする。次の(a)～(c)に答えなさい。

　(a)　このときおもりAにはたらく静止摩擦力の大きさを求めなさい。

　(b)　図のようにおもりAとおもりBをストッパーで固定し，おもりB
　　　の質量を2.0〔kg〕のものに付け替えた。その後，ストッパーを
　　　取り払うとおもりは静かに動き出した。おもりAにはたらく動摩

74

擦力の大きさを求めなさい。

(c)　(b)のとき，糸の張力の大きさを求めなさい。

(☆◎◎◎)

【3】以下の(1)～(4)の問いに答えなさい。

　　原子は，中心部に正の電荷をもった(　①　)があり，そのまわりには，負の電荷をもった電子が存在する構造となっている。(　①　)は正の電荷をもった(　②　)と，電荷をもたない(　③　)で構成されている。

　　原子内の電子は層に分かれて存在している。この層を(　④　)といい，(a)それぞれの層に入ることができる電子の最大数には規則性がある。電子は基本的にこの層の内側から順に収容されていく。原子が他の原子と結合するときには最も外側の層に存在する電子が重要な役割を果たし，このような電子を(　⑤　)という。(b)18族元素は，それぞれの層に入ることができる最大数の電子を収容しており，化学的に安定である。

　　元素の種類は(　②　)の数で決まるので，この数を(　⑥　)と呼んでいる。原子の質量は，そのほとんどが(　①　)で占められ，電子の質量は非常に小さい。また，(　②　)と(　③　)の質量はほぼ等しい。そこで，(　②　)と(　③　)の数の和を質量数と呼び，(c)原子の質量の目安として用いる。自然界には，(　②　)の数は等しいが，質量数の異なる複数の原子が存在することがあり，これらを互いに同位体と呼ぶ。

(1)　文中の(　①　)～(　⑥　)に，あてはまる語句を書きなさい。(同じ番号には，同じ語句が入るものとする。)

(2)　下線部(a)について，内側から数えた層の順nと収容することのできる電子の最大数Nとの関係は表のようになっている。Nとnとの関係を式で表しなさい。

表

層の順 n	収容できる電子 の最大数N
1	2
2	8
3	18

(3)　下線部(b)について，18族元素のネオンについて，電子の収容されている様子を内側から順に(1, 3, 5)のように書きなさい。

(4)　下線部(c)について，実際には，原子の質量は，質量数12の炭素原子を基準とした相対質量で表されている。天然には質量数の異なる2種類の塩素原子が存在し，全体の24.2%は相対質量が36.9の原子である。天然の塩素原子全体の相対質量は35.5であり，これは，これら2種類の塩素原子の相対質量の平均になっている。残るもう一方の塩素原子の相対質量を有効数字3桁で求めなさい。

(☆☆◎◎◎◎)

【4】次の(1)～(4)の問いに答えなさい。

(1)　新生代新第三紀に繁栄した生物として，最も適切なものを次のア～エから選び，記号で答えなさい。

ア　アンモナイト　　イ　サンヨウチュウ　　ウ　フズリナ
エ　ビカリア

(2)　岩石などのできた年代を求めるために，含まれている放射性同位体の壊変を利用する。ある岩石のカリウム40(^{40}K)の存在量を測定すると，元の存在量の4分の1であった。この岩石は何年前にできたものか，最も適切なものを次のア～エから選び，記号で答えなさい。ただし，ある量の^{40}Kが崩壊して半分の量になるのに要する時間を1.3×10^9年とし，その期間に外部から新たに^{40}Kが加わることはないものとする。

ア　3.3×10^8年前　　イ　6.5×10^8年前　　ウ　2.6×10^9年前
エ　3.9×10^9年前

(3)　約4億年前までには大気中の酸素は現在の濃度に近づき，大気圏

76

に変化が生じたことが一因となり，生物の陸上進出が容易になったと考えられている。生物の陸上進出が容易になった理由を，大気圏における変化とその変化による地上への影響にふれて，書きなさい。

(4)　図は，地点Ⅰ～Ⅲの柱状図である。柱状図の右側の●は，それぞれの地点の各層から産出した古生代～新生代の化石であり，3地点に見られる凝灰岩はすべて，同じ火山が同じ時期に噴火したことによって堆積したもの，地点Ⅱ・地点Ⅲの花崗岩は新生代に形成されたものである。また，①～⑦は不整合である。(a)～(c)の問いに答えなさい。

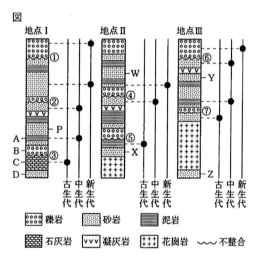

(a)　地点Ⅰの地層A～Dのうち，粒径1mmの砕せつ物が多く見られるのはどの地層か，最も適切なものをA～Dから選び，記号で答えなさい。

(b)　地点Ⅰの地層Pと同じ時期に堆積したと考えられるのは，図のW～Zのどの地層か，最も適切なものをW～Zから選び，記号で答えなさい。

(c)　次の説明文のうち，誤っているものを次のア～エからすべて選び，記号で答えなさい。

　ア　地点Iの地層Bは，石灰岩の礫を含むことがある。

　イ　地点IIの④の不整合が形成された後に，地点IIIの⑦の不整合が形成された。

　ウ　地点IIの地層Xは，新生代に堆積したものである。

　エ　地点IIIの⑦の不整合が形成された後に，花崗岩が形成された。

(☆☆☆◎◎◎)

【5】中学校学習指導要領「第2章　各教科」「第4節　理科」について，次の(1)～(4)の問いに答えなさい。

(1)　次の文は，「第1　目標」の一部である。(　①　)～(　③　)にあてはまる語句を書きなさい。

第1　目標

　自然の事物・現象に関わり，理科の見方・(　①　)を働かせ，(　②　)をもって観察，実験を行うことなどを通して，自然の事物・現象を科学的に探究するために必要な資質・能力を次のとおり育成することを目指す。

　　(3)　自然の事物・現象に進んで関わり，科学的に探究しようとする(　③　)を養う。

---

(2)　次の文は，〔第1分野〕「2　内容」の一部である。(　①　)～(　⑥　)にあてはまる語句を書きなさい。

---

　(1)　身近な物理現象

　　ア　身近な物理現象を日常生活や社会と関連付けながら，次のことを理解するとともに，それらの観察，実験などに関する技能を身に付けること。

　　　(イ)　力の働き

　　　　⑦　力の働き

　　　　　物体に力を働かせる実験を行い，物体に力が働くとその物体が(　①　)したり動き始めたり，(　②　)

の様子が変わったりすることを見いだして理解するとともに，力は大きさと(　③　)によって表されることを知ること。また，物体に働く2力についての実験を行い，力が(　④　)ときの条件を見いだして理解すること。

(7)　科学技術と人間

　ア　日常生活や社会と関連付けながら，次のことを理解するとともに，それらの観察，実験などに関する技能を身に付けること。

　　(イ)　自然環境の保全と科学技術の利用

　　　⑦　自然環境の保全と科学技術の利用

　　　　自然環境の保全と科学技術の利用の在り方について科学的に(　⑤　)することを通して，(　⑥　)をつくることが重要であることを認識すること。

(3)　次の文は，〔第2分野〕「2　内容」の一部である。(　①　)〜(　③　)にあてはまる語句を書きなさい。

(5)　生命の連続性

　イ　生命の連続性について，観察，実験などを行い，その結果や資料を分析して解釈し，生物の成長と殖え方，遺伝現象，生物の種類の多様性と(　①　)についての特徴や規則性を見いだして(　②　)すること。また，探究の過程を(　③　)こと。

(4)　次の文は，「第3　指導計画の作成と内容の取扱い」の一部である。(　①　)〜(　③　)にあてはまる語句を書きなさい。

1　指導計画の作成に当たっては，次の事項に配慮するものとする。
　(3)　学校や生徒の実態に応じ，十分な観察や実験の時間，(　①　)のために探究する時間などを設けるようにする

こと。その際，問題を見いだし観察，実験を計画する学習活動，観察，実験の結果を分析し解釈する学習活動，科学的な(②)を使用して考えたり(③)したりする学習活動などが充実するようにすること。

(☆☆◎◎◎)

高 校 理 科

【物理】

【１】質量m，$2m$のおもりＡ，Ｂを糸1でつなぎ滑車Ｐにかけた。さらに滑車Ｐと質量MのおもりＣを糸2でつなぎ天井に固定した滑車Ｑにかけ，水平な板Ｒの上で糸がたるまないよう静止させた。滑車は滑らかに動き，滑車の質量は無視できるものとする。また糸1，2は軽くて伸びない。重力加速度をgとし，空気抵抗は考えない。

おもりを支える板Ｒを静かに取り除くと，おもりＡとＢが動き出し，おもりＣは動かなかった。以下の(1)～(6)の問いに答えなさい。

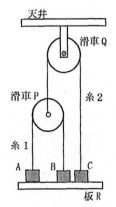

(1)　おもりＡの加速度の大きさa_1を求めなさい。

(2)　糸1の張力の大きさT_1を求めなさい。

(3) おもりCの質量Mをmを使って表しなさい。

次に，最初の状態に戻しておもりCの質量を$2m$に変更した。板Rを静かに取り除くと，いずれのおもりも動き始めた。

(4) おもりCの加速度の大きさa_2を求めなさい。

(5) 糸2の張力の大きさT_2を求めなさい。

(6) この場合，おもりA，B，Cの変位S_A，S_B，S_Cの間には，どのような関係が成り立つか。数式で示しなさい。ただし，鉛直上向きを正の向きとする。

(☆☆☆☆◎◎◎)

【２】 次図のように，あらい斜面上に横幅a，高さb，奥行きc，重さWの密度が一様な直方体を置き，斜面の傾角θを次第に大きくしていった。図は直方体の側面に平行で重心を通る断面を表す。直方体と斜面との間の静止摩擦係数をμとして，以下の(1)・(2)の問いに答えなさい。

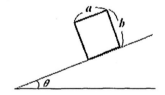

(1) 直方体が倒れるより先にすべり出すのは，$\tan\theta$がどのような値を超えたときか求めなさい。

(2) 直方体がすべり出すより先に倒れるのは，$\tan\theta$がどのような値を超えたときか求めなさい。

(☆☆☆◎◎◎)

【３】 密度が一様で，一辺の長さがLの立方体の一部分を直方体形に切り取り，残った部分を物体Aとする。切り取った直方体の横幅と高さはともにa，奥行きはLである。図1のようにx軸，y軸，z軸をとり，物体Aを$x-z$平面上に置いて静止させた。原点の座標をOとする。以下の(1)～(3)の問いに答えなさい。

図 1

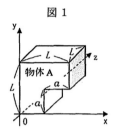

(1)　物体Aの重心のx座標をL, aを用いて表しなさい。

(2)　aの値を大きくしていくと，ある値a_0を超えたとき，物体Aは静止できずに倒れた。a_0を，Lを用いて表しなさい。

(3)　図2は「やじろべえ」を示している。支点で支えられた「やじろべえ」が少々揺らされても支点から落ちない理由を述べなさい。

図 2

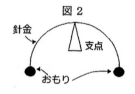

(☆○○○)

【4】光の干渉についての理解を深めるため，CDとDVDの溝の間隔(トラックピッチ)dを調べる実験を次のように計画した。レーザー光の波長λは既知とする。

材料：CDとDVD$\left(\dfrac{1}{4}$にカットしたもの$\right)$，レーザーポインター(赤色光と緑色光)，A3サイズのコピー用紙(4枚)，30cmものさし，鉛筆
※ただし，分度器は使わない。

手順：①水平な机上にコピー用紙を置き，CDを鉛直方向に立てる。

②レーザー光(赤色光)をCDに対して垂直にあて，干渉による明線を鉛筆でなぞり記録する。

③レーザー光(緑色光)で，手順②と同様の実験を行う。

④CDをDVDに交換して，手順①から手順③の実験を行う。

⑤測定結果から溝の間隔(トラックピッチ)dを計算で求め，規格

値(CD：1.60μm，DVD：0.74μm)と比較し考察する。

⑥結果をレポートにまとめて提出する。

次の(1)～(3)の問いに答えなさい。

(1)　本実験において，実験前に行うべき安全面に関する注意点を1つあげなさい。

(2)　実験の結果，次図のような干渉による明線が観測された。溝の間隔(トラックピッチ)dを導出する手順を，1次の明線について図示し簡潔に説明しなさい。

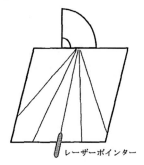

レーザーポインター

(3)　同じ色のレーザー光で比較した場合，観測される干渉による明線の本数は，CDとDVDではどちらが多いか，理由をつけて答えなさい。

(☆☆◎◎◎)

【5】あとの(1)～(5)の問いに答えなさい。

次図のように電気容量がC，$2C$のコンデンサーC_1とC_2，抵抗値がR，$2R$の抵抗R_1とR_2，内部抵抗の無視できる起電力Eの電池E，スイッチS_1，S_2からなる回路を考える。ただし，点Oの電位を0とする。

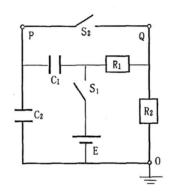

　最初にスイッチS_2を開いたまま，スイッチS_1を閉じて十分に時間が経過した。

(1)　コンデンサーC_2に蓄えられた静電エネルギーを求めなさい。

(2)　点Qの電位を求めなさい。

　次にスイッチS_1を閉じたまま，スイッチS_2を閉じて十分に時間が経過した。

(3)　スイッチS_2を閉じてから定常状態になるまでに，スイッチS_2を通過した電気量の大きさを求めなさい。

　次にスイッチS_1とスイッチS_2を同時に開き，十分に時間が経過した。

(4)　点Pの電位を求めなさい。

(5)　この間に，抵抗R_1とR_2で発生するジュール熱の合計を求めなさい。

(☆☆☆◎◎◎)

【6】水平なばね(ばね定数はk〔N/m〕)につながれた断面積S〔m²〕のピストンによって，シリンダー内に理想気体が封入されている。ピストン，シリンダーはともに断熱材でつくられており，ピストンはなめらかに動くものとする。シリンダーの左側にはヒーターが取りつけられ気体を加熱することができる。また，シリンダーの右側には穴が開いており大気とつながっている。はじめ，ばねの長さがちょうど自然長のとき，シリンダー内部の理想気体の温度はT_0〔K〕，圧力はp_0〔Pa〕であった。この状態を「初期状態」とする。

84

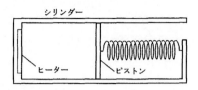

【状態変化1】初期状態でピストンを固定して，ヒーターにより Q〔J〕の熱量を与えたところ，内部の温度が T_0〔K〕から T〔K〕に上昇した。

【状態変化2】初期状態にもどし，ピストンを自由に動ける状態にした。ある量の熱量を与えたところ，ピストンは右へ L〔m〕動き，内部の温度は T_1〔K〕になった。

　次の(1)・(2)の問いに答えなさい。

(1)　【状態変化1】において(a)シリンダー内部の圧力，(b)理想気体の内部エネルギーの増加量をそれぞれ求めなさい。

(2)　【状態変化2】において(a)理想気体の内部エネルギーの増加量，(b)理想気体がした仕事，(c)理想気体に与えた熱量をそれぞれ求めなさい。

(☆☆◎◎◎)

【7】ある放射性物質Aから出た放射線を，紙面に垂直に手前から向こうに貫く磁場B中に入れたところ，図のように曲がった。以下の(1)〜(4)の問いに答えなさい。

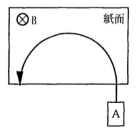

(1)　この放射線は何か。次のア〜エから正しいものを1つ選び，記号で答えなさい。

　　　ア　α線　　イ　β線　　ウ　γ線　　エ　中性子線

(2)　放射性物質Aの原子番号は86，質量数は222であった。(1)の放射線を出した後の放射性物質Aを物質Xとする。物質Xの原子番号と質量数を求めなさい。

(3)　放射性物質Aの原子核の質量は，物質Xの原子核の質量と放射線の粒子の原子核の質量の和よりも大きいか，小さいか，理由をつけて答えなさい。

(4)　放射性物質Aの原子核数は6日間で初めの$\frac{1}{4}$に減少した。

(a)　放射性物質Aの原子核数が初めの$\frac{1}{64}$まで減少するには何日かかるか，求めなさい。

(b)　放射性物質Aの原子核数が初めの1％まで減少するには何日かかるか，$\log_{10}2＝0.30$として求めなさい。

　　　　　　　　　　　　　　　　　　　　　　　　　　　　(☆○○○)

【8】次の文は，高等学校学習指導要領(平成30年告示)「理科」の「第3款　各科目にわたる指導計画の作成と内容の取扱い」の一部である。[　①　]～[　⑨　]にあてはまる語句を答えなさい。

> 　2　内容の取扱いに当たっては，次の事項に配慮するものとする。
> (1)・(2)は省略
> (3)　各科目の指導に当たっては，観察，実験の過程での[　①　]の収集・検索，[　②　]・制御，[　③　]の集計・処理などにおいて，コンピュータや[　④　]ネットワークなどを積極的かつ適切に活用すること。
> (4)　観察，実験，[　⑤　]などの[　⑥　]な学習活動を充実させること。また，[　⑦　]に十分配慮すること。
> (5)　各科目の指導に当たっては，[　⑧　]や研究機関，[　⑨　]や科学学習センターなどと積極的に連携，協力を図るようにすること。

　　　　　　　　　　　　　　　　　　　　　　　　　　　(☆☆○○○)

【9】水平投射，自由落下，斜面上の運動と力の分解，運動の法則における「知識・技能」の観点を評価するために次のワークシートを用意した。

＜ワークシート＞

水平面から高さhの地点に質量m〔kg〕の小球A，B，Cがある。小球Aと小球Bは高さhで静止しており，小球Cは水平面と45°をなすなめらかな斜面上で静止している。$t=0$〔s〕で小球Aを水平方向に速さvで投射するのと同時に，小球B，Cを静かにはなしたところ，小球Bは鉛直方向に落下し，時刻$t=3.0$〔s〕で水平面に達した。

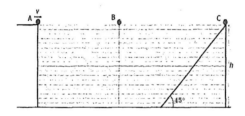

(1) $t=1.0$〔s〕，2.0〔s〕，3.0〔s〕での，小球A，B，Cそれぞれの位置を図示しよう。

(2) (1)のように図示した理由を，はたらく力に着目して簡単に説明しよう。

なお，評価規準は省略している。このワークシートを用いて授業を行い，Sさん，Tさんから次の解答を得た。

※『「指導と評価の一体化」のための学習評価に関する参考資料』引用

Sさん

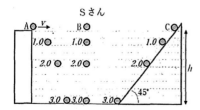

　　　経路は違うが，最初の高さは同じであり，3つの小球には重力しかはたらかない。このことから，鉛直方向に進む距離は時間の2乗に比例し常に同じ高さにある。

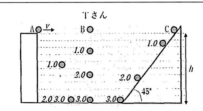

Tさん

　　　小球Aは初速vで投げおろし，小球Cは初速0で斜面を下る運動をするから。

(1)　Sさんが(a)理解できている点，(b)理解できていない点を1つずつ示しなさい。

(2)　評価規準に基づきTさんの解答を評価C「努力を要する」と評価した。フィードバックを行い学習改善を図りたい。形成的評価を行う上で注意すべき点を1つあげなさい。

(☆☆☆◎◎)

【化学】

必要ならば次の値を用いなさい。

原子量：H＝1.0，C＝12，O＝16，Cu＝64，Ag＝108

ファラデー定数：$9.65×10^4$C/mol

【1】次の文を読み，(1)～(4)の問いに答えなさい。

　　原子は，中心部に正の電荷をもった（　あ　）があり，そのまわりには，負の電荷をもった電子が存在する構造となっている。（　あ　）は正の電荷をもった（　い　）と，電荷をもたない（　う　）で構成されている。

　　原子内の電子は層に分かれて存在している。この層を（　え　）といい，(a)それぞれの層に入ることができる電子の最大数には規則性があ

る。電子は基本的にこの層の内側から順に収容されていく。原子が他の原子と結合するときには最も外側の層に存在する電子が重要な役割を果たし，このような電子を(お)という。(b)18族元素は，それぞれの層に入ることができる最大数の電子を収容しており，化学的に安定である。

　元素の種類は(い)の数で決まるので，この数を(か)と呼んでいる。原子の質量は，そのほとんどが(あ)で占められ，電子の質量は非常に小さい。また，(い)と(う)の質量はほぼ等しい。そこで，(い)と(う)の数の和を質量数と呼び，(c)原子の質量の目安として用いる。自然界には，(い)の数は等しいが，質量数の異なる複数の原子が存在することがあり，これらを互いに(き)と呼ぶ。

(1)　文中の(あ)〜(き)に，あてはまる語句を書きなさい。ただし，同じ記号には同じ語句が入るものとする。

(2)　下線部(a)について，内側から数えた層の順nと収容することのできる電子の最大数Nとの関係は表のようになっている。Nとnとの関係を式で書きなさい。

表

層の順n	収容できる電子の最大数N
1	2
2	8
3	18

(3)　下線部(b)について，18族元素のネオンについて，電子の収容されている様子を内側から順に(1，3，5)のように書きなさい。

(4)　下線部(c)について，実際には，原子の質量は，質量数12の炭素原子を基準とした相対質量で表されている。天然には質量数の異なる2種類の塩素原子が存在し，全体の24.2％は相対質量が36.9の原子である。天然の塩素原子全体の相対質量は35.5であり，これは，これら2種類の塩素原子の相対質量の平均になっている。残るもう一方の塩素原子の相対質量を有効数字3桁で求めなさい。

(☆☆☆◎◎◎)

【2】試料溶液の入った試験管を断熱容器に入れて冷却し，試料溶液の温度をデータロガーにより測定した。得られたデータをもとにコンピュータで冷却曲線をグラフ化し，凝固点を求めた。(1)〜(4)の問いに答えなさい。ただし，ベンゼン(C_6H_6)の凝固点は5.53℃とし，数値は有効数字2桁で答えなさい。

実験Ⅰ　ナフタレン$C_{10}H_8$ 1.28gをベンゼン$1.0×10^2$gに溶解した溶液の凝固点を求めたところ5.02℃であった。

実験Ⅱ　安息香酸C_6H_5COOH 1.22gをベンゼン$1.0×10^2$gに溶解した溶液の凝固点を求めたところ5.28℃であった。

実験Ⅲ　サリチル酸$C_6H_4(OH)COOH$ 1.38gをベンゼン$1.0×10^2$gに溶解した溶液の凝固点を求めたところ5.02℃であった。

(1)　実験Ⅰのナフタレンベンゼン溶液の質量モル濃度〔mol/kg〕を求めなさい。

(2)　実験Ⅰでは，ナフタレン分子の会合は起こっていない。実験Ⅰの結果より，ベンゼンのモル凝固点降下〔K・kg/mol〕を求めなさい。

(3)　実験Ⅱでは，安息香酸分子の会合が起こっていると考えられる。実験Ⅱの結果をもとに，安息香酸の見かけ上の分子量を求め，何分子が会合しているかを求めなさい。

(4)　実験Ⅲの結果から，サリチル酸の見かけ上の分子量を求め，サリチル酸分子の会合について考察し，書きなさい。ただし，安息香酸と分子構造を比較し，「水素結合」という言葉を用いて考察すること。

(☆☆☆◎◎◎)

【3】6種の金属A，B，C，D，E，Fは，「Al　Ag　Cu　K　Mg　Pb」のいずれかである。次の文を読み，(1)〜(6)の問いに答えなさい。

実験Ⅰ　室温で水と激しく反応するのはCのみであった。

実験Ⅱ　希硫酸に加えたとき水素を発生して溶解するのはA，B，Cで，こうして得られた溶液を水酸化ナトリウムで十分にアル

カリ性にしたとき，なお溶解しているのはA，Cであった。

実験Ⅲ　D，E，Fは希硫酸に溶解しないが，希硝酸には溶解した。この溶液中でEは有色のイオンとなっていた。またD，E，Fの溶液を過剰のアンモニア水でアルカリ性にしたとき，沈殿として残るのはFのみであった。

(1)　実験Ⅰの反応について，化学反応式を書きなさい。

(2)　金属Aについて，元素記号を書きなさい。

(3)　金属Eについて，希硝酸との反応について，次の式の(　　)に係数，[　　]に化学式を入れて完成させなさい。式中のEは，該当する元素記号があてはまるものとする。

(　あ　)E+(　い　)HNO₃→(　う　)E(NO₃)₂+2[　え　]+4H₂O

(4)　実験Ⅲの下線部について，溶けている2種類のイオンの化学式と名称を書きなさい。

(5)　6種類の金属で，常温で空気により酸化されない金属を選び，元素記号を書きなさい。

(6)　6種の金属A，B，C，D，E，Fについて，イオン化傾向の大きい順にA～Fを並べ，書きなさい。

(☆☆☆◎◎◎)

【4】次の表に整理されている電気分解について，(1)～(5)の問いに答えなさい。

表

	物　質	陰　極	陽　極
(a)	CuSO₄水溶液	銅	銅
(b)	NaCl水溶液	炭素	炭素
(c)	NaCl融解液	鉄	炭素
(d)	Al₂O₃融解液	炭素	炭素

(1)　表中の(a)～(d)の電気分解から，どちらかの極で気体が生成されるものをすべて選び，記号で書きなさい。

(2)　(b)の電気分解は，陰イオンが通過できない膜を利用して，工業的

にある化合物を生産する方法として利用されている。陰極側で取り出される化合物の化学式を書きなさい。

(3)　(a)の電気分解を，電極に粗銅板と純銅板を用いて行うと，99.99％以上の純銅を得ることができる。この操作のことを何というか，書きなさい。また，粗銅板は陽極と陰極のどちらの電極に用いられるか，書きなさい。

(4)　(3)の操作で，粗銅板に含まれる不純物がZn，Pt，Fe，Au，Pbであったとすると，電極の下の沈殿物に含まれる金属元素を元素記号ですべて書きなさい。

(5)　(3)の操作で，Agだけを不純物として含む粗銅板を，0.15Aの電流で5時間21分40秒間電気分解すると，粗銅板の質量が1.0g減少した。粗銅板中のAgの質量組成〔％〕を有効数字2桁で求めなさい。

(☆☆☆◎◎◎)

【5】次の文を読み，(1)～(5)の問いに答えなさい。

　アルケンに対して，適切なルテニウム錯体を触媒として作用させると，図のように二重結合を形成する炭素原子が組み換わった化合物が生成する。この反応はオレフィンメタセシス反応とよばれる。オレフィンとはエチレン，プロピレン等のアルケンを指す言葉である。異種のオレフィンを直接組み換えることができる反応は非常に画期的なものであり，初期の研究者Y.Chauvin，R.H.Grubbs，R.R.Schrockに2005年ノーベル化学賞が授与された。

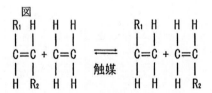

図

　分子式$C_{15}H_{24}O_6$のAは炭素原子間二重結合を1つもつ。Aに適切なルテニウム錯体を触媒として作用させ，エチレンと反応させるとB，Cが得られた。Bは付加重合後に加水分解することによりポリビニルアル

コールを合成することができる化合物であった。Aは3個のエステル結合をもち，加水分解するとD，E，F，Gが得られた。D，Eは不斉炭素原子をもたないが，Fは不斉炭素原子を1つ，Gは不斉炭素原子を2つもつ。Dは酒類の主成分であり，消毒液としても用いられる物質である。Dに硫酸酸性下で過マンガン酸カリウムを作用させるとEが得られた。Fにアンモニア性硝酸銀溶液を加えて穏やかに加熱すると，試験管の内側に銀が析出した。このとき，Fは酸化されてHの塩となった。Hは不斉炭素原子をもたない。Gにヨウ素と水酸化ナトリウム水溶液を加えて加熱すると，Hの塩と黄色沈殿Iが得られた。Aは不斉炭素原子を2つもつが，Aに水素を付加させると同じ物質量の水素が付加しJとなった。Jは不斉炭素原子を3つもち，加水分解すると，D，E，G，Kが得られた。Kは不斉炭素原子を1つもつ。

(1)　B，D，Eの物質名を書きなさい。

(2)　Iの化学式を書きなさい。

(3)　Hの炭素原子数を書きなさい。

(4)　F，Gの構造式を書きなさい。

(5)　Aの構造式を書きなさい。ただし，立体異性体を区別する必要はない。

(☆☆☆◎◎◎)

【6】次の文を読み，(1)～(6)の問いに答えなさい。

　　三大栄養素といえば，炭水化物・タンパク質・脂質であるが，近年，様々な要因から食生活がおろそかになり，私たちの体に必要不可欠なタンパク質が不足し，肌や髪のトラブルなどを引き起こしているといわれている。

　　タンパク質を食品から摂取した場合，胃で胃酸と消化酵素(　あ　)により大まかに分解され，小腸で分泌される膵液の酵素でペプチドにまで分解される。この時点で吸収されるタンパク質もあり，2つのアミノ酸結合体であるジペプチドと3つのアミノ酸結合体である(　い　)がある。これらは，小腸のペプチダーゼによって，アミノ酸にまで分

解され，小腸の粘膜に吸収される。こうして吸収されたタンパク質，アミノ酸が私たちの体を作り，時にエネルギー源となる。

　アミノ酸は，1分子中にアミノ基とカルボキシ基をもつ両性化合物である。アミノ酸は水溶液中では正電荷と負電荷が共存した(　う　)として存在し，この水溶液のpHを変化させると電荷のようすが変わり，陽イオンにも陰イオンにもなる。それぞれのアミノ酸には，分子中の正と負の電荷が等しくなり，分子全体としての電荷が0となるpHがある。このpHは(　え　)とよばれ，アミノ酸の特性を示す重要な値である。

　ある3つのアミノ酸結合体X(以下，ペプチドXと略す)は，次のA～Gのアミノ酸で構成されている。ただし，A～Gは α－アミノ酸であり，アミノ酸の一般式を図のように表したときの側鎖－Rは，次の[　　　]内の構造である。

図

A：[－H]　　　　　　B：[－CH₃]　　　　　C：[－CH₂－OH]

D：[－CH₂－SH]　　E：[－CH₂－C₆H₅]　　F：[－CH₂－CH₂－COOH]

G：[－CH₂－CH₂－CH₂－CH₂－NH₂]

　このペプチドXを構成するアミノ酸を特定し，構造式を決定するために，次の実験を行った。

> 実験Ⅰ　ペプチドXを酸で完全に加水分解したところ，アミノ酸が3種類生成した。生成したアミノ酸のうち，1つのアミノ酸には不斉炭素原子がなく，1つのアミノ酸の(　え　)は3.2であった。

> 実験Ⅱ　ペプチドXを，酸で弱く部分的に加水分解したところ，ジペプチドが2種類生成した。生成したジペプチドを取り出し，それぞれに水酸化ナトリウム水溶液を加えて加熱し，酸で中和した後に酢酸鉛(Ⅱ)水溶液を加えたところ，どちらも黒色沈殿が生じた。

> 実験Ⅲ　ある実験装置を用いて調べたところ，ペプチドXでは側鎖－Rに含まれる官能基がペプチド結合(アミド結合)に関与し

ていた。

(1) 文中の(あ)～(え)に，あてはまる語句を書きなさい。ただし，同じ記号には同じ語句が入るものとする。

(2) 実験Ⅰ より，ペプチドXを構成するアミノ酸を2つ特定することができる。その2つをA～Gから選び，記号で書きなさい。

(3) 実験Ⅱ より，(2)で特定した2つのアミノ酸に加え，ペプチドXを構成するアミノ酸をもう1つ特定することができる。それをA～Gから選び，記号と名称を書きなさい。

(4) 実験Ⅰ， 実験Ⅱ， 実験Ⅲ より考えられるペプチドXの構造式を書きなさい。ただし，立体異性体を区別する必要はない。

(5) 実験Ⅰ で生成した3種類のアミノ酸のすべてが，ある呈色反応で同じ色を示した。

(a) この呈色反応は，ビウレット反応，キサントプロテイン反応，ニンヒドリン反応のうちどれかを書きなさい。

(b) 同じ色とは，橙黄，緑，青，紫，黒のうちどれかを書きなさい。

(6) グリシン，アラニン，フェニルアラニンの各1分子で構成されている鎖状のアミノ酸結合体がある。

(a) 構造異性体は何種類あるかを書きなさい。

(b) 立体異性体まで含めたときの異性体は何種類あるかを書きなさい。

(☆☆☆◎◎◎)

【7】高等学校学習指導要領「理科」について，(1)～(3)の問いに答えなさい。

(1) 次の文は，「第4 化学基礎 1 目標」である。[①]～[④]にあてはまる語句を書きなさい。

> 物質とその変化に関わり，理科の[①]を働かせ，見通しをもって観察，実験を行うことなどを通して，物質とその変化を科学的に探究するために必要な資質・能力を次のとおり

育成することを目指す。

(1)　日常生活や[　②　]との関連を図りながら，物質とその変化について理解するとともに，科学的に探究するために必要な観察，実験などに関する[　③　]を身に付けるようにする。

(2)　観察，実験などを行い，科学的に探究する力を養う。

(3)　物質とその変化に[　④　]に関わり，科学的に探究しようとする態度を養う。

(2)　次の文は，「第1　科学と人間生活　2　内容」の一部である。[　①　]～[　⑤　]にあてはまる語句を書きなさい。

(2)　人間生活の中の科学
ア(イ)　物質の科学
　⑦　材料とその再利用
　　身近な材料に関する観察，実験などを行い，[　①　]や[　②　]の[　③　]，性質及び用途と資源の[　④　]について，日常生活と関連付けて理解すること。
　⑦　衣料と食品
　　衣料と食品に関する観察，実験などを行い，身近な衣料材料の性質や用途，食品中の[　⑤　]の性質について，日常生活と関連付けて理解すること。

(3)　次の文は，「第5　化学　3　内容の取扱い」の一部である。【　①　】～【　⑥　】にあてはまる語句をア～ソから選び，記号で書きなさい。

(2)　内容の範囲や程度については，次の事項に配慮するものとする。
　エ　内容の(4)のアの(ア)の⑦(官能基をもつ化合物)については，アルコール，エーテル，アルデヒド，ケトン，カルボン酸及び【　①　】を取り上げ，それらの性質は

96

　　　【　②　】及び【　③　】により特徴付けられることを扱うこと。また，【　④　】にも触れること。㋒(芳香族化合物)については，芳香族炭化水素，フェノール類，芳香族カルボン酸及び芳香族アミンを扱うこと。

　　　(イ)の㋐(合成高分子化合物)については，代表的な合成繊維及びプラスチックを扱うこと。㋑(天然高分子化合物)については，繊維や【　⑤　】を構成している代表的な天然高分子化合物を扱うこと。その際，単糖類，二糖類及び【　⑥　】も扱うこと。

【選択群】

ア　多糖類	イ　アミノ酸	ウ　ペプチド
エ　天然ゴム	オ　食物	カ　エステル
キ　アルケン	ク　飽和炭化水素	ケ　不飽和炭化水素
コ　炭素数	サ　炭素骨格	シ　二重結合
ス　官能基	セ　鏡像異性体	ソ　構造異性体

(☆☆☆◎◎◎)

【生物】

【1】次の文章を読み，(1)～(5)の問いに答えなさい。

　どのような生物も，その基本となる最小単位は細胞である。図は動物の細胞を電子顕微鏡で観察した模式図である。

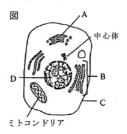

図

(1)　図中のA～Dの細胞小器官または構造体の名称を答えなさい。

(2)　図中に中心体が示されているが，中心体は主に動物細胞に見られ

る細胞小器官である。そのはたらきを2つ答えなさい。

(3)　下線部のような考え方を「細胞説」というが，動物細胞と植物細胞について，初めてこのような考え方を示したのは誰か，それぞれ答えなさい。

(4)　細胞あたりのミトコンドリア数について，その数が少ない細胞は100個程度だが，多い細胞では数千個ほどみられる。ミトコンドリアが多いと考えられる細胞として，最も適切なものを次のア～エから選び，記号で答えなさい。また，その理由を説明しなさい。

　　ア　表皮細胞　　イ　赤血球　　ウ　筋肉細胞　　エ　肺細胞

(5)　細胞小器官や構造体のはたらきを調べるために，その重さや大きさの違いによって個別に取り出す細胞分画法がある。この操作は通常4℃ほどで行われるが，その理由を酵素活性の観点から，2つ説明しなさい。

(☆☆◎◎◎◎◎)

【2】次の文章を読み，(1)～(5)の問いに答えなさい。

　　生物の遺体や排出物の分解によって生じた①アンモニウムイオン(NH_4^+)の多くは，土壌中の硝化菌によって酸化され，硝酸イオン(NO_3^-)に変えられる。植物は通常，土壌中のNH_4^+やNO_3^-などを利用した窒素同化を行う。次の図は，窒素同化の過程を模式的に示したものである。一方，②ある種のシアノバクテリアやマメ科植物の根に共生する細菌などは，大気中の窒素をNH_4^+に還元して利用する。

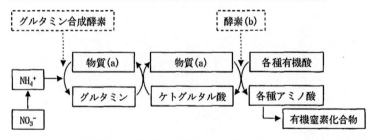

(1)　文中の下線部①の硝化菌の名称を2つ答えなさい。また，硝化菌

がこのような無機物の酸化を行う目的を，「ATP」，「炭酸同化」という語句を用いて説明しなさい。

(2) 文中の下線部②のシアノバクテリアと細菌の名称をそれぞれ答えなさい。

(3) 図中の物質(a)，酵素(b)に適する語句を答えなさい。

(4) 図中の各種有機酸の供給源となる呼吸の反応過程の名称を答えなさい。

(5) 除草剤には，図中のグルタミン合成酵素を特異的に阻害するグルホシネートという化合物を主成分とするものがある。こうした除草剤の処置によって植物が枯死する理由を説明しなさい。

(☆☆☆○○○○○)

【3】次の文章を読み，(1)～(4)の問いに答えなさい。

制限酵素と(ア)を用いて，次の実験を行った。ただし，1kbpは1000塩基対を表す。

(実験1) 制限酵素Aを用いて，ある細菌由来の3.0kbpの環状DNAを切断したところ，1か所で切断された。

(実験2) 別の生物由来のDNAを制限酵素Aで切断し，増幅したい遺伝子Xを含む1.5kbpのDNA断片を取り出した。

(実験3) 切断した2つのDNAを試験管内で混ぜた後，適当な条件の下で(ア)を加え，それらのDNAを連結させて4.5kbpの環状DNAを得た。

(実験4) 実験3で得られた環状DNAを大腸菌に入れ，その大腸菌を培養した後，増幅した環状DNAを大腸菌から取り出した。

(実験5) 増幅した4.5kbpの環状DNAを3種類の制限酵素A，B，Cを使って切断すると表に示すDNA断片が生じた。

表

制限酵素	DNA断片（kbp）
A	3.0，1.5
A＋B	2.0，1.5，1.0
A＋C	3.0，1.0，0.5

(1) このような実験には，DNAの切断箇所が突出末端となる制限酵素

が使われる。この突出末端の塩基配列の特徴について説明しなさい。

(2)　文中の空欄(ア)に適する語句を答えなさい。

(3)　3.0kbpと4.5kbpの2つの塩基組成を調べたところ，3.0kbpの環状DNAに含まれるアデニンの割合(モル比)は22.5％であり，4.5kbpの環状DNAに含まれるアデニンの割合は25.0％であった。遺伝子Xを含む1.5kbpのDNA断片に含まれるアデニンとシトシンの割合は，それぞれ何％か答えなさい。

(4)　4.5kbpの環状DNAに制限酵素BとCを同時に加えて切断すると，2つの断片が生じた。それらのDNA断片の塩基対数は，それぞれ何kbpか。予想される塩基対数の組み合わせをすべて答えなさい。

(☆☆◎◎◎◎)

【4】次の文章を読み，(1)～(6)の問いに答えなさい。

アフリカツメガエルの胞胚を，図1のように3つの領域に切り分けて単独培養すると，領域Aは外胚葉組織である表皮に分化し，領域Cは未分化の内胚葉のままであったが，領域Bは外胚葉と内胚葉に加えて，①中胚葉組織にも分化した。また，②領域Aに形成体を接触させて培養すると，領域Aは神経に分化した。

図1　胞胚期の断面図

ショウジョウバエは，卵形成時に③母性効果遺伝子のmRNAを卵に蓄積し，その濃度勾配によって胚の前後軸を決定する。その後，④分節遺伝子のはたらきで体節をつくる。図2は初期胚における母性効果遺伝子Pから翻訳されるタンパク質Pの分布と胚の前後軸(頭部・胸部・腹部)の関係を示したもので，(a)は正常な胚，(b)は遺伝子Pを欠失した母親から生まれた胚，(c)は人為的にタンパク質Pを正常よりも多くした胚である。

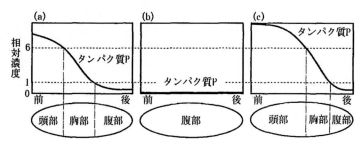

図2　初期胚の前後軸に対するタンパク質Pの分布（上図）と
　　　その結果，形成される前後軸(頭部・胸部・腹部)のパターン（下図）

(1)　下線部①について，尾芽胚期に見られる中胚葉組織の名称を3つ
　　答えなさい。

(2)　領域AとCを接触させて培養すると，どのような結果が得られる
　　か。説明しなさい。

(3)　下線部②について，形成体とはどのような領域か。説明しなさい。

(4)　下線部②の操作によって，領域Aが表皮ではなく，神経に分化す
　　るしくみを，「BMP(骨形成因子)」，「ノギン」，「コーディン」，「受容
　　体」，「遺伝子発現」という語句を用いて説明しなさい。

(5)　文中の下線部③・④について，それぞれに関係する遺伝子を次の
　　ア～カからすべて選び，記号で答えなさい。
　　ア　ペア・ルール遺伝子　　　　　イ　ナノス遺伝子
　　ウ　ウルトラバイソラックス遺伝子　エ　ビコイド遺伝子
　　オ　ギャップ遺伝子　　　　　　　カ　セグメント・ポラリティ遺伝子

(6)　図2(a)～(c)をもとに，タンパク質Pの相対濃度と胚の前後軸形成
　　の関係について説明しなさい。

（☆☆☆◎◎◎）

【5】次の文章を読み，(1)～(5)の問いに答えなさい。
　　植物は光によって様々な反応を引き起こす。光発芽種子はその1つ
　　で，光受容体として（　ア　）をもち，主に赤色光と遠赤色光を吸収す
　　る。表は，ある光発芽種子に，赤色光(R)と遠赤色光(FR)を交互に照射

したときの発芽率を調べたものである。

　光による植物の反応は青色光でもみられ，青色光を受容する光受容体として(イ)およびフォトトロピンがあり，青色光は様々な反応を引き起こすことが知られている。

　また，一般に光発芽種子は，種子の大きさが小さいものが多い。

(1) 文中の空欄(ア)・(イ)に適する語句を答えなさい。

(2) 光発芽種子の例として，最も適切なものを，次のア～エから選び，記号で答えなさい。

ア　カボチャ　　イ　ケイトウ　　ウ　レタス　　エ　キュウリ

(3) 表の結果から，この光発芽種子の発芽に関してどのようなことがわかるか，説明しなさい。

表

光の照射順	発芽率(%)
暗所	6
R→暗所	70
R→FR→暗所	6
R→FR→R→暗所	76
R→FR→R→FR→暗所	6
R→FR→R→FR→R→暗所	74
R→FR→R→FR→R→FR→暗所	7

(4) フォトトロピンが青色光を受容することで起こる反応を，次のア～エからすべて選び，記号で答えなさい。

　ア　光屈性　　イ　茎の伸長抑制　　ウ　葉の離層形成

　エ　気孔の開閉

(5) 光発芽種子が下線部のような特徴を持つ理由を説明しなさい。

(☆☆○○○○○)

【6】次の文章を読み，(1)～(5)の問いに答えなさい。

　現在の進化説では，①突然変異によって生じた遺伝的形質が，(a)や遺伝的浮動によって生物集団内に広まり，②遺伝子プールにおける遺伝子頻度の変化が生じ，さらに集団どうしの間に(b)が生じるこ

とで種の分化が起きると考えられている。

(1) 文中の空欄(a)・(b)に適する語句を答えなさい。

(2) 文中の下線部①について，次の文の(　　)に適する語句を答えな
さい。

DNAの塩基配列にヌクレオチドの挿入や欠失が起こると，コドン
の読み枠がずれる(　　)が生じるため，形質に大きな影響を与える
可能性が高い。

(3) 「遺伝的浮動」について，集団の大きさとの関係をふまえて，説
明しなさい。

(4) 文中の下線部②に対して，ハーディ・ワインベルグの法則が成立
する集団では，世代を超えて遺伝子頻度が変化することはない。こ
の法則が成立するために必要な条件を，「突然変異が起きない」，
「集団が大きく遺伝的浮動の影響を受けない」以外で2つ答えなさい。

(5) ともに人口が10000人の集団1・2において，ABO式血液型の調査
を行った。集団1では遺伝子A，B，Oの頻度は，それぞれ0.3，0.1，
0.6であった。集団2ではA型の人口が4500人，遺伝子Aの頻度は0.5
であった。集団1と2が完全に混ざり合った集団3(人口20000人)の一
世代後におけるAB型の人口を答えなさい。ただし，総人口は20000
人で変化しないものとする。また，すべての集団は，ハーディ・ワ
インベルグの法則が成立するものとする。

(☆☆☆☆◎◎◎)

【7】次の文は，高等学校学習指導要領「理科」の「第6　生物基礎」に
おける「2　内容　(1)生物の特徴　ア」の一部である。(a)～(f)
にあてはまる語句を答えなさい。

(ア) 生物の特徴

⑦　生物の共通性と多様性

様々な生物の比較に基づいて，生物は多様でありながら共通性を
もっていることを見いだして理解すること。また，生物の共通性と
(a)を関連付けて理解すること。

⑦　生物とエネルギー

　　生物とエネルギーに関する資料に基づいて，（　b　）にエネルギーが必要であることを理解すること。また，光合成や呼吸などの代謝と（　c　）を関連付けて理解すること。

（イ）　遺伝子とその働き

　⑦　遺伝情報とDNA

　　DNAの構造に関する資料に基づいて，遺伝情報を担う物質としてのDNAの特徴を見いだして理解するとともに，（　d　）とDNAの複製を関連付けて理解すること。

　⑦　遺伝情報とタンパク質の合成

　　遺伝情報の発現に関する資料に基づいて，DNAの（　e　）とタンパンク質の（　f　）との関係を見いだして理解すること。

（☆☆◎◎◎）

【8】次の文は，高等学校学習指導要領「理科」の「第7　生物」における「3　内容の取扱い　(2)」の一部である。（　a　）～（　f　）にあてはまる語句を答えなさい。

ア　内容の(1)のアの(ア)の⑦(生物の起源と細胞の進化)については，化学進化及び（　a　）を扱うこと。

（イ）　の⑦(遺伝子の組合せの変化)については，連鎖と組換えを扱うこと。また，（　b　）にも触れること。⑦(進化の仕組み)については，（　c　）の過程も扱うこと。

（ウ）　の⑦(生物の系統と進化)については，（　d　）を扱うこと。また，高次の（　e　）として界や門にも触れること。

イ　内容の(2)(生命現象と物質)については，生命現象を（　f　）で捉えるために必要な最小限の化学の知識にも触れること。

（☆☆◎◎◎）

【地学】

【1】次の文章を読んで，(1)～(5)の問いに答えなさい。ただし，円周率は3.14とする。

　紀元前，ギリシャのアリストテレスは地球が球形であることをいくつかの例を証拠にして示した。また，ギリシャの（　①　）は，地球が球形であると仮定し，地球の周囲の長さを求めた。シエネ(現在のアスワン)とアレキサンドリアで太陽の南中高度を測定し，地球の中心角と2点間の距離を求め，地球の周囲の長さを初めて計算した。その後，オランダのホイヘンスやイギリスのニュートンらにより，実際には，地球の形は自転の影響のため完全な球形ではなく，回転楕円体であることが示された。

(1)　文章中の下線部について，地球が球形である証拠にはどのようなものがあるか，1つ書きなさい。

(2)　文章中の（　①　）に適する人物名を書きなさい。

(3)　同一経線上にあり緯度差が9.0°である2地点間の距離は何kmか，小数第1位を四捨五入して求めなさい。ただし，地球は完全な球形であると仮定し，半径を6370kmとする。

(4)　地球楕円体について，赤道半径を6378km，極半径を6357kmとしたときの偏平率はいくらか，小数第4位を四捨五入して求めなさい。

(5)　地表から高度10000mの上空まで飛行機で上昇したときに見える地表面は，飛行機から何km先までと考えられるか，最も適切なものを次のア～オから選び，記号で答えなさい。ただし，地球は完全な球形であると仮定し，半径を6370kmとする。

　ア　357km　　イ　504km　　ウ　637km　　エ　3570km
　オ　5048km

　　　　　　　　　　　　　　　　　　　　　　（☆☆☆◎◎◎）

【2】次の文章を読んで，(1)～(4)の問いに答えなさい。

　太陽系は，8つの惑星，彗星や小惑星などの多数の太陽系小天体，惑星のまわりを回る衛星などで構成されている。太陽系の惑星は地球

型惑星と木星型惑星の2つのグループに分けることができ，この2つの
グループを比較すると，半径や質量，密度，（　①　），（　②　）など特
徴に違いが見られる。

　ケプラーの第1法則により，太陽系の惑星は太陽を（　③　）の1つと
する（　④　）軌道を描いて公転している。また，惑星の公転速度，惑
星と太陽の平均距離と惑星の公転周期の関係についても，ケプラーの
法則が成り立っている。

(1)　惑星の密度について，(a)・(b)の問いに答えなさい。

　　(a)　地球型惑星で最大の密度の惑星は何か，書きなさい。

　　(b)　木星型惑星で最小の密度の惑星は何か，書きなさい。

(2)　文章中の（　①　）・（　②　）に適する言葉を書きなさい。

(3)　文章中の（　③　）・（　④　）に適する語句を書きなさい。

(4)　太陽系で太陽からの平均距離が100天文単位，離心率が0.5の小惑
　　星が発見された場合について，(a)・(b)の問いに答えなさい。ただし，
　　この小惑星の軌道運動に関して，惑星と同じようにケプラーの法則
　　が成り立つものとする。

　　(a)　小惑星の公転周期は何年か，求めなさい。

　　(b)　小惑星の近日点距離における公転速度は，遠日点距離における
　　　公転速度の何倍か，求めなさい。

(☆☆☆◎◎◎)

【3】次の文章を読んで，(1)～(3)の問いに答えなさい。

　主系列星の中心部では，（　①　）個の水素原子核が1個の（　②　）原
子核に変わる（　③　）反応が起こっている。この（　③　）が恒星のエ
ネルギー源である。恒星の進化の速さは質量によって異なるが，終末の
様子も質量によって大きく異なっている。質量が太陽の8倍以上の恒
星では，恒星全体が爆発する現象が見られる。爆発を起こした後，放
出された物質は星間雲となり，新たな恒星をつくる材料となる。

(1)　文章中の（　①　）に適する数字を，（　②　）・（　③　）に適する語
　　句を書きなさい。ただし，同じ問題番号には同じ語句が入る。

(2) 太陽は，主系列星の段階を過ごした後どのような進化を行い，終末を迎えると考えられているか，書きなさい。ただし，進化の過程を具体的に書くこと。

(3) 文章中の下線部の現象を何というか，書きなさい。

(☆☆○○○○)

【4】次の(1)～(3)の問いに答えなさい。

(1) 上空を吹く風について，(a)・(b)の問いに答えなさい。

  (a) 地表からの高さが1kmを超えるような上空で，等圧線に平行に等速で吹く風を何というか，書きなさい。

  (b) 傾度風が吹くとき，低気圧の場合，気圧傾度力は2つの力の合力とつり合う。2つの力とは何と何か，書きなさい。

(2) 海水について，(a)・(b)の問いに答えなさい。

  (a) 一般に，地球の海水の塩分はおよそいくらか，最も適切なものを次のア～エから選び，記号で答えなさい。

    ア　0.35‰　　　イ　3.5‰　　　ウ　3.5%　　　エ　35%

  (b) 海水中のイオンの濃度がどこの海でもほぼ一定であるのはなぜか，理由を書きなさい。

(3) 図の──線は上昇する空気塊の温度の変化，-----線は大気の高度による気温の変化を示している。(a)～(c)の問いに答えなさい。

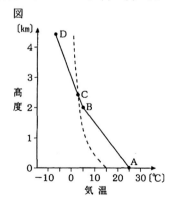

図

107

(a)　空気塊と周囲の大気の温度が同じであるとき，空気塊を鉛直上方に，断熱的にわずかだけ持ち上げると，周囲の大気の気温減率が湿潤断熱減率より小さい場合，空気塊は元の高度に戻る。このときの大気の状態を何というか，書きなさい。

(b)　図のABの傾きは何を示しているか，書きなさい。

(c)　図の場合，空気塊はどこまで上昇すると考えられるか，最も適切なものを図中のA～Dから選び，記号で答えなさい。

(☆☆☆◎◎◎◎)

【5】次の(1)～(4)の問いに答えなさい。

(1)　新生代新第三紀の日本の環境について，(a)・(b)に答えなさい。

(a)　新生代新第三紀に繁栄した生物として，最も適切なものを次のア～エから選び，記号で答えなさい。

ア　アンモナイト　　イ　サンヨウチュウ　　ウ　フズリナ
エ　ビカリア

(b)　日本海が開き始めた新生代新第三紀の流紋岩・安山岩質の火山岩類は二次的に変質して緑色を帯びていることが多い。フォッサマグナ地帯を含む，これらの火山岩類が分布する地域を何というか，書きなさい。

(2)　ある岩石のカリウム40(^{40}K)の存在量を測定すると，元の存在量の4分の1であった。この岩石は何年前にできたものか，最も適切なものを次のア～エから選び，記号で答えなさい。ただし，^{40}Kの半減期を$1.3×10^9$年とし，その期間に外部から新たに^{40}Kが加わることはないものとする。

ア　$3.3×10^8$年前　　イ　$6.5×10^8$年前　　ウ　$2.6×10^9$年前
エ　$3.9×10^9$年前

(3)　約4億年前までには大気中の酸素は現在の濃度に近づき，大気圏に変化が生じたことが一因となり，生物の陸上進出が容易になったと考えられている。生物の陸上進出が容易になった理由を，大気圏における変化とその変化による地上への影響にふれて，書きなさい。

108

(4) 図は，地点Ⅰ～Ⅲの柱状図である。柱状図の右側の●は，それぞれの地点の各層から産出した古生代～新生代の化石であり，3地点に見られる凝灰岩はすべて，同じ火山が同じ時期に噴火したことによって堆積したもの，地点Ⅱ・地点Ⅲの花崗岩は新生代に形成されたものである。また，①～⑦は不整合である。(a)～(c)の問いに答えなさい。

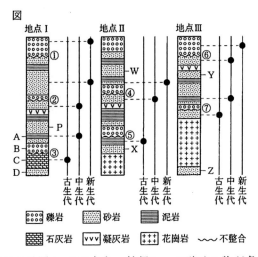

図

(a) 地点Ⅰの地層A～Dのうち，粒径1mmの砕せつ物が多く見られるのはどの地層か，最も適切なものをA～Dから選び，記号で答えなさい。

(b) 地点Ⅰの地層Pと同じ時期に堆積したと考えられるのは，図のW～Zのどの地層か，最も適切なものをW～Zから選び，記号で答えなさい。

(c) 次の説明文のうち，誤っているものを次のア～エからすべて選び，記号で答えなさい。

ア 地点Ⅰの地層Bは，石灰岩の礫を含むことがある。

イ 地点Ⅱの④の不整合が形成された後に，地点Ⅲの⑦の不整合が形成された。

ウ　地点Ⅱの地層Xは，新生代に堆積したものである。

エ　地点Ⅲの⑦の不整合が形成された後に，花崗岩が形成された。

(☆☆☆◯◯◯)

【6】次の(1)・(2)の問いに答えなさい。

(1)　(a)・(b)の問いに答えなさい。

(a)　高等学校学習指導要領「理科」の「第8　地学基礎　1　目標」の一部について，(　①　)〜(　④　)にあてはまる語句を書きなさい。

「第8　地学基礎　1　目標」

> 地球や地球を取り巻く環境に関わり，理科の(　①　)・(　②　)を働かせ，見通しをもって観察，実験を行うことなどを通して，地球や地球を取り巻く環境を科学的に探究するために必要な(　③　)・(　④　)を次のとおり育成することを目指す。

(b)　高等学校学習指導要領「理科」の「第9　地学　2　内容」の一部について，(　①　)〜(　④　)にあてはまる語句を書きなさい。

「第9　地学　2　内容　(1)　ア　(ア)」

> ⑦　地球の形と重力
> (　①　)や地球表面における重力に関する資料に基づいて，地球の形状と重力との関係を見いだして理解すること。

「第9　地学　2　内容　(1)　ア　(イ)」

> ⑦　地球内部の状態と物質
> 地球内部の温度，(　②　)，(　③　)及び構成物質の(　④　)について理解すること。

(2)　(a)・(b)の問いに答えなさい。

110

(a) 高等学校学習指導要領「理科」の「第8　地学基礎　3　内容の取扱い　(2)　ア」では，内容の(1)のアの(イ)の⑦(火山活動と地震)の「火山活動」については，「プレートの発散境界と収束境界における火山活動を扱い，ホットスポットにおける火山活動にも触れること。」とある。プレートの収束境界における火山の分布について，ICTを活用して，授業をどのように展開するか，書きなさい。

(b) 高等学校学習指導要領「理科」の「第9　地学　3　内容の取扱い　(2)　エ」では，内容の(4)のアの(7)の⑦(地球の自転と公転)の「自転」については，「フーコーの振り子を扱うこと。」とある。フーコーの振り子について，授業でどのように観察，実験を行い，説明をするか，具体的に書きなさい。

(☆☆☆◎◎◎)

解答・解説

中　学　理　科

【1】(1)　A　ゴルジ体　　B　小胞体　　C　細胞膜　　D　核
(2)　・紡錘体形成の起点となる。　　・鞭毛や繊毛の形成に関与する。
(3)　動物細胞…シュワン　　植物細胞…シュライデン　　(4)　ウ
(5)　・加水分解酵素による細胞小器官の分解を防ぐため。　　・細胞小器官がもつ酵素の，摩擦熱による失活を防ぐため。
〈解説〉(1)　A　ゴルジ体は，一重の膜で包まれた扁平な袋状の構造が重なったような形状をしている。　　B　小胞体は，一重の膜で包まれた袋状の構造をしている。図の小胞体は，表面にリボソームが付着した粗面小胞体である。　　C　動物細胞の細胞質の最も外側には，細胞膜

がある。　　D　真核生物のDNAは核内にあり，核膜により細胞質と隔てられている。　　(2)　中心体は細胞分裂時に複製されて2つになり，対極に分かれて微小管を伸ばし，染色体を引っ張る役割をもつ。また，精細胞が精子になる際には，中心体から鞭毛が伸びていく。　　(3)　解答参照。　　(4)　ミトコンドリア内では，呼吸の過程でATPを合成し，生命活動に必要なエネルギーを蓄えている。したがって，エネルギーが必要な筋肉細胞に多く存在すると考えられる。　　(5)　酵素には最適温度があるが，最適温度でなくとも温度が高いほど化学反応が進行しやすくなるので，酵素活性が抑制されるような低温での操作が好ましい。

【2】(1)　(a)　エ　　(b)　20〔N〕　　(c)　3.3〔m/s^2〕　　(2)　(a)　9.8〔N〕　　(b)　5.9〔N〕　　(c)　13〔N〕

〈解説〉(1)　(a)　方程式では，右辺と左辺の次元は同じでなければならない。このことを踏まえて運動方程式を考えると，(力)＝(質量)×(加速度)より，力の次元は，質量の次元[M]と加速度の次元[LT^{-2}]の積，すなわち[MLT^{-2}]である。　　(b)　おもりAにはたらく重力の大きさは，$2.0 \times 9.8 = 19.6$〔N〕であるが，有効数字2桁なので小数点以下第一位を四捨五入して20N　　(c)　糸の張力の大きさをT〔N〕，求める加速度の大きさをa〔m/s^2〕とすると，おもりAとおもりBは一体となって運動するので加速度は等しい。したがって，おもりAの運動方程式は，$2.0 \times a = T$より$2a = T$，おもりBの運動方程式は，$1.0 \times a = 1.0 \times 9.8 - T$より，$a = 9.8 - T$　2式より，$a = 9.8 - 2a$　∴　$a = \dfrac{9.8}{3} = 3.26\cdots \fallingdotseq 3.3$〔m/s^2〕　　(2)　(a)　おもりAには，糸を介しておもりBにはたらく重力と同じ大きさの力が水平方向にはたらいており，これと机からの静止摩擦力がつり合っているので，おもりAにはたらく静止摩擦力の大きさは，$1.0 \times 9.8 = 9.8$〔N〕　　(b)　おもりAが受ける机からの動摩擦力の大きさは，おもりAが机から受ける垂直抗力の大きさと動摩擦係数の積で求められる。おもりAが受ける机からの垂直抗力の大きさは，おもりAにはたらく重力の大きさに等しく$2.0 \times 9.8 = 19.6$〔N〕　　よって，求める動摩擦力の大きさは，$19.6 \times 0.30 = 5.88 \fallingdotseq 5.9$〔N〕　　(c)　糸の張力

112

の大きさを T' 〔N〕，おもりAとBの加速度は等しくこれを a' 〔m/s²〕とすると，おもりAの運動方程式は，$2.0 \times a' = T' - 5.88$ より $2a' = T' - 5.88$，おもりBの運動方程式は，$2.0 \times a' = 2.0 \times 9.8 - T'$ より $2a' = 19.6 - T'$，2式より $T' - 5.88 = 19.6 - T'$ ∴ $T' = 12.74 \fallingdotseq 13$ 〔N〕

【3】(1) ① 原子核 ② 陽子 ③ 中性子 ④ 電子殻
⑤ 価電子 ⑥ 原子番号 (2) $N = 2n^2$ (3) (2, 8)
(4) 35.1
〈解説〉(1) 原子は，正電荷をもつ陽子と負電荷をもつ電子の数が等しいため，全体としては中性である。最外殻電子が1〜7個の原子の場合，最外殻電子の数が価電子の数となる。 (2) 表より，$n=1$ のとき $N=2=2\times1\times1$，$n=2$ のとき $N=8=2\times2\times2$，$n=3$ のとき $N=18=2\times3\times3$
(3) ネオンの原子番号は10なので電子数は10個であり，K殻に2個，L殻に8個の電子が配置される。 (4) 求める相対質量を x とすると，$36.9 \times \dfrac{24.2}{100} + x \times \dfrac{100-24.2}{100} = 35.5$ より，$x = 35.05\cdots \fallingdotseq 35.1$

【4】(1) エ (2) ウ (3) 大気圏に酸素からオゾン層が形成され，オゾン層が生物に有害な紫外線を吸収し，地上に届く紫外線が減少したため。 (4) (a) D (b) Y (c) イ，ウ
〈解説〉(1) アンモナイトは中生代，サンヨウチュウとフズリナは古生代の示準化石なので，それぞれの時代に繁栄したことがわかる。
(2) 放射性同位体は，半減期を1回経過すると元の存在量の $\dfrac{1}{2}$，2回経過すると $\dfrac{1}{4}$ となる。したがって，本問では半減期が2回経過したことになるので，$(1.3\times10^9)\times2 = 2.6\times10^9$ 〔年〕前となる。 (3) 酸素濃度が増加したのは，シアノバクテリアによる光合成が活発に行われるようになったからである。 (4) (a) 粒径により堆積岩を分類すると，2mm以上が礫岩，2mm未満〜 $\dfrac{1}{16}$ mm以上が砂岩，$\dfrac{1}{16}$ mm未満が泥岩である。よって，粒形1mmの砕せつ物が多く含まれるのは砂岩層である。 (b) 地点Ⅰの地層Pは鍵層である凝灰岩層の下にあり，中

生代の示準化石が産出した地層の間に挟まれている。このような条件を満たすのは，地層Yだけである。　(c)　イ　地点Ⅱの④の不整合は凝灰岩層の上にあり，地点Ⅲの⑦の不整合は凝灰岩層より下にあるので，⑦の不整合の方が先に形成されたと考えられる。　ウ　地点Ⅱの地層Xは古生代の示準化石が産出される地層より下にあるので，古生代またはそれ以前に形成された地層と考えられる。

【5】(1)　①　考え方　　②　見通し　　③　態度　　(2)　①　変形　②　運動　　③　向き　　④　つり合う　　⑤　考察　　⑥　持続可能な社会　　(3)　①　進化　　②　表現　　③　振り返る　(4)　①　課題解決　　②　概念　　③　説明

〈解説〉中学校学習指導要領の「第1　目標」，「第2　各分野の目標及び内容」，「第3　指導計画の作成と内容の取扱い」は，いずれも出題頻度が高く重要である。学習指導要領だけではなく，同解説もあわせて理解するとともに，用語などもしっかり覚えておきたい。

高　校　理　科

【物理】

【1】(1)　$\dfrac{1}{3}g$　　(2)　$\dfrac{4}{3}mg$　　(3)　$\dfrac{8}{3}m$　　(4)　$\dfrac{1}{7}g$

(5)　$\dfrac{16}{7}mg$　　(6)　$S_A + S_B + 2S_C = 0$

〈解説〉(1)　鉛直上向きを正とし，糸1にはたらく糸の張力をT_1とする。おもりAとBは逆向きに運動するので，それぞれの運動方程式は，$ma_1 = -mg + T_1$，$2m(-a_1) = -2mg + T_1$となる。2式より，$a_1 = \dfrac{1}{3}g$

(2)　(1)のおもりAの運動方程式に$a_1 = \dfrac{1}{3}g$を代入すると，糸1の張力は，$T_1 = \dfrac{4}{3}mg$　(3)　糸2にはたらく張力をT'とすると，おもりCは静止しているので力のつり合いより，$T' = Mg$　また，滑車Pも静止して

いるので力のつり合いより，$2T_1 = T'$　2式より，$T' = Mg = 2T_1 = 2 \times$ $\frac{4}{3}mg = \frac{8}{3}mg$　$\therefore$　$M = \frac{8}{3}m$　(4)　鉛直上向きを正とし，おもりAの加速度をa_3とすると，おもりBの加速度は$-a_3$と表せる。また，糸1にはたらく張力をT_3とする。おもりとともに動かない観測者から見たおもりA，B，Cの運動方程式は，おもりCの加速度a_2の正方向を鉛直上向きとすると，それぞれ，$m(a_3 - a_2) = -mg + T_3$，$2m(-a_3 - a_2) = -2mg + T_3$，$2ma_2 = -2mg + T_2$となる($T_2$は(5)で求める糸2の張力の大きさ)。さらに，滑車Pの質量を0とみなすと，滑車Pの運動方程式は，$0 = -2T_3 + T_2$　未知数a_2，a_3，T_2，T_3に対して4つの方程式が得られたので，これらを連立して解くと，$a_2 = \frac{1}{7}g$　(5)　(4)の連立方程式より，$T_2 = \frac{16}{7}mg$　(6)　(4)の連立方程式より，$a_3 = 2a_2 = \frac{2}{7}g$となるが，これはおもりA，BがおもりCの2倍の速さで運動することを表す。おもりCが正方向にS_Cだけ変位した状況を考えると，滑車Pが$-S_C$変位することでおもりA，Bも$-S_C$変位する。さらに，同じ時間でおもりAは$+2S_C$変位し，おもりBは$-2S_C$変位する。したがって，おもりA，Bの変位の合計は，$S_A = -S_C + 2S_C = S_C$，$S_B = -S_C - 2S_C = -3S_C$となる。したがって，$S_A + S_B = S_C - 3S_C = -2S_C$が成り立つので，おもりA，B，Cの変位の間に成り立つ関係は，$S_A + S_B + 2S_C = 0$

【2】(1)　μ　(2)　$\dfrac{a}{b}$

〈解説〉(1)　直方体がすべり出すのは，斜面と直方体の間の最大静止摩擦力fよりも，直方体にはたらく重力の斜面に平行な成分の方が大きくなったときである。最大静止摩擦力は，直方体にはたらく重力のうち斜面に垂直な成分と静止摩擦係数の積なので，$f = \mu W \cos\theta$　重力の斜面に平行な成分は$W \sin\theta$　よって，$W \sin\theta > \mu W \cos\theta$　$\therefore$　$\tan\theta > \mu$

(2)　直方体がすべり出すより先に倒れるのは，直方体の重心の真下が直方体の底面と斜面の接地面より外側になるほど傾いたときである。つまり，倒れる直前は重心の真下に直方体の底面の斜面下側の頂点が

位置するときであり，そのときの傾角を θ とすると，直方体の重心・直方体の底面の辺の中心・直方体の底面の斜面下側の頂点からなる直角三角形より，$\tan\theta=\dfrac{\dfrac{a}{2}}{\dfrac{b}{2}}=\dfrac{a}{b}$　よって，$\tan\theta$ が $\dfrac{a}{b}$ を超えたときに直方体は倒れる。

【3】(1) $\dfrac{L^2+La-a^2}{2(L+a)}$ 　(2) $\dfrac{\sqrt{5}-1}{2}L$ 　(3)　全体の重心が支点よりも下にあるため，傾いても元に戻すモーメントが生じるから。

〈解説〉(1)　密度が一様，奥行が L で一定なので，物体Aの質量は xy 平面上で見える表面積に比例する。物体Aの重心を，x 方向に長さ $L-a$，y 方向に長さ L の直方体と，x 方向に長さ a，y 方向に長さ $L-a$ の直方体の2物体の重心と考えると，物体Aの重心の x 座標は重心の公式から，

$$x=\frac{(L-a)L\times\dfrac{L-a}{2}+a(L-a)\times\left(L-\dfrac{a}{2}\right)}{(L-a)L+a(L-a)}=\frac{L^2+La-a^2}{2(L+a)}$$

(2)　物体Aが倒れるのは，物体Aの重心の x 座標が，図1で物体Aの底面の右側の x 座標(支点)を超えたときである。この支点と重心が一致するときの a が求める a_0 なので，$\dfrac{L^2+La_0-a_0{}^2}{2(L+a_0)}=L-a_0$ より，$a_0=\dfrac{-L\pm L\sqrt{5}}{2}$　$a_0>0$ より，$a_0=\dfrac{\sqrt{5}-1}{2}L$　(3)　解答参照。

【4】(1)　レーザー光を人に向けない。　(2)　次図(i)(ii)のように補助線を引き直角三角形をつくり，なす角を θ とおく。

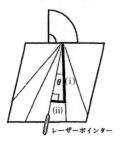

レーザーポインター

手順①②の測定値から$\sin\theta$の値を求める。明線条件$d\sin\theta = m\lambda$（$m=0,\ 1,\ 2,\ 3,\ \cdots$）に$\sin\theta$の値と$m=1$を代入してdの値を求める。

(3) CD　理由…溝の間隔(トラックピッチ)dの値は，CDの方がDVDより大きいため，明線条件$\sin\theta = \dfrac{m\lambda}{d}$より，同じ$\theta$で観測される明線(次数$m$)はCDの方が多い。

〈解説〉(1)　実験などの活動での注意点としては，事故の防止などについて，適切な措置を講ずることであり，どのような事故が起こり得るか具体的にイメージするべきである。例えば，カットしたCDやDVDの切断面によるけがの防止策なども考えておきたい。　(2)　この実験では，CDやDVDの表面の溝が回折格子となり，光の干渉が起こる。

(3)　明線条件$d\sin\theta = m\lambda$（$m=0,\ 1,\ 2,\ 3,\ \cdots$）より，$\sin\theta = \dfrac{m\lambda}{d}$と表せる。コピー用紙の大きさは一定であるので，観測できる角度範囲が定まり$\sin\theta$の上限値が決まる。したがって，その上限値を超えない$\dfrac{m\lambda}{d}$を与える次数mの明線までしか観察することができない。

【5】(1)　$\dfrac{1}{9}CE^2$　　(2)　$\dfrac{2}{3}E$　　(3)　CE　　(4)　$\dfrac{1}{3}E$　　(5)　$\dfrac{1}{3}CE^2$

〈解説〉(1)　スイッチS_2を開いたままスイッチS_1を閉じると，直列に接続されたコンデンサーC_1とC_2，抵抗R_1とR_2，電池Eが並列に接続された回路となる。C_1，C_2にかかる電圧をそれぞれV_1，V_2とすると，これらの和は電池の起電力に等しいので，$V_1+V_2=E$　また，C_1とC_2をつなぐ極板では電荷が保存されるので，C_1，C_2に蓄えられる電荷の絶対値が等しく，$CV_1=2CV_2$　2式より，$V_2=\dfrac{1}{3}E$，$V_1=\dfrac{2}{3}E$　よって，C_2に蓄えられた静電エネルギーは，$\dfrac{1}{2}\times 2C\times\left(\dfrac{1}{3}E\right)^2=\dfrac{1}{9}CE^2$　(2)　スイッチS_1を閉じてから十分に時間が経過した後，点Qの電位はR_2にかかる電圧に等しい。R_1，R_2にかかる電圧をそれぞれv_1，v_2とすると，これらの和は電池の起電力に等しいので，$v_1+v_2=E$　また，R_1とR_2には，等しい大きさの電流が流れるので，$\dfrac{v_1}{R}=\dfrac{v_2}{2R}$　2式より，$v_1=\dfrac{1}{3}E$，$v_2=\dfrac{2}{3}E$　よって，点Qの電位は$\dfrac{2}{3}E$　(3)　スイッチS_2を閉じて十分に時

間が経過すると，点Pと点Qは等電位となる。このときC_1とC_2にかかる電圧と，R_1とR_2にかかる電圧は等しくなる。R_1，R_2にかかる電圧の値は(2)より，$v_1 = \frac{1}{3}E$，$v_2 = \frac{2}{3}E$であり，C_1，C_2に蓄えられた電荷Q_1，Q_2は，$Q_1 = C \times \frac{1}{3}E = \frac{1}{3}CE$，$Q_2 = 2C \times \frac{2}{3}E = \frac{4}{3}CE$となる。つまり，(1)の状態の電荷$\frac{2}{3}CE$と比べて，$C_1$の左側極板の電荷は$\frac{1}{3}CE$だけ減少し，$C_2$の上側極板の電荷は$\frac{2}{3}CE$だけ増加したので，スイッチ$S_2$を通過した電気量は，$\frac{1}{3}CE + \frac{2}{3}CE = CE$　(4)　スイッチS_1，S_2を開いてから十分に時間が経過すると，回路には電流が流れなくなり，C_1，C_2にかかる電圧は等しく，これをVとすると，C_1の左側極板，C_2の上側極板および点Pからなる部分には合計$\frac{4}{3}CE + \left(-\frac{1}{3}CE\right) = CE$の電荷が保存されるので，$CE = CV + 2CV$が成り立ち，$V = \frac{1}{3}E$となり，これが点Pの電位に等しい。　(5)　R_1とR_2で発生するジュール熱は，コンデンサーから電荷が移動したことで生じ，その量はコンデンサーの静電エネルギーの損失量に等しい。(3)の時点でC_1，C_2に蓄えられていた静電エネルギーεは，$\varepsilon = \frac{1}{2C}\left(\frac{1}{3}CE\right)^2 + \frac{1}{2 \times 2C}\left(\frac{4}{3}CE\right)^2 = \frac{1}{2}CE^2$　(4)の時点でC_1，C_2に蓄えられていた静電エネルギーε'は，$\varepsilon' = \frac{1}{2C}\left(\frac{1}{3}CE\right)^2 + \frac{1}{2 \times 2C}\left(\frac{2}{3}CE\right)^2 = \frac{1}{6}CE^2$　したがって，静電エネルギーの減少量は，$\varepsilon - \varepsilon' = \frac{1}{3}CE^2$となり，これが発生するジュール熱の総量である。

【6】(1)　(a)　$p_0\dfrac{T}{T_0}$〔Pa〕　　(b)　Q〔J〕　　(2)　(a)　$Q\dfrac{T_1 - T_0}{T - T_0}$〔J〕

(b)　$p_0SL + \dfrac{1}{2}kL^2$〔J〕　　(c)　$Q\dfrac{T_1 - T_0}{T - T_0} + p_0SL + \dfrac{1}{2}kL^2$〔J〕

〈解説〉(1)　(a)　初期状態におけるシリンダー内の理想気体の体積をV〔m³〕，物質量をn〔mol〕，気体定数をR〔J/(mol・K)〕とする。求めるシリンダー内部の圧力をp〔Pa〕とすると，状態変化1の前後における

気体の状態方程式は，それぞれ$p_0V=nRT_0$，$pV=nRT$と表せ，2式より，$p=p_0\dfrac{T}{T_0}$〔Pa〕　　(b)　状態変化1は定積変化なので，熱力学第一法則より，内部エネルギーの増加量ΔUは気体に加えられた熱量に等しいので，$\Delta U=Q$〔J〕　　(2)　(a)　理想気体について，状態変化2の前後における内部エネルギーの増加量$\Delta U'$は，定積モル比熱C_V〔J/(mol・K)〕を用いて，$\Delta U'=nC_V(T_1-T_0)$〔J〕と表せる。ここで，(1)(b)の結果は，$\Delta U=Q=nC_V(T-T_0)$と表せるので，2式より，$\Delta U'=\dfrac{Q}{T-T_0}\times(T_1-T_0)=Q\dfrac{T_1-T_0}{T-T_0}$〔J〕　　(b)　理想気体はピストンに対して，$p_0SL$〔J〕の仕事をする。また，ピストンにつながれたばねに対しても仕事をし，その量はばねが蓄えた弾性エネルギーに等しく，$\dfrac{1}{2}kL^2$〔J〕となる。よって，理想気体がした仕事の合計は，$p_0SL+\dfrac{1}{2}kL^2$〔J〕　　(c)　理想気体に与えた熱量は，理想気体の内部エネルギーの増加量と気体がした仕事の合計に等しい。よって，(a)，(b)より，$Q\dfrac{T_1-T_0}{T-T_0}+p_0SL+\dfrac{1}{2}kL^2$〔J〕

【7】(1)　ア　　(2)　原子番号…84　　質量数…218　　(3)　大きい　理由…質量の減少分が放射線粒子の運動エネルギーになっているため。　　(4)　(a)　18〔日〕　　(b)　20〔日〕

〈解説〉(1)　この放射線は，磁場中で円軌道を描いているので，荷電粒子であり，γ線と中性子線は不適。また，磁場が紙面の向こうに貫くとき反時計回りの円軌道を描くので，放射線の進行方向に対して左向きにローレンツ力がはたらくため，正電荷を帯びているα線とわかる。(2)　α線とは，陽子2つと中性子2つからなるヘリウム原子核なので，(1)の放射線を出した後，放射性物質Aの原子番号は2減少し，質量数は4減少する。よって，物質Xの原子番号は$86-2=84$，質量数は$222-4=218$である。　　(3)　放射線として放出された粒子は運動エネルギーをもつため，エネルギーの保存から放射性物質Aの原子核の質量は，

物質Xの原子核の質量と放射線粒子の原子核の質量の和よりも大きくなる。　(4)　(a)　6日間で初めの$\frac{1}{4}$に減少したので，半減期は3日である。ここで，$\frac{1}{64}=\left(\frac{1}{2}\right)^6$より，初めの$\frac{1}{64}$まで減少するには，半減期を6回経過する必要があるので，$3\times6=18$〔日〕かかる。

(b)　初めの放射性物質Aの原子核数を1とすると，その1%は$\frac{1}{100}$となる。求める日数をn〔日〕とすると，$\left(\frac{1}{2}\right)^{\frac{n}{3}}\leqq\frac{1}{100}$を満たす最小の自然数$n$となればよく，両辺の常用対数をとると，$\log_{10}\left(\frac{1}{2}\right)^{\frac{n}{3}}\leqq\log_{10}\frac{1}{100}$

$\therefore\ n\geqq\frac{6}{\log_{10}2}=20$〔日〕

【8】① 　情報　　② 　計測　　③ 　結果　　④ 　情報通信　　⑤ 　野外観察　　⑥ 　体験的　　⑦ 　環境整備　　⑧ 　大学　　⑨ 　博物館
〈解説〉「第3款　各科目にわたる指導計画の作成と内容の取扱い」の「2　内容の取扱いにあたっての配慮事項」は，(1)〜(7)にまとめられている。学習指導要領解説に詳細が示されているので，しっかりと読み込んでおくこと。

【9】(1)　(a)　自由落下や水平投射の鉛直方向の運動が等加速度運動であること。　(b)　斜面上の物体にはたらく力。　(2)　評価規準と評価を明確に示し到達目標を伝えて計画的に評価する。
〈解説〉(1)　(a)　各時刻での小球AとBの高さをすべて等しく図示しており，文章の説明でも「鉛直方向に進む距離は時間の2乗に比例し常に同じ高さにある」と書いているので，Sさんは鉛直方向の運動が等加速度運動であることを理解していると判断できる。　(b)　文章での説明で「3つの小球には重力しかはたらかない」と書いているので，斜面上を運動している小球Cには，斜面からの垂直抗力がはたらくことを見落としていることがわかる。よって，斜面上の物体にはたらく力を理解できていないと判断できる。　(2)　形成的評価とは，教育指導において，児童生徒の学習が成立しているかを確認するものである。

【化学】

【1】(1) あ 原子核　い 陽子　う 中性子　え 電子殻
お 価電子　か 原子番号　き 同位体　(2) $N=2n^2$

(3) (2, 8)　(4) 35.1

〈解説〉(1) 原子は，正電荷をもつ陽子と負電荷をもつ電子の数が等しいため，全体としては中性である。最外殻電子が1～7個の原子の場合，最外殻電子の数が価電子の数となる。原子番号が等しく，質量数の異なる原子同士を同位体という。　(2) 表より，$n=1$のとき$N=2=2\times1\times1$，$n=2$のとき$N=8=2\times2\times2$，$n=3$のとき$N=18=2\times3\times3$

(3) ネオンの原子番号は10なので電子数は10個であり，K殻に2個，L殻に8個の電子が配置される。　(4) 求める相対質量をxとすると，

$36.9\times\dfrac{24.2}{100}+x\times\dfrac{100-24.2}{100}=35.5$より，$x=35.05\cdots\fallingdotseq35.1$

【2】(1) 0.10〔mol/kg〕　(2) 5.1〔K・kg/mol〕　(3) 見かけ上の分子量…2.5×10^2　2分子が会合　(4) 見かけ上の分子量…1.4×10^2
考察…安息香酸は分子間で水素結合を形成し会合するが，サリチル酸分子は，分子内のヒドロキシ基とカルボキシ基の間で水素結合を形成するため，分子間の水素結合を形成せず，会合しない。

〈解説〉(1) ナフタレンの分子量は128より，$\dfrac{1.28}{128}\div\dfrac{1.0\times10^2}{1.0\times10^3}=0.10$

〔mol/kg〕　(2) 凝固点降下Δtは，モル凝固点降下k，溶質の質量モル濃度mとすると，$\Delta t=k\times m$より，$k=\dfrac{\Delta t}{m}=\dfrac{5.53-5.02}{0.10}=5.1$〔K・kg/mol〕

(3) 安息香酸の見かけ上の分子量をMとすると，$\Delta t=k\times m$より，$(5.53-5.28)=5.1\times\dfrac{1.22}{M}\div\dfrac{1.0\times10^2}{1.0\times10^3}$から，$M=248.88\fallingdotseq2.5\times10^2$となる。安息香酸の分子量は122なので，見かけ上の分子量が約250であることは，2分子が会合していることを意味する。　(4) (3)と同様に，サリチル酸の見かけ上の分子量Mは，$(5.53-5.02)=5.1\times\dfrac{1.38}{M}\div$

$\dfrac{1.0\times10^2}{1.0\times10^3}$より，$M=138\fallingdotseq1.4\times10^2$である。サリチル酸の分子量は138なので，見かけ上の分子量と一致しており会合はしていないと判断で

きる。サリチル酸と安息香酸の分子構造を比べると，サリチル酸はヒドロキシ基とカルボキシ基を1つずつもつが，安息香酸はカルボキシ基を1つしかもたない。

【3】(1)　$2K + 2H_2O \rightarrow 2KOH + H_2$　　(2)　Al　　(3)　あ　3　い　8　う　3　え　NO　　(4)　化学式…$[Ag(NH_3)_2]^+$　　名称…ジアンミン銀(Ⅰ)イオン　　化学式…$[Cu(NH_3)_4]^{2+}$　　名称…テトラアンミン銅(Ⅱ)イオン　　(5)　Ag　　(6)　C→B→A→F→E→D

〈解説〉(1)　室温で水と激しく反応する金属Cは，6種類の金属のうちイオン化傾向が最も大きなKであり，水酸化物が生成するとともに水素が発生する。　　(2)　希硫酸を加えて水素を発生する金属は，K以外にはAlとMgであり，そのうち過剰の水酸化ナトリウムに溶ける金属Aは，両性元素のAlである。なお，金属BはMgである。　　(3)　銅は濃硝酸，希硝酸，熱濃硫酸に溶け，それぞれNO_2，NO，SO_2が発生する。　(4)　Ag，Cu，Pbは希硝酸に溶け，アンモニア水を加えると，それぞれAg_2O，$Cu(OH)_2$，$Pb(OH)_2$の沈殿が生じる。また，過剰のアンモニア水を加えると錯イオンを形成して溶ける金属DとEの沈殿はAg_2Oと$Cu(OH)_2$である。なお，沈殿として残った金属FはPbである。　　(5)　常温で空気により酸化されないのは，6種類のうちイオン化傾向が最も大きなAgである。　　(6)　(1)～(5)より，AはAl，BはMg，CはK，DはAg，EはCu，FはPbである。

【4】(1)　(b)，(c)，(d)　　(2)　NaOH　　(3)　操作名…電解精錬　電極…陽極　　(4)　Pt，Au，Pb　　(5)　4.0〔％〕

〈解説〉(1)　それぞれの電気分解で起きる反応は，次のようになる。

	陰極	陽極
(a)	$Cu^{2+}+2e^-\rightarrow Cu$	$Cu\rightarrow Cu^{2+}+2e^-$
(b)	$2H_2O+2e^-\rightarrow H_2+2OH^-$	$2Cl^-\rightarrow Cl_2+2e^-$
(c)	$Na^++e^-\rightarrow Na$	$2Cl^-\rightarrow Cl_2+2e^-$
(d)	$Al^{3+}+3e^-\rightarrow Al$	$O^{2-}+C\rightarrow CO+2e^-$
		$2O^{2-}+C\rightarrow CO_2+4e^-$

(2)　NaOHの製造には，陽イオン交換膜によるイオン交換膜法が用いられる。陽極側に存在するNa$^+$が陽イオン交換膜を通過し陰極側に移動するため，陰極付近でNa$^+$とOH$^-$の濃度が大きくなり，これを濃縮するとNaOHが得られる。　(3)　(1)より，陽極を粗銅にすると，銅（Ⅱ）イオンとなって溶解し，陰極に銅が析出する。　(4)　イオン化傾向の小さな金属はイオンとなって溶けず，陽極泥として沈殿する。PbはPb^{2+}になるが，溶液中のSO$_4^{2-}$と反応してPbSO$_4$の白色沈殿となる。
(5)　$Cu\rightarrow Cu^{2+}+2e^-$より，2molの電子で1mol分の銅が減少する。流れた電気量は，$\dfrac{0.15\times(5\times60\times60+21\times60+40)}{9.65\times10^4}=0.030$〔mol〕より，銅の減少量は$64\times\dfrac{0.030}{2}=0.96$〔g〕　したがって，含まれていたAgの質量は，$1.0-0.96=0.04$〔g〕，その質量組成は，$\dfrac{0.04}{1.0}\times100=4.0$〔%〕

【5】(1)　B　酢酸ビニル　　D　エタノール　　E　酢酸　　(2)　CHI$_3$
(3)　5〔個〕
(4)　F　HO-C-CH-C-H　　G　HO-C-CH-CH-OH
　　　　　‖　｜　‖　　　　　　‖　｜　｜
　　　　　O　CH$_2$　O　　　　　O　CH$_2$　CH$_3$
　　　　　　　｜　　　　　　　　　　｜
　　　　　　　CH$_3$　　　　　　　　CH$_3$

(5)　CH$_3$-CH$_2$-O-C-CH-CH-O-C-C=CH-O-C-CH$_3$
　　　　　　　　　‖　｜　｜　　‖　｜　　　　‖
　　　　　　　　　O　CH$_2$　CH$_3$　O　CH$_2$　　　O
　　　　　　　　　　　｜　　　　　　　｜
　　　　　　　　　　　CH$_3$　　　　　CH$_3$

〈解説〉(1)　B　ポリビニルアルコールは，Bの酢酸ビニルを付加重合させてポリ酢酸ビニルとした後，水酸化ナトリウム水溶液で加水分解さ

せて生成する。　D　酒類の主成分で消毒液にも用いられるDは，エタノールである。　E　Dのエタノールを酸化して得られるのは，酢酸である。　(2)　ヨードホルム反応により生じる黄色沈殿Iは，ヨードホルムである。　(3)　Aの加水分解によりエタノールC_2H_5OHと酢酸CH_3COOHが生じたので，残りの炭素原子数は11個である。Hは，Fの酸化と，Gのヨードホルム反応後に共通して生成する物質である。Fの酸化では炭素原子数は変化せず，ヨードホルム反応では炭素原子数が1個減少するので，F，Hの炭素原子数は5個，Gの炭素原子数は6個とわかる。　(4)　Fはホルミル基(アルデヒド基)$-CHO$，Gは$CH_3-CH(OH)-R$の構造をもつ。また，不斉炭素の数より，FとGは$-COOH$と$-CH_2-CH_3$の枝分かれ構造をもつ。　(5)　Dのエタノールの$-OH$とGの$-COOH$が，エステル結合を形成している。また，Eの酢酸の$-COOH$とFの$-CHO$の間にあるエステル結合を加水分解すると，Eの酢酸とエノール形の構造をもつ化合物となるが，これが不安定なのでケト形のFに変換すると考えられる。さらに，Fの$-COOH$とGの$-OH$の間でエステル結合を形成する。

【6】(1)　あ　ペプシン　　い　トリペプチド　　う　双性イオン
え　等電点　　(2)　A，F　　(3)　記号…D　　名称…システイン
(4)

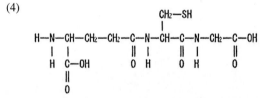

(5)　(a)　ニンヒドリン反応　　(b)　紫　　(6)　(a)　6〔種類〕
(b)　24〔種類〕

〈解説〉(1)　アミノ酸は，水溶液中では$-NH_3{}^+$と$-COO^-$をもつ双性イオンの形で存在する。　(2)　アミノ酸のうち，不斉炭素原子をもたないのはAの側鎖をもつグリシンだけである。また，等電点が酸性側なのは，Fの側鎖をもつグルタミン酸である。　(3)　黒色沈殿(PbS)が生

じたことから硫黄Sが含まれるとわかり，Dの側鎖をもつシステインである。　(4)　実験Ⅱより，このトリペプチドから生じた2種類のジペプチドには，いずれもSを含んでいるので，システインが中央に配されている。また，実験Ⅲより，側鎖の官能基がペプチド結合に関与するので，グルタミン酸の側鎖の－COOHは残る。　(5)　ニンヒドリン反応は，アミノ酸のアミノ基をもつ場合に紫色になる。ビウレット反応はアミノ酸3つ以上のペプチドの場合に赤紫色，キサントプロテイン反応はベンゼン環をもつ場合に橙黄色になる。　(6)　(a)　3種類のアミノ酸からなる構造異性体は，$3 \times 2 \times 1 = 6$〔種類〕である。　(b)　不斉炭素原子がn個あるとき，光学異性体は2^n個存在する。本問では，アラニンとフェニルアラニンに不斉炭素原子があるので，立体異性体(光学異性体)を含めた異性体の数は，$2^2 \times 6 = 24$〔種類〕である。

【7】(1)　①　見方・考え方　　②　社会　　③　基本的な技能
④　主体的　　(2)　①　金属　　②　プラスチック　　③　種類
④　再利用　　⑤　主な成分　　(3)　①　カ　　②　サ　　③　ス
④　セ　　⑤　オ　　⑥　イ
〈解説〉高等学校学習指導要領の「目標」，「内容」，「内容の取扱い」は，いずれも出題頻度が高く重要である。学習指導要領だけではなく，同解説もあわせて理解するとともに，用語などもしっかり覚えておきたい。

【生物】

【1】(1)　A　ゴルジ体　　B　粗面小胞体　　C　細胞膜　　D　核
(2)　・紡錘体形成の起点となる。　・鞭毛や繊毛の形成に関与する。
(3)　動物細胞…シュワン　　植物細胞…シュライデン
(4)　記号…ウ　　理由…収縮するために多くのエネルギーを必要とするため。　　(5)　・加水分解酵素による細胞小器官の分解を防ぐため。・細胞小器官がもつ酵素の，摩擦熱による失活を防ぐため。

〈解説〉(1)　A　ゴルジ体は，一重の膜で包まれた扁平な袋状の構造が重なったような形状をしている。　B　小胞体は，一重の膜で包まれた袋状の構造をしている。図の小胞体は，表面にリボソームが付着した粗面小胞体である。　C　動物細胞の細胞質の最も外側には，細胞膜がある。　D　真核生物のDNAは核内にあり，核膜により細胞質と隔てられている。　(2)　中心体は細胞分裂時に複製されて2つになり，対極に分かれて微小管を伸ばし，染色体を引っ張る役割をもつ。また，精細胞が精子になる際には，中心体から鞭毛が伸びていく。　(3)　解答参照。　(4)　ミトコンドリア内では，呼吸の過程でATPを合成し，生命活動に必要なエネルギーを蓄えている。したがって，エネルギーが必要な筋肉細胞に多く存在すると考えられる。　(5)　酵素には最適温度があるが，最適温度でなくとも温度が高いほど化学反応が進行しやすくなるので，酵素活性が抑制されるような低温での操作が好ましい。

【2】(1)　名称…亜硝酸菌，硝酸菌　　目的…無機物を酸化した際に生じるエネルギーを用いてATPを合成し，二酸化炭素を還元して炭酸同化を行い，有機物を合成するため。　(2)　シアノバクテリア…ネンジュモ　　細菌…根粒菌　(3)　物質(a)…グルタミン酸　　酵素(b)…アミノ基転移酵素　(4)　クエン酸回路　(5)　有機窒素化合物の合成が妨げられるとともに，生体に有害なアンモニアの蓄積が起こるため。

〈解説〉(1)　亜硝酸菌や硝酸菌は化学合成細菌であり，このようなはたらきを化学合成という。　(2)　大気中の窒素をアンモニウムイオンに還元するはたらきを窒素固定といい，他にもアゾトバクターやクロストリジウムが行う。　(3)　(a)　グルタミン合成酵素は，アンモニウムイオンとグルタミン酸の結合を触媒する。　(b)　アミノ基転移酵素のはたらきにより，アミノ基を各種有機酸に転移すると各種アミノ酸が得られる。　(4)　アミノ酸は各種有機酸となることで，クエン酸回路での反応に利用される。　(5)　(3)(a)より，グルタミン合成酵素が阻

害されると，アンモニウムイオンとグルタミン酸の反応が阻害される
ことがわかる。

【3】(1)　相補鎖の塩基配列が同じで，並び方が互いに反対の関係にな
　　　っている。　　(2)　DNAリガーゼ　　(3)　アデニン…30〔％〕　　シ
　　　トシン…20〔％〕　　(4)　1.5kbpと3.0kbp，2.0kbpと2.5kbp
〈解説〉(1)　制限酵素は，DNAの特定の塩基配列を認識して切断する。
　　　DNAの切断箇所が突出末端の場合，末端が相補的な断片同士が連結し
　　　やすくなる。　　(2)　DNAリガーゼは，DNA断片の不連続部分を連結
　　　するはたらきをもつ。　　(3)　3.0kbpの環状DNAに含まれるアデニンの
　　　塩基数は，3000×0.225＝675〔個〕，4.5kbpの環状DNAに含まれるア
　　　デニンの塩基数は，4500×0.25＝1125〔個〕より，1.5kbpのDNA断片に
　　　含まれるアデニンの塩基数は，1125−675＝450〔個〕，つまり$\frac{450}{1500}×$
　　　$100＝30$〔％〕となる。A：T＝C：G＝1：1より，アデニンとチミンの
　　　割合は30％，シトシンとグアニンの割合は20％である。　　(4)　1.5
　　　kbpのDNA断片がどちらの向きで環状DNAに連結するかによって，2パ
　　　ターンの切断結果が考えられる。制限酵素Bは3.0kbpの環状DNAを
　　　2.0kbpと1.0kbpのDNA断片に切断し，制限酵素Cは1.5kbpのDNA断片を
　　　1.0kbpと0.5kbpのDNA断片に切断する。よって，2.0＋1.0＝3.0〔kbp〕
　　　と1.0＋0.5＝1.5〔kbp〕の断片ができるパターンと，2.0＋0.5＝2.5
　　　〔kbp〕と1.0＋1.0＝2.0〔kbp〕の断片ができるパターンが予想できる。

【4】(1)　脊索，体節，側板　　(2)　予定内胚葉の領域Cの中胚葉誘導に
　　　より，領域Aが外胚葉組織に加えて，中胚葉組織にも分化する。
　　　(3)　隣接する未分化の細胞群の予定運命を決定し，分化させる胚の領
　　　域。　　(4)　領域Aでは，個々の細胞がBMPを分泌し，それを受容体
　　　で受け取ることにより表皮分化を引き起こす遺伝子発現が誘導されて
　　　いるが，形成体は，BMPと受容体の結合を妨げるノギンやコーディン
　　　などを分泌することで，表皮誘導を阻害し，神経分化を引き起こす。

(5)　③　イ，エ　　④　ア，オ，カ　　(6)　相対濃度1以下では腹部形成を抑制および胚軸形成を促進するはたらきはなく，相対濃度1から6の間では腹部形成を抑制し，胸部形成を促進する。相対濃度6以上では腹部形成を抑制し，頭部形成を促進する。

〈解説〉(1)　その他にも腎節が見られる。　(2)　中胚葉誘導は，ノーダルというタンパク質が予定外胚葉に作用して行われるが，これは植物極側にある別のタンパク質により合成が活発化する。　(3)　形成体の代表例としては原口背唇部があり，イモリの原口背唇部を別のイモリの初期原腸胚の腹部に移植すると二次胚が形成される現象が有名である。　(4)　解答参照。　(5)　③　ショウジョウバエの母親の体内では，卵形成中にナノスmRNAとビコイドmRNAの濃度勾配ができ，これにより体軸が決定する。　④　ギャップ遺伝子，ペア・ルール遺伝子，セグメント・ポラリティ遺伝子は，分節遺伝子であり，これらは連鎖的に発現して体節の形成に関わる。　(6)　タンパク質Pの相対濃度の範囲により，胚の前後軸の違いを比較すると，解答のような関係が推測できる。

【5】(1)　ア　フィトクロム　　イ　クリプトクロム　　(2)　ウ
(3)　最後に照射した光が赤色光であれば発芽が促進され，遠赤色光であれば発芽が抑制される。　(4)　ア，エ　　(5)　発芽後すぐに光合成が可能な明所でのみ発芽するため，種子内に栄養分を多く蓄える必要がないため。

〈解説〉(1)　フィトクロムは光発芽や光周性，クリプトクロムは茎の伸長抑制，フォトトロピンは光屈性や気孔の開閉に関与している。
(2)　レタス，タバコ，マツヨイグサ，シロイヌナズナなどは光発芽種子である。　(3)　表より，光照射の回数に関係なく最後に照射した光が赤色光であれば発芽率は70％以上，遠赤色光であれば発芽率は7％以下なので，この種子の発芽は最後に照射した光によって決まると考えられる。　(4)　(1)の解説参照。　(5)　光発芽種子は，光がよくあたる場所でのみ発芽するため，発芽後にはただちに光合成によりエネ

ルギーをつくることができる。一方，光発芽種子ではない種子は，光以外の条件がそろえば発芽してしまうので，光合成ができるようになるまで時間がかかるため栄養分を多く蓄えておく必要がある。

【6】(1) a 自然選択　　b 隔離　　(2) フレームシフト　　(3) 偶然による遺伝子頻度の変化を遺伝的浮動といい，小さな集団ほどその影響が大きい。　　(4) ・自然選択がはたらかない。　・ほかの集団との間で個体の流出入がない。　　(5) 3200〔人〕

〈解説〉(1) 隔離には，物理的に生物集団が隔離される地理的隔離や，集団間で交配ができなくなる生殖的隔離がある。　(2) フレームシフトによりコドンの読み枠がずれると，指定するアミノ酸や終止コドンの位置が変わってしまう場合があり，合成されるタンパク質が本来とは大きく異なるものになる可能性がある。　(3) 遺伝的浮動は遺伝子頻度の変化が偶然に起きることであり，これは自然選択とは無関係な現象である。　(4) その他の条件としては，「自由な交配で有性生殖をする」がある。　(5) 集団2の遺伝子B，遺伝子Oの頻度を，それぞれb, oとする。遺伝子Aの頻度は0.5より，AA＝$0.5^2×10000=2500$〔人〕，AO＝$4500-2500=2000$〔人〕である。一方，AOの人数について遺伝子Oの頻度oを用いると，$2×0.5×o×10000=2000$と表せるので，$o=0.2$となる。$b=1-0.5-0.2=0.3$より，集団2の遺伝子B，Oの頻度は，それぞれ0.3，0.2である。したがって，集団1と集団2が完全に混ざると，集団3の遺伝子A，B，Oの頻度は，A：B：O＝$(0.3+0.5)$：$(0.1+0.3)$：$(0.6+0.2)=2：1：2=0.4：0.2：0.4$となる。よって，その一世代後は$(A+B+O)^2=AA+BB+OO+2AO+2BO+2AB$より，AB型の人口は，$2×0.4×0.2×20000=3200$〔人〕

【7】(1) a 起源の共有　　b 生命活動　　c ATP　　d 塩基の相補性　　e 塩基配列　　f アミノ酸配列

〈解説〉「(ア) 生物の特徴」の内容は，生物の特徴についての観察，実

験などを通して，生物の共通性と多様性，生物とエネルギーについて理解させ，それらの観察，実験などの技能を身に付けさせるとともに，思考力，判断力，表現力等を育成することが主なねらいである。また，「(イ)　遺伝子とその働き」の内容は，遺伝子とその働きについての観察，実験などを通して，遺伝情報とDNA，遺伝情報とタンパク質の合成について理解させ，それらの観察，実験などの技能を身に付けさせるとともに，思考力，判断力，表現力等を育成することが主なねらいである。

【8】a　細胞内共生　　b　性染色体　　c　種分化　　d　3ドメイン
e　分類群　　f　分子レベル

〈解説〉今回の改訂では，「生物」の内容として，「(1)　生物の進化」を内容の冒頭に設定し，以後の学習で進化の視点を重視する点，ならびに，日常生活や社会との関連を重視し，「(5)　ア　(イ)　生態系」に「㋑　生態系と人間生活」を新設している点を押さえておきたい。

【地学】

【1】(1)　月食のときに月に映った地球の影が円形である。　(2)　エラトステネス　(3)　1000〔km〕　(4)　0.003　(5)　ア

〈解説〉(1)　その他にも，「同じ星でも南北に移動すると高度が変化する」などが証拠として挙げられる。　(2)　解答参照。　(3)　2地点間の距離をA〔km〕とすると，$2 \times 3.14 \times 6370 = A \times \dfrac{360}{9.0}$より，$A = 1000.09 \fallingdotseq 1000$〔km〕　(4)　偏平率は，$\dfrac{(赤道半径)-(極半径)}{(赤道半径)} = \dfrac{6378-6357}{6378} = 0.0032\cdots \fallingdotseq 0.003$　(5)　高度h〔km〕の位置から見える地平線までの距離をx，地球の半径をRとすると，$(R+h)^2 = x^2 + R^2$より，$x^2 = R^2 + 2Rh + h^2 - R^2 = 2Rh + h^2$　∴　$x = \sqrt{2Rh+h^2} = \sqrt{2 \times 6370 \times 10 + 10^2} = \sqrt{127500} = 50\sqrt{51} \fallingdotseq 357$〔km〕

【2】(1) (a) 地球　(b) 土星　(2) ① 衛星の数　② リング
の有無　(3) ③ 焦点　④ 楕円　(4) (a) 1000〔年〕
(b) 3〔倍〕

〈解説〉(1) 解答参照。　(2) その他に，自転周期などに違いがある。
(3) ケプラーの第1法則によると，太陽系の惑星は太陽を1つの焦点と
する楕円軌道を描いて公転している。　(4) (a) ケプラーの第3法則
より，惑星と太陽の平均距離aの3乗は，惑星の公転周期Pの2乗に比
例するので，地球の場合で考えると，$\dfrac{a^3}{P^2}=\dfrac{1^3}{1^2}=1$　この小惑星では
$a=100$〔天文単位〕より，$P^2=100^3$　∴ $P=1000$〔年〕　(b) ケプ
ラーの第2法則より，太陽と惑星を結ぶ線分は等しい時間に等しい面
積を描く。平均距離が100天文単位，離心率が0.5より，近日点距離は，
$100\times(1-0.5)=50$〔天文単位〕，遠日点距離は，$100\times(1+0.5)=150$
〔天文単位〕となる。近日点距離，遠日点距離での公転速度をそれぞ
れv_1，v_2とすると，$50\times v_1=150\times v_2$より，$v_1=3v_2$

【3】(1) ① 4　② ヘリウム　③ 核融合　(2) 外側が膨張し
赤色巨星になり，その後外層のガスを放出し，広がって惑星状星雲に
なり，その中心に白色矮星が残され，次第に冷えて暗くなっていく。
(3) 超新星爆発

〈解説〉解答参照。

【4】(1) (a) 地衡風　(b) 遠心(力)，転向(力)　(2) (a) ウ
(b) 海水が長い間によく混合されたため。　(3) (a) 絶対安定
(b) 乾燥断熱減率　(c) C

〈解説〉(1) (a) 地表からの高さが1kmを越える上空で吹く風は，地表
面との摩擦力がなくなり，転向力と気圧傾度力がつり合って吹く地衡
風になる。　(b) 低気圧の中心に向かって気圧傾度力がはたらくが，
これは外側にはたらく転向力と遠心力の合力とつり合う。　(2) (a) 海
水1kgには，塩分が約35g含まれている。　(b) 解答参照。　(3) (a) 絶

131

対安定な状態では，空気塊が上昇も下降もせず元の位置に留まる。
(b)　地表から飽和していない状態で空気塊が上昇する場合の温度下降
の割合なので，乾燥断熱減率である。　(c)　上昇する空気塊は，周囲
との温度が同じになる位置まで上昇していく。

【5】(1)　(a)　エ　　(b)　グリーンタフ　　(2)　ウ　　(3)　大気圏に酸
素からオゾン層が形成され，オゾン層が生物に有害な紫外線を吸収し，
地上に届く紫外線が減少したため。　　(4)　(a)　D　　(b)　Y
(c)　イ，ウ
〈解説〉(1)　(a)　アンモナイトは中生代，サンヨウチュウとフズリナは
古生代の示準化石なので，それぞれの時代に繁栄したことがわかる。
(b)　解答参照。　　(2)　放射性同位体は，半減期を1回経過すると元の
存在量の$\frac{1}{2}$，2回経過すると$\frac{1}{4}$となる。したがって，本問では半減期
が2回経過したことになるので，$(1.3\times10^9)\times2=2.6\times10^9$〔年〕前とな
る。　　(3)　解答参照。　　(4)　(a)　粒径により堆積岩を分類すると，
2mm以上が礫岩，2mm未満～$\frac{1}{16}$mm以上が砂岩，$\frac{1}{16}$mm未満が泥岩で
あるから，粒形1mmの砕せつ物が多く含まれるのは砂岩層である。
(b)　地点Ⅰの地層Pは鍵層である凝灰岩層の下にあり，中生代の示準
化石が産出した地層の間に挟まれている。このような条件を満たすの
は，地層Yだけである。　　(c)　イ　地点Ⅱの④の不整合は凝灰岩層の
上にあり，地点Ⅲの⑦の不整合は凝灰岩層より下にあるので，⑦の不
整合の方が先に形成されたと考えられる。　ウ　地点Ⅱの地層Xは古
生代の示準化石が産出される地層より下にあるので，古生代またはそ
れ以前に形成された地層と考えられる。

【6】(1)　(a)　①　見方　　②　考え方　　③　資質　　④　能力
(b)　①　地球楕円体　　②　密度　　③　圧力　　④　組成
(2)　(a)　・生徒のタブレット端末に，日本の主な火山と海溝・トラフ
の資料を用意し，火山の分布について気がついたことをかきこませる。

プレートの収束境界では，火山は，海溝・トラフから大陸側へ100〜300km程度離れたところに分布していることに気づかせ，その理由を考えさせる。　・沈み込んだプレートがある程度の深さに達したところでマグマが発生する様子を，図や動画などで見せ，プレートの収束境界における分布について，理解させる。　(b)　ターンテーブルなど回転する円盤にビデオカメラ，タブレット端末などを設置し，円盤の回転を地球の自転として，振り子の動きを録画する。振り子の振動面は円盤の回転と同じ速さで円盤の回転と逆向きに回転して見える。この観察，実験を行うことを通して，フーコーが北半球で振り子の振動面が時間とともに時計回りに回転することを示し，地球の自転を実験的に証明したことについて理解させる。

〈解説〉高等学校学習指導要領の「目標」，「内容」については，いずれも出題頻度が高く重要である。学習指導要領だけではなく，同解説もあわせて理解するとともに，用語などもしっかり覚えておきたい。なお，「内容の取扱い」からの出題で具体的な指導法を問われる場合，学習指導要領解説に詳細が記されている場合が多いため，まずはこれを一読し，題意に沿った答案が作成できるよう繰り返し練習しておくことが望ましい。

2022年度　実施問題

中学理科・高校地学共通

【1】次の(1)～(5)の問いに答えなさい。

(1) 次の表は，大気の温度と飽和水蒸気量の関係を示したものである。以下の(a)・(b)の問いに答えなさい。

大気の温度 [℃]	10	12	14	16	18	20	22	24	26
飽和水蒸気量 [g/m³]	9.4	10.7	12.1	13.6	15.4	17.3	19.4	21.8	24.4

(a) 気温20℃，露点が12℃の空気の相対湿度は何％か，小数第1位を四捨五入して求めなさい。

(b) 容積が25m³の部屋の気温が18℃，相対湿度が78％であった。この部屋に含まれる水蒸気量は何gになるか，最も適切なものを次のア～オから選び，記号で答えなさい。

　　ア　209g　　イ　300g　　ウ　335g　　エ　351g　　オ　385g

(2) 次の文章は雲と降水について説明したものである。(a)・(b)の問いに答えなさい。

　　風が山の斜面に沿って吹き上がるときや，空気の塊(空気塊)が周囲の大気より高温になって上昇するとき，[　　]。このことにより空気塊中の水蒸気の一部が小さな水滴や氷の結晶となり，雲が発生する。雲をつくっている小さな水滴や氷の結晶は雲粒とよばれ，雲粒が直径1mm程度の大きさに成長すると，地表に向かって落下し，雨や雪となる。

(a) 文章中の[　　]には，空気塊が上昇することで雲粒ができる仕組みを説明する文章が入る。適する文章を書きなさい。文章は2文以上になってもよい。必ず，気圧，空気塊の体積と温度に関連させて説明すること。

(b) 雲粒を直径10μm，雨粒を直径1mmの球形とすると，雨粒の体積は雲粒の何個分に相当するか，求めなさい。

(3) 地球規模での大気の動きについて，次の(a)・(b)の問いに答えなさい。

(a) 偏西風は，緯度30°〜40°，高度約12kmで最も強くなっている。この特に強い偏西風を何とよぶか，書きなさい。

(b) 赤道付近で上昇した大気は，高度約11kmの圏界面に沿って高緯度へ向かい，その後緯度20°〜30°で下降して高圧帯を形成する。下降した大気の一部は，下層で赤道付近に戻る。この下層の大気の流れは，地球の自転の効果によって向きを曲げられて吹く風となる。この風を貿易風という。北半球の貿易風はどちらから吹くか，最も適切なものを次のア〜エから選び，記号で答えなさい。

　ア　北東から　　イ　北西から　　ウ　南東から
　エ　南西から

(4) 1日を周期とする局地風について説明した次の文章の(　)にあてはまる語句を書きなさい。

　海上と陸上で気温差が生じることによって吹く風で，晴れた日の夜に海岸付近でよく吹く風を(　)という。このとき海上では上昇気流，陸上では下降気流が生じる。

(5) 北半球の台風内部では下層の空気が反時計回りに渦巻きながら中心に吹き込み，中心付近で上昇して，上層から時計回りに回転しながら吹き出す。この上昇気流により巨大な積乱雲が発達する。陸上や温度の低い海域に進むと台風の勢力が衰えるのはなぜか，書きなさい。

(☆☆☆☆◎◎◎)

中 学 理 科

【1】次の文を読み，(1)〜(4)の問いに答えなさい。

　一般に高度が(a)m増すごとに気温が5〜6℃低下するため，山岳地帯では標高の違いによって生じるバイオームの(b)が見られる。本州中部の高山では，2500m以上の場所に森林が形成されず，この境界を(c)という。

　表は，伊豆大島の火山溶岩上にあるA〜Dの各調査地点に見られる植生と環境条件などの調査結果(1960年頃)である。なお，調査地点Dは極相に達しており，本州中部の丘陵帯と同様のバイオームが形成されている。

調査地点		A	B	C	D
噴 出 年 代	年	1950	1778	684	古い*1
植物種類数	種類	3	21	42	33
植生の高さ	m	0.6	2.8	9.2	12.5
地表照度*2	%	90	23	2.7	1.8
土壌の厚さ	cm	0.1	0.8	40	37
土壌有機物	%	1.1	6.4	20	31

*1 約4000年前。　　*2 植生の最上部の照度を100とする。

(1) 文章の空欄(a)〜(c)に適する語句又は数値を答えなさい。

(2) 地点B，Dに見られる遷移の段階の名称を答えなさい。また，その地点に優占する植物の種類として最も適当な組合せを次のア〜オから選び，記号で答えなさい。

　ア　ハチジョウイタドリ，シマタヌキラン

　イ　スダジイ，タブノキ

　ウ　オオバヤシャブシ，ハコネウツギ

　エ　地衣類，コケ類

　オ　オオシマザクラ，ヤブツバキ

(3) 地点Cには混交林が形成されている。これが地点Dのような極相に遷移する過程について，「陰樹」，「陽樹」，「林床」という語句を用いて説明しなさい。

136

(4) 噴出年代が古くなるにつれて土壌の厚さや土壌有機物が増加する
理由を説明しなさい。

(☆☆☆◎◎)

【2】A駅は一直線のレール上にあり，レールに平行に自動車道路がある。
A駅に止まっていた電車が動き出し，一定の加速度で加速した。動き
出したときの電車の先端の位置を座標x軸の原点とする。電車が動き出
してから8.0秒後，一定の速さ10m/sで電車と同じ向きに進んでいる自
動車がA駅(原点)を通過した。次のグラフは電車が動き出した瞬間を時
刻0秒としたときの電車の先端の位置x〔m〕と時刻t〔s〕との関係を示
している。また，自動車は大きさを無視できるものとする。以下の(1)
～(6)の問いに答えなさい。

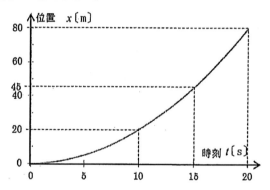

(1) 電車の加速度の大きさは何m/s^{2}か，求めなさい。

(2) 自動車の位置x〔m〕と時刻t〔s〕の関係を関数で表しなさい。

(3) 自動車が電車の先端を追い越すのは時刻何秒〔s〕のときか，求
めなさい。

(4) 自動車が電車の先端を追い越す瞬間，電車内の人から見た自動車
の相対速度はどちら向きに何m/sか，求めなさい。ただし，電車の
進む向きを正とする。

(5) 電車の先端が自動車を追い越すのは時刻何秒〔s〕のときか，求

めなさい。

(6) 自動車が電車の先端を追い抜いてから追い越されるまでの間で、自動車と電車の先端が一番離れた時の距離は何mか、求めなさい。

(☆☆☆◎◎◎◎)

【3】 次のグラフは元素に関するある量を示したものである。以下の(1)～(4)の問いに答えなさい。

(a) (b) (c) (d)

(1) (a)～(d)のグラフの横軸は原子番号を表している。縦軸は何を表しているか、(a)～(d)のそれぞれについて、ア～エより1つずつ選びなさい。

　　ア　単体の融点　　　　　　　イ　室温における単体の密度
　　ウ　原子のイオン化エネルギー　エ　原子の価電子数

(2) 次の文は、(a)～(d)のうち縦軸が原子のイオン化エネルギーを表すグラフについて述べたものである。文中の(あ)～(う)に、あてはまる語句を書きなさい。

> 　原子のイオン化エネルギーを表す折れ線グラフの極大となっている部分が(あ)の原子群で、極小となっている部分(2つめ以降)が(い)の原子群である。このエネルギーの値が(う)ほど陽イオンになりにくい。

(3) 3種類のイオンAl^{3+}, O^{2-}, F^-について、イオン半径の大きい順に並べなさい。また、なぜその順になるのかを説明しなさい。

(4) 原子番号nのある元素にはAとBの2つの同位体が存在し、AとBの質量数の和は$2m$である。また、Aの質量数はBより、$2p$だけ大きい。Aの中性子数をm, n, pを用いて表しなさい。

(☆☆☆◎◎◎)

【4】中学校学習指導要領「第2章　各教科」「第4節　理科」について，次の(1)～(5)の問いに答えなさい。

(1)　次の文は，「第1　目標」の一部である。(　　)にあてはまる語句を書きなさい。

> 第1　目標
> 　(2)　観察，実験などを行い，科学的に(　　)を養う。

(2)　次の文は〔第一分野〕「2　内容」の一部である。(　①　)～
(　⑥　)にあてはまる語句を書きなさい。

> (3)　電流とその利用
> 　イ　電流，磁界に関する現象について，(　①　)をもって解決する方法を立案して観察，実験などを行い，その結果を分析して解釈し，(　②　)，電流の働き，静電気，(　③　)の規則性や(　④　)を見いだして表現すること。
> (6)　化学変化とイオン
> 　ア　化学変化をイオンのモデルと関連付けながら，次のことを理解するとともに，それらの観察，実験などに関する技能を身に付けること。
> 　(イ)　化学変化と電池
> 　　㋐　金属イオン
> 　　　金属を(　⑤　)に入れる実験を行い，金属によって(　⑥　)が異なることを見いだして理解すること。

(3)　次の文は〔第2分野〕「1　目標」の一部である。(　①　)～
(　③　)にあてはまる語句を書きなさい。

> (3)　生命や地球に関する事物・現象に進んで関わり，科学的に探究しようとする態度と，(　①　)を尊重し，自然環境の(　②　)に寄与する態度を養うとともに，自然を(　③　)に見ることができるようにする。

(4)　次の文は〔第2分野〕「2　内容」の一部である。(　①　)・

(②)にあてはまる語句を書きなさい。(同じ番号には，同じ語句が入るものとする。)

---

(7)　自然と人間

ア　日常生活や社会と関連付けながら，次のことを理解するとともに，自然環境を調べる観察，実験などに関する技能を身に付けること。

(ア)　生物と環境

⑦　自然界のつり合い

(①)の働きを調べ，植物，動物及び(①)を(②)の面から相互に関連付けて理解するとともに，自然界では，これらの生物がつり合いを保って生活していることを見いだして理解すること。

---

(5)　次の文は「第3　指導計画の作成と内容の取扱い」の一部である。(①)～(③)にあてはまる語句を書きなさい。

2　第2の内容の取扱いについては，次の事項に配慮するものとする。

(4)　各分野の指導に当たっては，観察，実験の過程での情報の検索，実験，データの(①)，実験の(②)などにおいて，コンピュータや情報通信ネットワークなどを積極的かつ適切に活用するようにすること。

(8)　観察，実験，野外観察などの(③)な学習活動の充実に配慮すること。また，環境整備に十分配慮すること。

(☆☆○○○)

高 校 理 科

【物理】

【1】A駅は一直線のレール上にあり，レールに平行に自動車道路がある。A駅に止まっていた電車が動き出し，一定の加速度で加速した。動き出したときの電車の先端の位置を座標x軸の原点とする。電車が動き出してから8.0秒後，一定の速さ10m/sで電車と同じ向きに進んでいる自動車がA駅(原点)を通過した。次の図のグラフは電車が動き出した瞬間を時刻0秒としたときの電車の先端の位置x〔m〕と時刻t〔s〕との関係を示している。また，自動車は大きさを無視できるものとする。以下の(1)〜(6)の問いに答えなさい。

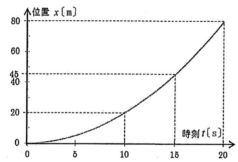

(1) 電車の加速度の大きさは何m/s²か答えなさい。

(2) 自動車の位置x〔m〕と時刻t〔s〕の関係を関数で表しなさい。

(3) 自動車が電車の先端を追い越すのは時刻何秒のときか答えなさい。

(4) 自動車が電車の先端を追い越す瞬間，電車内の人から見た自動車の相対速度の向きと大きさを答えなさい。

(5) 電車の先端が自動車を追い越すのは時刻何秒のときか答えなさい。

(6) 自動車が電車の先端を追い抜いてから追い越されるまでの間で，自動車と電車の先端が一番離れた時の距離は何mか答えなさい。

(☆☆☆◎◎◎◎)

【2】次の図のように，なめらかな水平面上に質量m〔kg〕の球A，Bが
ばね定数k〔N/m〕の軽いつる巻きばねをはさんで繋がって静止してい
る。つる巻きばねの中心線及び各球の中心を通る直線をx軸とし，この
とき，ばねは自然長の状態であった。質量$2m$〔kg〕の球Cが速さv
〔m/s〕で球Aに完全弾性衝突した。衝突後，それぞれの球はx軸上を運
動するものとする。円周率をπとして，以下の(1)～(4)の問いに答えな
さい。

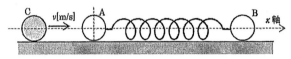

(1) 球Cが衝突した直後の球Aと球Cの速度の大きさを求めなさい。

(2) 衝突後ばねは伸び縮みを繰り返す。自然長から最大どれだけ縮む
か求めなさい。

(3) 球A，Bの全体の重心からそれぞれの球の運動を見ると単振動し
ているように見える。球Aの単振動の周期と全体の重心から見た球
Aの最大速度の大きさを求めなさい。

(4) 球A，Bの全体の重心は衝突後どのような運動をするか。定量的
に説明しなさい。

(☆☆☆◎◎◎)

【3】次の図のような装置で，単色光の光源を用いる。S_0は第1スリット，
S_1，S_2は第2スリットで，その後ろにスクリーンABが置いてある。ス
リットS_1とS_2の間隔をd〔m〕，第2スリット板からスクリーンABまでの
距離をl〔m〕とし，lはdに比べて十分大きいとする。また，光源から
出る単色光の波長をλ_1〔m〕とし，空気の屈折率を1.0とする。以下の
(1)～(5)の問いに答えなさい。

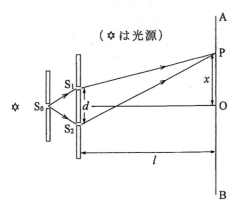

（✿は光源）

(1) 第1スリットの役割を説明しなさい。

(2) スクリーン上の点OからA側に距離x〔m〕の点をPとしたとき，第2スリットから点Pまでの経路S_1PとS_2Pの光路差の大きさを求めなさい。ただし，lはxに比べて十分大きいとする。また，点OはS_1とS_2の中点からスリットに対して引いた垂線上にあるものとする。

(3) スクリーンAB上に現れる干渉縞の間隔Δx_1〔m〕を求めなさい。

次に単色光の光源の波長をλ_2〔m〕（$\lambda_2 < \lambda_1$）に変更し，同じ実験を行った。

(4) スクリーンAB上に現れる干渉縞の間隔Δx_2〔m〕はΔx_1〔m〕の何倍か答えなさい。

(5) 干渉縞の中央明線の位置を点O（$m=0$）とすると，波長λ_1のときのm番目（$m=1$, 2, 3, 4…）の明線の位置と，波長λ_2のときの$m+1$番目（$m=1$, 2, 3, 4…）の明線の位置が一致した。波長λ_2は波長λ_1の何倍か答えなさい。

（☆☆☆◎◎◎）

【4】次図のように，磁束密度Bの鉛直上向きの一様な磁場中に，間隔Lの2本の平行導体レールが水平面に対して角θで固定されている。2本のレールは上端で導線により接続されている。このレール上に水平に長さL，質量m，電気抵抗Rの導体棒PQを置くと，導体棒は水平を保つ

たまますべり始め，やがて一定の速さv_0になった。レールと導体棒との摩擦及び導体棒以外の部分の電気抵抗はないものとし，重力加速度の大きさをgとする。以下の(1)〜(5)の問いに答えなさい。

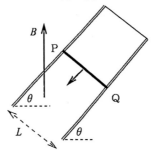

(1)　導体棒の速さがvのとき，導体棒を流れる電流の大きさIをv, R, B, L, θを用いて表しなさい。

(2)　導体棒の速さがvのとき，導体棒を流れる電流の向きを答えなさい。

(3)　導体棒の速さがvのとき，導体棒の加速度の大きさaをv, R, B, L, θ, m, gを用いて表しなさい。

(4)　導体棒の一定の速さv_0の大きさを，R, B, m, g, L, θを用いて表しなさい。

(5)　導体棒で単位時間に発生するジュール熱は何によって供給されているか述べなさい。

(☆☆☆◎◎◎◎)

【5】次図のように半径rの球形容器に質量mの単原子分子N個からなる理想気体が入っている。各分子は，すべて一定の速さvで運動し，容器の壁面と完全弾性衝突を行っている。ただし，分子間の衝突や分子間力は無視できるものとする。以下の(1)〜(5)の問いに答えなさい。

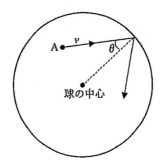

(1) 図のように1個の分子Aが入射角 θ で壁面に衝突するとき，壁面に垂直な方向に壁に与える力積の大きさを求めなさい。

(2) 壁面に衝突した分子Aが次に壁面に衝突するまでの時間を求めなさい。

(3) 分子が壁面に与える時間平均の力の大きさを求めなさい。

(4) N個の分子が壁面に及ぼす圧力をr, N, m, vを用いて表しなさい。ただし，円周率をπとする。

(5) 気体分子と壁面の衝突が完全弾性衝突であると言える理由を述べなさい。

(☆☆☆◎◎)

【6】ボーアの水素原子モデルでは，陽子のまわりを回る電子(電気量$-e$, 質量m)は陽子(電気量e)から静電気力を受け，これを向心力として半径rで速さvの等速円運動をしていると仮定している。真空中のクーロンの比例定数をk，プランク定数をh，量子数を$n(n=1$, 2, 3…)として，次の(1)〜(5)の問いに答えなさい。

(1) 電子の円運動の運動方程式を表しなさい。

(2) 量子条件を，m, v, r, h, nを用いて表しなさい。ただし円周率をπとする。

(3) 量子数がnであるとき，(1)・(2)より，電子の軌道半径r_nをvを用いずに表しなさい。

(4) 静電気力による位置エネルギーの基準を無限遠とし，量子数nの

電子の運動エネルギーと静電気力による位置エネルギーの和E_nをk, m, h, e, n, πを用いて表しなさい。

(5) (4)のE_nを振動数条件に代入し整理すると，水素原子から出る輝線スペクトルの波長(ライマン・バルマー・パッシェン系列等)を表す式が導かれる。その中で，バルマー系列は可視光線の輝線群であることが知られているが，なぜ，可視光線の輝線群を出すのか，量子数の値を示して説明しなさい。

(☆☆☆◎◎)

【7】次の文は，高等学校学習指導要領(平成30年告示)「理科」の「第2物理基礎　3　内容の取扱い」の一部である。[①]～[⑨]にあてはまる語句を答えなさい。ただし，同じ番号には同じ語句が入るものとする。

(1) 内容の取扱いに当たっては，次の事項に配慮するものとする。
ア　内容の(1)物体の運動とエネルギー及び(2)様々な物理現象とエネルギーの利用については，[①]との関連を考慮し，それぞれのアに示す知識及び[②]とイに示す思考力，[③]，表現力等とを相互に関連させながら，この科目の学習を通して，科学的に[④]するために必要な資質・能力の育成を目指すこと。
イ　この科目で育成を目指す資質・能力を育むため，観察，実験などを行い，[④]の過程を踏まえた学習活動を行うようにすること。その際，学習内容の特質に応じて，情報の収集，[⑤]，実験の計画，[⑥]，実験データの分析・解釈，[⑦]などの[④]の方法を習得させるようにするとともに，[⑧]などを作成させたり，[⑨]を行う機会を設けたりすること。

(☆☆◎◎◎)

【8】「自由落下運動による重力加速度の計測」の実験において，細かい実験方法は指示せず，グループで実験計画を立てさせて実施した。実験後には結果や考察等を報告書として提出させる。

提出前に[資料1]のように報告書に書くことを4点指示し，[資料2]のように報告書の評価基準をルーブリックで表して事前に生徒に示した。[資料3]はA君が提出した報告書の概要である。以下の(1)～(4)の問いに答えなさい。

[資料1] ～報告書に書くこと～

> ・実験方法と結果について
> ・実験目的に対して(重力加速度が計測できたか)
> ・9.8m/s²との誤差とその理由等について
> ・実験方法に関しての問題点と改善方法について

[資料2]

十分	もう少し	不十分
記載するべきことがすべて記載できている	記載するべきことが少し足りない	記載するべきことがほとんど書けていない
（ ア ）	実験結果について根拠や理由を書いているが安易な理由付けをしている	実験結果について根拠や理由が書けていない
誤字・脱字や科学的に正しくない表現・判読できない部分がほとんどない	誤字・脱字や科学的に正しくない表現・判読できない部分が一部含まれている	全体的に雑で，誤字・脱字・判読できない表現が含まれている

[資料3]

> 20mの高さからボールを落として落下時間をストップウォッチで計り，加速度の公式で重力加速度を計算した。平均すると9.3m/s²で，すべての計測値が9.8m/s²より小さかった。値のばらつきは小さかったので計時のミスはほとんどないと考える。
>
> 差の原因としては，ボールを落とすときに声によってタイミングを合わせたが，声が計時係まで進むのに時間がかかるので，その誤差が結果に表れたのだと考える。次は動作でタイミングを合わせれば誤差を減らせられると考える。

(1) 　[資料2]の空欄(　ア 　)に適当な文言を入れて表を完成させなさい。

(2) 　ルーブリックを使用することの利点にはどのようなことが考えられるか。2つ答えなさい。

(3) 　A君の考察についてコメントをつけて返却する。良い所を認めつつ，考察の不十分な点に気付かせることを意識しながら100字程度でコメントしなさい。

(4) 　本実験の発展として，質量が大きい物体ほど落下しているときに空気抵抗の影響を受けにくいということを実験で確かめさせたい。対照実験を意識して，具体的に何を使ってどのように実験するか考えて答えなさい。

(☆☆☆◎◎◎)

【化学】

必要ならば次の値を用いなさい。

原子量：H＝1.0，C＝12，N＝14，O＝16，Na＝23，Ca＝40，気体定数：$R＝8.3×10^3$〔Pa・L/(mol・K)〕

【1】次のグラフは元素に関するある量を示したものである。(1)～(3)に答えなさい。

(1) 　(a)～(d)のグラフの横軸は原子番号を表している。縦軸は何を表しているか，(a)～(d)のそれぞれについて，ア～エより1つずつ選びなさい。

　　ア　単体の融点　　　　　　　　イ　室温における単体の密度
　　ウ　原子のイオン化エネルギー　　エ　原子の価電子数

(2) 　次の文は，(a)～(d)のうち縦軸が原子のイオン化エネルギーを表

すグラフについて述べたものである。文中の(あ)～(う)に，あてはまる語句を書きなさい。

> 原子のイオン化エネルギーを表す折れ線グラフにおいて，極大となっている部分が(あ)の原子群で，極小となっている部分(2つめ以降)が(い)の原子群である。このエネルギーの値が(う)ほど陽イオンになりにくい。

(3) 3種類のイオンAl^{3+}，O^{2-}，F^-について，イオン半径の大きいものから小さいものへと，左から順に並べなさい。また，なぜその順になるのかを説明しなさい。

(☆☆☆◎◎◎)

【2】次図のように，A側・B側の内径が等しいU字管に半透膜を固定し，A側・B側のそれぞれに，異なる水溶液を入れて液面の高さを同じにした後，液面の高さの差が一定になるまで静置し，そのときの液面の高さの差を測定する実験を行った。(1)～(4)に答えなさい。ただし，系全体の温度は27℃で一定とし，水の蒸発は無視できるものとする。数値計算の解答は有効数字2桁で答えなさい。

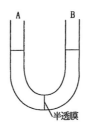

実験Ⅰ 0.001μm程度の孔径を有し，水は通すがグルコース分子は通さない半透膜を用いて，A側に0.0010mol/Lのグルコース水溶液，B側に純水を入れ，測定を行った。このとき，液面の高さの差はh〔cm〕となった。

実験Ⅱ 0.01μm程度の孔径を有し，グルコース分子は通すが，コロイドや高分子は通さない半透膜を用いて，A側に0.0020mol/L

のグルコース水溶液を，B側に0.0020mol/Lのグルコース水溶液と0.0020mol/Lのタンパク質水溶液の等量混合液を入れ，測定を行った。このとき，液面の高さの差はh〔cm〕となり，実験Ⅰと同じとなった。

(1) 実験Ⅰにおいて，液面が高くなったのは，A側・B側のどちらか，また，系の温度を高くしたとき，高さの差はどのように変化すると考えられるか，答えなさい。

(2) 実験Ⅰの0.0010mol/Lのグルコース水溶液の浸透圧は何Paか，求めなさい。

(3) 実験Ⅱで，液面の高さの差が一定となったとき，グルコース水溶液の濃度は，A側・B側それぞれ何mol/Lになっていると考えられるか。

(4) グルコン酸カルシウムはミネラルサプリメントの1つであり，低カルシウム血症の治療に使用されている。グルコン酸カルシウム結晶は$C_{12}H_{22}O_{14}Ca \cdot H_2O$の組成式で表され，グルコン酸の分子式は$C_6H_{12}O_7$である。実験Ⅰにおけるグルコース水溶液の代わりにグルコン酸カルシウム水溶液を用いて，液面の高さの差がh〔cm〕となるようにしたい。何gのグルコン酸カルシウム結晶を水に溶かして1.0Lとすればよいか，求めなさい。

(☆☆☆◎◎)

【3】温度調節が可能で，内部が見えるピストン付きの円筒容器を用意した。ピストンはなめらかに可動し，容器内の体積を必要に応じて測定することができる。この円筒容器に，エタノール4.6gと一定量の窒素を封入し，次の操作を行った。(1)～(5)に答えなさい。ただし，ピストンにかかる大気圧は1.0×10^5Paで一定であるとし，エタノールの蒸気圧は67℃のとき6.3×10^4Pa，30℃のとき1.0×10^4Paとする。また，ピストンの摩擦，容器内の液体の体積は無視できるものとする。数値計算の解答は有効数字2桁で答えなさい。

操作Ⅰ　ピストンが自由に動ける状態で温度を67℃とした。このと

き，エタノールはすべて気化しており，容器内の体積は14.1L
であった。

|操作Ⅱ| ピストンを固定して容器内の体積を一定に保ったまま，ゆ
っくりと30℃まで冷却した。しばらくすると容器内のエタノ
ールが液化しているようすが見られた。

|操作Ⅲ| ピストンを自由に動けるようにして，温度を30℃に保った。

(1) 容器内に封入した窒素の物質量を求めなさい。

(2) |操作Ⅱ| において，平衡状態に達するまでのエタノール蒸気の分
圧Pと摂氏温度tの関係を表したグラフとして適切なものはどれか，
ア～エより1つ選びなさい。

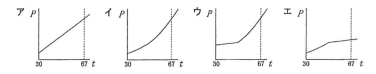

(3) |操作Ⅱ| において，平衡状態に達したときの容器内の全圧は何Pa
か，求めなさい。

(4) |操作Ⅲ| において，平衡状態に達したときの容器内の体積は何L
か，求めなさい。

(5) |操作Ⅲ| において，平衡状態に達したとき，液体として存在して
いるエタノールの物質量を求めなさい。

(☆☆☆◎◎)

【4】次の文を読み，(1)～(3)に答えなさい。

粉末または粒状の固体の入った4個の試薬びんA～Dがある。これら
はラベルが剥がれてしまっており，どの試薬びんに何が入っているか
が分からなくなってしまっている。ただし，次の【X群】に示した化
合物のうちのいずれかのものが入っていることは分かっている。また，
それぞれの試薬びんに入っている物質は，互いに異なるものである。

151

【X群】
> 塩化ナトリウム，硫酸ナトリウム，水酸化ナトリウム，
> 炭酸水素ナトリウム，水酸化カリウム，二酸化ケイ素，
> 硝酸銀，デンプン，ポリエチレン

　そこで，次の【Y群】に示した薬品や器具のうち適当なものを使用して，実験Ⅰ～実験Ⅳを行い，おのおのの試薬びんに入っている物質を調べた。

【Y群】
> 蒸留水，希硫酸，塩化ナトリウム，硫酸亜鉛，炭酸ナトリウム，フェーリング液，銅線，白金線，ガスバーナー，試験管

実験Ⅰ　各試薬びんから少量の試料を取り出して，それぞれを別の試験管に入れ，空気中にしばらく放置しておいたところ，Aの試料だけが液状となった。このことから，Aには（　あ　）か（　い　）が入っていると考えられる。

実験Ⅱ　4個の試薬びんのうちBのみが褐色びんであった。Bから少量の試料を取り出して蒸留水に溶かし，これに塩化ナトリウム水溶液を加えたところ白濁した。このことから，Bには，（　う　）が入っていると考えられる。

実験Ⅲ　希硫酸を2つの試験管にとって，それぞれにC及びDから取り出した試料を少量入れたところ，Cではただちに明らかな化学変化が認められた。このことから，Cには，（　え　）が入っていると考えられる。

実験Ⅳ　Dが入った試験管に希硫酸を少量加え，ゆるやかに加熱すると，液は透明になった。しばらく放置した後で，炭酸ナトリウムを加えて中和し，フェーリング液を加え加熱すると赤褐色の沈殿が生じた。このことから，Dには（　お　）が入っていると考えられる。

(1)　（　あ　）～（　お　）にあてはまる物質名を書きなさい。

(2)　実験Ⅰについて，Aに（　あ　）・（　い　）の2つの化合物のどち

らが入っているかを知るためには，【Y群】の薬品や器具を使ってどのような実験をすればよいか，答えなさい。

(3) 実験Ⅱ について，Bに（　う　）が入っていることをさらに確認するためには，【Y群】の薬品や器具を使ってどのような実験をすればよいか，答えなさい。

(☆☆☆◎◎)

【5】次の文を読み，(1)～(5)に答えなさい。数値計算の解答は有効数字3桁で答えなさい。

　　やし油を水酸化ナトリウム水溶液及びエタノールと混ぜて加熱すると，はじめは濁っていた液が次第に透明になった。これは，①やし油が加水分解されたためである。次にこの液を塩化ナトリウム水溶液中に注ぐと，②白い固体が浮いてきた。

　　油脂は，（　あ　）1分子と脂肪酸（　い　）分子が縮合してできたエステルである。室温で固体の油脂を（　う　）といい，（　え　）脂肪酸を多く含む。これに対し，室温で液体の油脂を（　お　）といい，（　か　）脂肪酸を多く含む。（　お　）のうち，空気中に放置すると固化しやすいものを，（　き　）といい，アマニ油等がある。（　か　）脂肪酸を多く含む植物性油脂は酸化されやすいため，これらを用いたスナック菓子には，酸化防止剤が使われている。

(1)　（　あ　）～（　き　）にあてはまる語句・数値を答えなさい。ただし，同じ記号の空欄には同じ語句・数値が入るものとする。

(2)　下線部①の加水分解反応の名称を答えなさい。

(3)　下線部②の少量を試験管にとり，水を加えて振りまぜると，溶けて泡立ちが見られるが，水の代わりに海水を使うと泡立ちが見られなかった。この理由を説明しなさい。

(4)　オレイン酸$C_{17}H_{33}COOH$，リノール酸$C_{17}H_{31}COOH$，リノレン酸$C_{17}H_{29}COOH$のうち2種類以上を含む油脂A4.41gを完全に加水分解するのに必要な水酸化ナトリウムの質量は600mgであった。油脂Aの分子量を求めなさい。ただし，油脂Aを構成する脂肪酸の組成は一

定であるとする。

(5)　(4)の油脂A25.0gに付加できる水素の標準状態における体積は何L
か，求めなさい。

(☆☆☆◎)

【6】次の文を読み，(1)～(4)に答えなさい。数値計算の解答は有効数字3
桁で答えなさい。

　セルロースは，植物の(あ)の主成分で，地球上に最も存在量が
多い高分子であり，直鎖状の分子構造をしている(次図)。セルロース
は，構成単位の(い)が多数結合した多糖類の一種で，化学的に安
定しており，加水分解しにくい。また，水に不溶性だが親水性が強い。
しかし，安定なセルロースも酵素や酸・アルカリによって分解するこ
とができ，また，目的に応じて溶解性や親水性を比較的容易に変化さ
せることもできるため，工業用品や食品などとして幅広い用途がある。

　セルロイドは，1930年代に日本が世界一の生産量を示した世界初の
汎用樹脂であり，ニトロセルロースに可塑剤として樟脳を加えて合成
する。ニトロセルロースは，セルロースに(う)と硫酸を加えてエ
ステル化したものである。セルロースには，構成単位の(い)1個あ
たりヒドロキシ基が(え)個あり，セルロースに含まれる全てのヒ
ドロキシ基をエステル化すると，理論上，窒素の含有率が　Y　 ％と
なるはずであるが，実際には14.0％以上にはならない。ニトロセルロ
ースは窒素の含有率により用途が異なる。窒素の含有率が12.0～
13.5％のものは火薬として用いられ，さらに少ない10.0～12.3％のもの
がセルロイドの原料として用いられる。

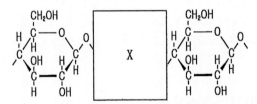

(1)　(あ)～(え)にあてはまる語句・数値を答えなさい。ただ
し，同じ記号の空欄には同じ語句・数値が入るものとする。

(2) 図中 X にあてはまる構造式を書きなさい。ただし，構造式において太い線で表された部分は紙面手前側にあることを示している。

(3) Y にあてはまる数値を求めなさい。

(4) セルロースを部分的にエステル化し，窒素の含有率が11.0％のニトロセルロースを得た。このとき，セルロースのヒドロキシ基のうち，エステル化されずに残っているものは，もとのセルロースのヒドロキシ基全体の何％か，求めなさい。

(☆☆☆◎◎)

【7】高等学校学習指導要領「理科」について，(1)～(3)に答えなさい。

(1) 次の文は，「第5　化学　1　目標」である。[　①　]～[　⑥　]にあてはまる語句を答えなさい。

> 　化学的な事物・現象に関わり，理科の見方・考え方を働かせ，[　①　]をもって観察，実験を行うことなどを通して，化学的な事物・現象を科学的に探究するために必要な[　②　]を次のとおり育成することを目指す。
>
> (1) 化学の[　③　]や原理・法則の理解を深め，科学的に探究するために必要な観察，実験などに関する[　④　]を身に付けるようにする。
>
> (2) 観察，実験などを行い，科学的に探究する力を養う。
>
> (3) 化学的な事物・現象に[　⑤　]に関わり，科学的に探究しようとする[　⑥　]を養う。

(2) 次の文は，「第4　化学基礎　2　内容」の一部である。【　①　】～【　⑩　】にあてはまる語句をア～ソから選びなさい。ただし，同じ番号の空欄には同じ語句が入るものとする。

```
(2)　物質の構成                    (3)　【　⑥　】
　ア　(ア)　【　①　】              　ア　(ア)　物質量と化学反応式
　　　　⑦　原子の構造              　　　　⑦　物質量
　　　　④　【　②　】              　　　　⑦　化学反応式
　　　(イ)　【　③　】              　　　(イ)　【　⑦　】
　　　　⑦　イオンとイオン結合      　　　　⑦　【　⑧　】
　　　　④　【　④　】              　　　　④　【　⑨　】
　　　　⑦　【　⑤　】              　　　(ウ)　【　⑩　】
                                  　　　　⑦　【　⑩　】
```

【選択群】

ア	化学と物質	イ	熱運動と物質の三態
ウ	分子と共有結合	エ	化学の特徴
オ	物質の分離・精製	カ	電子配置と周期表
キ	物質の構成粒子	ク	物質の変化とその利用
ケ	金属と金属結合	コ	化学が拓（ひら）く世界
サ	酸・塩基と中和	シ	化学反応
ス	酸化と還元	セ	化学反応と熱
ソ	物質と化学結合		

(3)　次の文は，「第1　科学と人間生活　3　内容の取扱い」の一部である。[　①　]～[　④　]にあてはまる語句を答えなさい。

> (2)　内容の範囲や程度については，次の事項に配慮するものとする。
> 　イ　(イ)　(物質の科学)の⑦(材料とその再利用)については，代表的な金属やプラスチックを扱うこと。「金属」については，[　①　]や[　②　]とその防止にも触れること。「プラスチック」については，その成分の違い，化学構造及び燃焼に関わる[　③　]にも触れること。「資源の再利用」については，ガラスにも触れること。④(衣料と食

品)については，衣料材料として用いられる代表的な天然繊維及び合成繊維，食品中の主な成分である[　④　]，タンパク質及び脂質を扱うこと。「身近な衣料材料の性質」や「食品中の主な成分の性質」については，化学構造との関連にも触れること。

（☆☆○○○）

【生物】

【1】次の文章を読み，(1)～(4)の問いに答えなさい。

　一般に高度が(　a　)m増すごとに気温が5～6℃低下するため，山岳地帯では標高の違いによって生じるバイオームの(　b　)が見られる。本州中部の高山では，2500m以上の場所に森林が形成されず，この境界を(　c　)という。

　表は，伊豆大島の火山溶岩上にあるA～Dの各地点に見られる植生と環境条件などの調査結果(1960年頃)である。なお，地点Dは極相に達しており，本州中部の丘陵帯と同様のバイオームが形成されている。

		地点A	地点B	地点C	地点D
噴 出 年 代	年	1950	1778	684	古い*1
植物種類数	種類	3	21	42	33
植生の高さ	m	0.6	2.8	9.2	12.5
地表照度*2	%	90	23	2.7	1.8
土壌の厚さ	cm	0.1	0.8	40	37
土壌有機物	%	1.1	6.4	20	31

*1 約4000年前　*2 植生の最上部の照度を100とする。

(1)　文章の空欄(　a　)～(　c　)に適する語句又は数値を答えなさい。

(2)　地点B，Dに見られる遷移の段階の名称を答えなさい。また，その地点に優占する植物の種類として最も適当な組み合わせを次のア～オから選び，記号で答えなさい。

　ア　ハチジョウイタドリ，シマタヌキラン

　イ　スダジイ，タブノキ

157

  ウ　オオバヤシャブシ，ハコネウツギ

  エ　地衣類，コケ類

  オ　オオシマザクラ，ヤブツバキ

(3)　地点Cには混交林が形成されている。これが地点Dのような極相に遷移する過程について，「陰樹」，「陽樹」，「林床」という語句を用いて説明しなさい。

(4)　噴出年代が古くなるにつれて土壌の厚さや土壌有機物が増加する理由を説明しなさい。

(☆☆☆◎◎)

【2】次の文章を読み，(1)〜(6)の問いに答えなさい。

 細胞内で行われる呼吸の過程は，解糖系，クエン酸回路，電子伝達系に分けられ，各過程でさまざまな酵素や物質が関係し，ATPが合成される。

(1)　呼吸基質としてグルコースが使われるとき，解糖系では最終的に何という物質に分解されるか，その物質の名称と分子式を答えなさい。

(2)　呼吸基質として1分子のグルコースが使われるとき，解糖系で合成・分解されるATPの分子の数はどのようになるか，説明しなさい。

(3)　クエン酸回路で，電子の運搬体(水素の受容体)としてはたらく物質は何か，その名称を2つ答えなさい。

(4)　クエン酸回路内に関係する物質のうち，アセチルCoA，オキサロ酢酸，クエン酸の各1分子に含まれる炭素原子の数をそれぞれ答えなさい。

(5)　電子伝達系において，解糖系やクエン酸回路で生じた還元型の電子の運搬体(水素の受容体)が酸化される過程でATPが合成される反応を何というか。

(6)　次の表は，ある生物の体内でそれぞれの呼吸基質が酸化される際の酸素消費量と呼吸商を示したものである。この生物が一定時間内に41.60Lの酸素を消費し，34.64Lの二酸化炭素を放出したとき，酸

158

化された呼吸基質の質量を最も簡単な整数比で答えなさい。なお，このとき体内では5.0gのタンパク質が酸化されたものとする。

呼吸基質	酸素消費量 (L/g)	呼吸商 (RQ)
炭水化物	0.84	1.0
タンパク質	0.96	0.8
脂　肪	2.0	0.7

(☆☆☆◎◎)

【3】次の文章を読み，(1)～(3)の問いに答えなさい。

　大腸菌をラクトースのみを含む培地に置くと，βガラクトシダーゼなど3種類の酵素(以下，ラクトース分解酵素群という)を合成し，ラクトースを利用できるようになる。ジャコブとモノーは，このような酵素合成の誘導のしくみを(d)説として提唱した。次の図は，ラクトース分解酵素群の構造遺伝子とその発現調節に関わるDNA領域を模式的に示したものである。

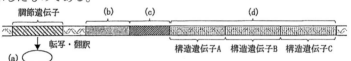

(1)　文中及び図中の(a)～(d)に適する語句を答えなさい。ただし同じ記号には，同じ語句が入るものとする。

(2)　次の①・②の場合における図中の構造遺伝子A・B・Cの発現調節について，それぞれに関係する文章を以下のア～カからすべて選び，記号で答えなさい。

①　培地中にラクトースを含まない場合

②　培地中にラクトースのみを含む場合

　ア　(a)の合成が抑制される。

　イ　(a)が(b)に結合する。

　ウ　(a)が(c)に結合する。

　エ　(a)にラクトース代謝産物が結合する。

　　オ　RNAポリメラーゼが(b)に結合する。

　　カ　RNAポリメラーゼが(c)に結合する。

(3)　大腸菌をアラビノースを含む培地に置くと，正の調節によってアラビノース分解酵素の合成が誘導される。この調節の過程を，次の語句を用いて説明しなさい。

　　【語句】調節遺伝子　調節領域　活性化因子　RNAポリメラーゼ

　　　　　　　　　　　　　　　　　　　　　　　(☆☆☆◎◎◎)

【4】次の文章を読み，(1)〜(4)の問いに答えなさい。

　　減数分裂には，次世代の遺伝的多様性を確保するために2つのしくみが備わっている。その1つは，複製された染色体が2回の分裂によって娘細胞に分配される過程で，染色体の組み合わせが異なる配偶子ができることで，もう1つは相同染色体が乗換えを起こすことが関与する。

(1)　図1は，減数分裂における核当たりのDNA量の変化を示すグラフである。G₁期のDNA量を2として，グラフを完成させなさい。

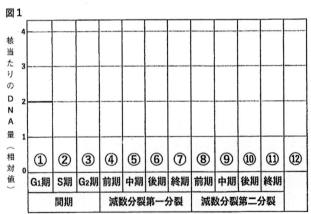

図1

(2)　次の(ア)・(イ)は，図1のどの段階にあるか，図中の①〜⑫からあてはまるものを1つ選び，それぞれ記号で答えなさい。

　　(ア)　魚類の精子

(イ)　排卵直後のヒトの卵

(3)　文中の下線部の「乗換え」は，図1のどの段階で起きるか，図中の①〜⑫から1つ選び，記号で答えなさい。また，乗換えを起こすことが遺伝的多様性を確保することにつながる理由を説明しなさい。

(4)　図2のように遺伝子A(a)とB(b)が連鎖している染色体において，減数分裂の際に乗換えが起こったとしても，Ab，aBという新たな連鎖が生じないことがある。それはどのような場合か，2つ説明しなさい。

図2

(☆☆◎◎◎)

【5】次の(1)〜(4)の問いに答えなさい。

(1)　次の図は，ヒトの大脳の左半球側面を示したものである。ヒトの大脳皮質に関する以下のア〜カの文章のうち，正しいものをすべて選び，記号で答えなさい。

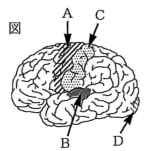

図

ア　大脳皮質は白質と灰白質からなる。

イ　高度な精神活動の中枢を連合野という。

ウ　Aは筋肉運動の中枢である。

エ　Bは視覚の中枢である。

オ　Cは皮膚感覚の中枢である。

カ　Dは聴覚の中枢である。

(2)　カエルのひ腹筋とそれにつながる座骨神経からなる神経筋標本を用い，座骨神経に電気刺激を与えたときの収縮の強さを測定した。<u>①ある強さの刺激を1秒間隔で与えると</u><u>②ごく短時間の弱い収縮</u>が観察された。次の(a)～(c)の問いに答えなさい。

(a)　持続的で強い収縮を生じさせるためには，下線部①の刺激をどのように変えればよいか，簡潔に説明しなさい。

(b)　下線部②の収縮の名称を答えなさい。また，その持続時間として最も適当なものを，次のア～オから選び，記号で答えなさい。

ア　1.0秒　　　イ　0.5秒　　　ウ　0.1秒　　　エ　0.05秒

オ　0.01秒

(c)　この神経筋標本の軸索の末端から20mm離れた点iを刺激すると11ミリ秒後に，60mm離れた点iiを刺激すると12ミリ秒後に筋収縮が始まった。興奮が軸索の末端に到達してから，筋収縮が始まるまでに要する時間を答えなさい。

(3)　次の文中の(　①　)・(　②　)に適する語句を答えなさい。

筋細胞に興奮が伝えられると，筋小胞体から(　①　)イオンが放出され，これが(　②　)に結合し，トロポミオシンのはたらきを阻害することで，ミオシン頭部とアクチンフィラメントが結合できるようになる。

(4)　頻繁な筋収縮によって，呼吸や解糖で合成されるATPだけでは不足する場合のATP供給のしくみについて，次の語句をすべて用いて説明しなさい。

【語句】　　ADP　　ATP　　高エネルギーリン酸結合

(☆☆☆◎◎◎)

【6】生命の起源と生物の分類について，(1)～(5)の問いに答えなさい。

(1)　生物が出現する前の段階で，水や二酸化炭素などの簡単な物質からアミノ酸や糖が作られ，さらにそれが化合してタンパク質や核酸

などの生物体に必要な複雑な物質が作られた過程を何というか，答えなさい。

(2)　有機物から生物が誕生するためには，「秩序だった代謝」のほかにどのようなことが必要であったと考えられるか，2つ答えなさい。

(3)　ミトコンドリアや葉緑体などの細胞小器官の起源は，各種の原核細胞が共生した結果であるという説が有力視されている。この説の根拠としてあげられることを2つ答えなさい。

(4)　近年では研究が進み，生物の分類体系として3ドメイン説が提唱されている。この説はどのようなものか，説明しなさい。

(5)　細菌には，従属栄養のものと独立栄養のものがある。独立栄養の細菌のうち，藻類や陸上で生活する植物と共通の光合成色素をもつものを何というか，答えなさい。また，その光合成色素は何か，答えなさい。

(☆☆☆☆◎◎)

【7】次の文は，高等学校学習指導要領「理科」の「第6　生物基礎」における「2　内容　(2)ヒトの体の調節」の一部である。(a)～(f)にあてはまる語句を答えなさい。

ア　ヒトの体の調節について，次のことを理解するとともに，それらの観察，実験などの(a)を身に付けること。

(ア)　神経系と内分泌系による調節

㋐　情報の伝達

体の調節に関する観察，実験などを行い，体内での情報の伝達が体の調節に関係していることを見いだして理解すること。

㋑　体内環境の維持の仕組み

体内環境の維持の仕組みに関する資料に基づいて，体内環境の維持と(b)の働きとの関係を見いだして理解すること。また，体内環境の維持を(c)と関連付けて理解すること。

(イ)　免疫

㋐　免疫の働き

免疫に関する資料に基づいて，異物を排除する(d)が備

わっていることを見いだして理解すること。

イ　ヒトの体の調節について，観察，実験などを通して（　e　）し，神経系と内分泌系による調節及び免疫などの特徴を見いだして（　f　）すること。

(☆☆◎◎◎)

【8】次の文は，高等学校学習指導要領「理科」の「第7　生物」における「1　目標」である。（　a　）～（　f　）にあてはまる語句を答えなさい。ただし同じ記号には，同じ語句が入るものとする。

生物や（　a　）に関わり，理科の見方・考え方を働かせ，見通しをもって観察，実験を行うことなどを通して，生物や（　a　）を科学的に探究するために必要な（　b　）を次のとおり育成することを目指す。

(1)　生物学の（　c　）や（　d　）の理解を深め，科学的に探究するために必要な観察，実験などに関する（　e　）を身に付けるようにする。

(2)　観察，実験などを行い，科学的に探究する力を養う。

(3)　生物や（　a　）に主体的に関わり，科学的に探究しようとする態度と，生命を尊重し，（　f　）に寄与する態度を養う。

(☆☆◎◎◎)

【地学】

【1】次の(1)・(2)の問いに答えなさい。

(1)　次の文章を読んで，(a)・(b)の問いに答えなさい。

玄武岩質マグマから最初に晶出する鉱物は，有色鉱物ではかんらん石，無色鉱物では（　①　）に富む斜長石である。これらの鉱物がマグマだまりの下部に沈んでマグマから分離し，残ったマグマは，玄武岩質マグマよりもSiO_2が多い（　②　）岩質マグマになっていく。このようにして，1つのマグマからいろいろな化学組成のマグマができる作用を，マグマの（　③　）作用という。

(a)　文章中の（　①　）に適する元素名，（　②　）・（　③　）に適する語句を書きなさい。

(b) 玄武岩質マグマと同じ化学組成を持つ深成岩は何か，書きなさい。

(2) ある地域で採取した色調が異なる2つの深成岩Aと深成岩Bについて薄片を作成し，偏光顕微鏡で観察した。薄片を1mm間隔で動かして，接眼レンズの十字線の交点の真下に見える鉱物の種類を特定し，そのカウント数の合計が500点になるまで数えた。結果は次の表のようになった。以下の(a)・(b)の問いに答えなさい。

	カリ長石	斜長石	石英	黒雲母	角閃石	輝石
深成岩A	150	150	150	50	—	—
深成岩B	—	250	125	—	75	50

(a) このデータに基づいて，深成岩Aの色指数を求めなさい。ただし，各鉱物のカウント数の割合は各鉱物の体積比に等しいと仮定する。

(b) 深成岩Bの岩石名を書きなさい。

(☆☆☆◎◎◎◎)

【2】次の(1)〜(5)の問いに答えなさい。

(1) 海王星軌道の外側にあり，太陽系の外縁を取り巻くように小天体がリング上に分布している領域を何というか，書きなさい。

(2) 火星と木星の間で軌道運動する小惑星Xは，地球との会合周期が1.25年であった。小惑星Xの公転周期を求めなさい。

(3) 遠日点距離が91天文単位，離心率が0.40である天体の近日点距離を求めなさい。

(4) 次の文章を読んで，(a)・(b)の問いに答えなさい。

シュテファン・ボルツマンの法則により，恒星の単位表面積[1m^2]から毎秒放射されるエネルギー量の値は，表面温度[K]の(①)乗に比例する。また，恒星が宇宙空間に毎秒放射する光のエネルギーの総量は，恒星の半径の(②)乗に比例する。

(a) 文章中の(①)・(②)に適する数値を書きなさい。

(b) 絶対等級の等しい恒星αと恒星βについて，恒星αの表面温度が4000〔K〕，恒星βが8000〔K〕のとき，恒星αの半径は恒星βの半径の何倍か，求めなさい。

(5)　次の文章を読んで，(a)・(b)の問いに答えなさい。

　　銀河系には星団とよばれるほぼ同時期に誕生した恒星の集まりが
あり，星団は2種類に分類される。(①)星団が銀河面に近い領域
に分布しているのに対して，(②)星団は銀河面から離れた領域
にも数多く分布している。

(a)　文章中の(①)・(②)に適する語句を書きなさい。

(b)　(①)星団の恒星が(②)星団の恒星よりも重い元素の割
合が多い理由を，書きなさい。

(☆☆☆◎◎◎)

【3】次の文章を読み，(1)〜(6)の間いに答えなさい。

　　図は，標高130mのほぼ平坦な地域で地質調査を行い，作成したルー
トマップである。

　　層群iの砂岩層Cは水平で石炭紀のシダ植物の化石が見つかっている。
また，層群iiの礫岩層Gからは層群iの石灰岩の礫が見つかっている。

図

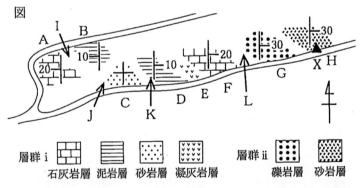

層群i　石灰岩層　泥岩層　砂岩層　凝灰岩層　　層群ii　礫岩層　砂岩層

(1)　層群iの地質構造として最も適切なものを次のア〜エから選び，
記号で答えなさい。

ア　南北方向に軸が通る背斜構造

イ　東西方向に軸が通る背斜構造

ウ　南北方向に軸が通る向斜構造

エ　東西方向に軸が通る向斜構造

166

(2)　凝灰岩層Eと同時に堆積した凝灰岩層が他にも観察できるとすると，どの地点だと考えられるか。最も適切なものを図中の地点I, J, K, Lから選びなさい。

(3)　凝灰岩層が鍵層としてよく利用されるのはなぜか，理由を書きなさい。

(4)　層群iiの礫岩層Gが堆積した年代としてあてはまらないものを，次のア〜エから1つ選び，記号で答えなさい。

　　ア　デボン紀　　イ　ジュラ紀　　ウ　白亜紀　　エ　新第三紀

(5)　図の地層A〜Hの中で，最も古い地層だと考えられるのはどの地層か，A〜Hの記号で書きなさい。ただし，この地域で地層の逆転はないものとする。

(6)　標高130mの地点Xで見られた層群iiの砂岩層Hは，他のどのような地点で見られると考えられるか，最も適切なものを次のア〜エから選び，記号で答えなさい。なお，砂岩層Hの真の厚さは10mである。

　　ア　地点Xよりさらに西へ約17m進んだ標高120mの地点
　　イ　地点Xよりさらに西へ約22m進んだ標高100mの地点
　　ウ　地点Xよりさらに東へ約35m進んだ標高110mの地点
　　エ　地点Xよりさらに東へ約40m進んだ標高150mの地点

　　　　　　　　　　　　　　　　　　　　　　　　（☆☆☆◎◎◎）

【4】次の(1)〜(3)の問いに答えなさい。

(1)　次の文章中の（　①　）〜（　③　）に適する語句を書きなさい。ただし，同じ問題番号には同じ語句が入る。

　　　地球上の重力は，その測定を行う場所の緯度や高度，地形や地下構造によって変わる。緯度によって変わるのは，地球が回転している（　①　）体であるためであり，測定点の緯度によって決まる重力の理論値を（　②　）という。重力の値が高度によって変わるのは地球の重心からの距離が変わるからであり，高度が上がればその値は小さくなる。重力測定値に観測点のジオイドからの高度の影響をと

り除く補正を行った値と(　②　)との差を(　③　)という。

(2)　PS時間(初期微動継続時間)T〔s〕と，震源までの距離D〔km〕には，大森公式$D=kT$が成り立つ(kは比例定数)。P波の速度をV_p，S波の速度をV_sとしたとき，kはどのように表されるか，書きなさい。

(3)　プレート運動の速さは回転軸の極から90°離れたところで最大となる。回転の速さ(角速度)が，100万年に1°の場合，プレート運動の速さは最大で1年あたり何cmか。地球の半径を$6.4×10^8$cm，$\pi=3.14$とし，小数第2位を四捨五入して求めなさい。

(☆☆☆◎◎)

【5】次の(1)・(2)の問いに答えなさい。

(1)　次の(a)・(b)の問いに答えなさい。

(a)　高等学校学習指導要領「第5節　理科　第1款　目標」の一部について，(　①　)～(　③　)にあてはまる語句を書きなさい。

「第5節　理科　第1款　目標(3)」

> 　自然の事物・現象に(　①　)に関わり，科学的に(　②　)しようとする(　③　)を養う。

(b)　高等学校学習指導要領「理科」の「第8　地学基礎　2　内容」および「第9　地学　2　内容」の一部について，(　①　)～(　⑤　)にあてはまる語句を書きなさい。

「第8　地学基礎　2　内容　(2)　ア　(イ)」

> ⑦　地球環境の科学
> 　(　①　)の自然環境に関する資料に基づいて，地球環境の(　②　)を見いだしてその仕組みを理解するとともに，それらの現象と(　③　)との関わりについて認識すること。

「第9　地学　2　内容　(4)　ア　(ウ)」

> ⑦ 膨張する宇宙
>
> 　宇宙の(④)について調べ，現代の宇宙像の(⑤)を理解すること。

(2) 次の(a)・(b)の問いに答えなさい。

　(a) 高等学校学習指導要領「理科」の「第8　地学基礎　3　内容の取扱い(2)　ア」では，「内容の(1)のアの(ウ)の⑦ (大気と海水の運動)については，海洋の層構造と深層に及ぶ循環にも触れること。」とある。このことについて，深層循環の説明を授業でどのように行うか，海水の温度と塩分濃度に注目して，具体的に書きなさい。

　(b) 高等学校学習指導要領「理科」の「第9　地学　3　内容の取扱い(2)　イ」では，「内容の(2)のアの(イ)の⑦ (地層の観察)の『地質時代における地球環境や地殻変動』については，地層や化石に基づいて過去の様子を探究する方法を扱うこと。」とある。このことについて，地層の観察・調査を行う際に必要となる準備物と生徒が注意することは何か，書きなさい。ただし，準備物は3つ以上，注意することは怪我や事故防止の観点で書きなさい。

(☆☆◎◎◎)

解答・解説

中学理科・高校地学共通

【1】(1) (a) 62〔％〕　　(b) イ　　(2) (a) 上空ほど気圧が低いため，空気塊は膨張して(体積が大きくなり)，温度が下がる。空気塊の温度が下がり，露点に達すると，空気塊中の水蒸気が凝結や昇華をして，小さな水滴や氷の結晶となる。　　(b) 1,000,000〔個分〕

(3)　(a)　ジェット気流　　(b)　ア　　(4)　陸風　　(5)　水蒸気の供給が少なくなるため。

〈解説〉(1)　(a)　(相対湿度)＝$\dfrac{(水蒸気量)}{(空気の飽和水蒸気量)}$×100と表せる。露点が12℃なので，この空気に含まれる水蒸気量は気温12℃の飽和水蒸気量と等しく10.7g/m³であり，気温20℃の飽和水蒸気量は17.3g/m³より，(相対湿度)＝$\dfrac{10.7}{17.3}$×100≒62〔％〕となる。　(b)　気温18℃の飽和水蒸気量は15.4g/m³であり，相対湿度は78％なので，容積1m³当たりの水蒸気量は，15.4×0.78〔g/m³〕となる。部屋の容積が25m³なので，求める水蒸気量は，15.4×0.78×25≒300〔g〕となる。

(2)　(a)　解答参照。　(b)　1〔mm〕＝1000〔μm〕であり，直径1mmの水滴の体積は，$\dfrac{4}{3}$π×500³〔μm³〕と表せる。また，雲粒の体積は$\dfrac{4}{3}$π×5³〔μm³〕となるので，直径1mmの水滴は，直径10μmの雲粒の$\left(\dfrac{4}{3}π×500^3\right)÷\left(\dfrac{4}{3}π×5^3\right)＝10^6＝1,000,000$〔個分〕となる。

(3)　(a)　上空を吹く偏西風のうち，風速が40m/s以上に達する強風をジェット気流という。ジェット気流には寒帯ジェット気流と亜熱帯ジェット気流の2つがあり，日本付近ではこの2つのジェット気流が合流するため風速が100m/sに達することもある。　(b)　緯度20°～30°付近で下降して赤道に向かって吹く貿易風は，北から南に向かって吹くことになる。地球の自転による転向力のため，北半球では進行方向右向きに曲げられる力がはたらくので，北半球の貿易風は進行方向の右側(西側)に曲げられ北東から吹く風になる。　(4)　気温が高い場所では地上付近の気圧が低くなるため，空気が流れ込む。海と陸では海の方が一日を通しての気温変化が少なく夜は海上の方が暖まるので，陸から海へ風が吹く。これを陸風という。　(5)　台風を含む熱帯低気圧が発達するためのエネルギー源は，上昇気流により水蒸気が凝結する際に放出される潜熱である。陸上や温度の低い海域では水蒸気の供給が少なくなり，潜熱によって供給されるエネルギーが減少して勢力が衰

えることになる。

中 学 理 科

【1】(1) a 1000 b 垂直分布 c 森林限界 (2) B 名称…低木林 記号…ウ D 名称…陰樹林 記号…イ (3) 混交林の林床は照度が低いため，陽樹の幼木は育ちにくいが，陰樹の幼木は成長できるため，やがて陰樹林が形成される。 (4) 岩石の風化が進むとともに，植物の枯死体が堆積するため。

〈解説〉(1) 解答参照。 (2) 植生の高さや地表照度，植物種類数から遷移の段階順に，Aは草原，Bは低木林，Cは混交林，Dは陰樹林となる。遷移の段階とそれぞれ植物の種類の組合せは，Aがア，Bがウ，Cがオ，Dがイと考えられる。 (3) 解答参照。 (4) 土壌は岩石の風化物や火山灰，ならびに生物の遺骸や分解物などの有機物からなる混合物である。

【2】(1) 0.40〔m/s²〕 (2) $x=10(t-8)$ (3) 10〔s〕 (4) 向き…正 相対速度…6.0〔m/s〕 (5) 40〔s〕 (6) 45〔m〕

〈解説〉(1) 電車は等加速度直線運動をしているので，求める加速度の大きさをaとすると時刻tにおける電車の先端の位置xは，$x=\frac{1}{2}at^2$である。グラフより，$t=10$〔s〕のとき，$x=20$〔m〕なので，$20=\frac{1}{2}a\cdot10^2$ ∴ $a=0.40$〔m/s²〕 (2) 自動車は10m/sで等速直線運動をしているので，そのx-tグラフは，傾きが10m/s，$t=8.0$〔s〕のとき，$x=0$〔m〕を通過する直線である。よって，求める関数は，$x=10(t-8)$となる。 (別解) 速さの定義より，$\frac{dx}{dt}=10$〔m/s〕なので，これを時刻tで積分すると，$x=10t+C$（Cは定数）となる。$t=8.0$〔s〕のとき$x=0$〔m〕より，$0=10\cdot8.0+C$ ∴ $C=-80$ これより，$x=10t-80=10(t-8)$となる。 (3) 電車の先端と自動車の位置が等しくなるので，$\frac{1}{2}\cdot0.40\cdot t^2=10(t-8)$が成り立ち，これを整理すると，$t=10$，

40〔s〕となる。自動車が電車を追い越すのは，はじめて位置が等しく
なるときなので，$t＝10$〔s〕となる。　(4)　自動車が電車を追い越す
瞬間の電車の速さは，$at＝0.40・10＝4.0$〔m/s〕となる。この瞬間の電
車内の人に対する自動車の相対速度は，$10－4.0＝6.0$〔m/s〕$(＞0)$なの
で，求める相対速度は正方向に大きさ6.0m/sである。　(5)　(3)より，
再び電車と自動車の位置が等しくなるのは，$t＝40$〔s〕のときであり，
この瞬間に電車の先端は自動車を追い越す。　(6)　時刻tにおける電
車に対する自動車の相対速度は，$\Delta v＝10－0.40t$であり，$t＝\dfrac{10}{0.40}＝25$
〔s〕のとき，$\Delta v＝0$〔m/s〕となる傾きが負の直線として表すことがで
きる。$\Delta v＞0$のとき自動車は電車から遠ざかって見え，$\Delta v＜0$のとき
自動車は電車に近づいてくるように見えるので，$\Delta v＝0$となる$t＝25$
〔s〕が電車に対して自動車が最も遠ざかる瞬間である。したがって，
最も遠ざかる距離は下図の10〔s〕$\leqq t\leqq25$〔s〕の間のグラフの面積な
ので，$\dfrac{1}{2}・6.0・(25－10)＝45$〔m〕となる。

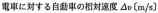

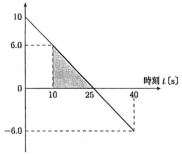

【3】(1)　(a)　エ　　(b)　ウ　　(c)　イ　　(d)　ア　　(2)　あ　希ガス
元素　　い　アルカリ金属元素　　う　大きい　　(3)　大きい順…
O^{2-}，F^-，Al^{3+}　　理由…電子配置が同じとき，陽子数が多い方が電子
と強く引き合い，イオン半径が小さくなる。　　(4)　$p＋m－n$
〈解説〉(1)　(a)　価電子数は，希ガスを除く元素では最外殻電子数と等
　しく，$_2$He，$_{10}$Ne，$_{18}$Arの希ガス元素では0個である。なお，遷移元素の

最外殻電子数は1～2個である。 (b) 同じ周期の元素では，原子番号が大きくなるほど陽子数が大きくなるため，イオン化エネルギーが大きくなる傾向にある。同族元素では，原子番号が大きくなるほど原子核から最外殻電子までの距離が大きくなるため，イオン化エネルギーが小さくなる。 (c) 原子番号1～20までの原子からなる単体のうち，$_1H$，$_2He$，$_7N$，$_8O$，$_9F$，$_{10}Ne$，$_{17}Cl$，$_{18}Ar$は常温で気体なので密度は小さい。また，遷移元素はすべて金属元素なので，密度は大きい。

(d) $_6C$の単体は共有結合の結晶を形成するため，融点は極めて高い。

(2) 解答参照。 (3) Al^{3+}，O^{2-}，F^-の電子配置は，Neの電子配置と同じである。陽イオンでは陽子の電荷が相対的に強くなり電子を強く内側に引きつけるのでイオン半径は小さくなり，陰イオンでは逆に陽子の電荷が相対的に弱くなり電子の束縛が弱くなるのでイオン半径は大きくなる。 (4) (質量数)＝(陽子数)＋(中性子数)である。Aの中性子数をxとすると，Bの中性子数は$x-2p$である。したがって，Aの質量数は$n+x$であり，Bの質量は$n+x-2p$なので，$(n+x)+(n+x-2p)=2m$となる。これを整理すると，$x=p+m-n$となる。

【4】(1) 探究する力 (2) ① 見通し ② 電流と電圧 ③ 電流と磁界 ④ 関係性 ⑤ 電解質水溶液 ⑥ イオンへのなりやすさ (3) ① 生命 ② 保全 ③ 総合的 (4) ① 微生物 ② 栄養 (5) ① 処理 ② 計測 ③ 体験的

〈解説〉学習指導要領の「目標」では育成する資質・能力の三つの柱として，(1)では「知識及び技能」，(2)では「思考力，判断力，表現力等」，(3)では「学びに向かう力，人間性等」を示している。また，各分野の「内容」は，「目標」と同様に育成する資質・能力の三つの柱に沿って構成されているため，類似の表現が使われている。

高　校　理　科

【物理】

【1】 (1)　0.40〔m/s²〕　　(2)　$x=10(t-8)$　　(3)　10〔s〕

(4)　x軸正の向きに6.0〔m/s〕　　(5)　40〔s〕　　(6)　45〔m〕

〈解説〉 (1)　電車は等加速度直線運動をしているので，求める加速度の大きさをaとすると，時刻tにおける電車の先端の位置xは$x=\dfrac{1}{2}at^2$である。グラフより，$t=10$〔s〕のとき$x=20$〔m〕なので，$20=\dfrac{1}{2}a\cdot10^2$

∴　$a=0.40$〔m/s²〕　　(2)　自動車は10m/sで等速直線運動をしているので，その$x-t$グラフは，傾きが10m/s，$t=8.0$〔s〕のとき$x=0$〔m〕を通過する直線である。よって，求める関数は，$x=10(t-8)$となる。

(別解)　速さの定義より，$\dfrac{dx}{dt}=10$〔m/s〕なので，これを時刻tで積分すると$x=10t+C$　（Cは定数）となる。$t=8.0$〔s〕のとき$x=0$〔m〕より，$0=10\cdot8.0+C$　∴　$C=-80$　これより，$x=10t-80=10(t-8)$となる。

(3)　電車の先端と自動車の位置が等しくなるので，$\dfrac{1}{2}\cdot0.40\cdot t^2=10(t-8)$が成り立ち，これを整理すると，$t=10,\ 40$〔s〕となる。自動車が電車を追い越すのは，はじめて位置が等しくなるときなので，$t=10$〔s〕となる。　(4)　自動車が電車を追い越す瞬間の電車の速さは，$at=0.40\cdot10=4.0$〔m/s〕となる。この瞬間の電車内の人に対する自動車の相対速度は$10-4.0=6.0$〔m/s〕（>0）なので，求める相対速度は，x軸正方向に大きさ6.0m/sである。　(5)　(3)より，再び電車と自動車の位置が等しくなるのは$t=40$〔s〕のときであり，この瞬間に電車の先端は自動車を追い越す。　(6)　時刻tにおける電車に対する自動車の相対速度は$\Delta v=10-0.40t$であり，$t=\dfrac{10}{0.40}=25$〔s〕のとき$\Delta v=0$〔m/s〕となる傾きが負の直線として表すことができる。$\Delta v>0$のとき

自動車は電車から遠ざかって見え，$\Delta v<0$のとき自動車は電車に近づいてくるように見えるので，$\Delta v=0$となる$t=25$〔s〕が電車に対して自動車が最も遠ざかる瞬間である。したがって，最も遠ざかる距離は下図の10〔s〕$\leqq t\leqq 25$〔s〕の間のグラフの面積なので，$\frac{1}{2}\cdot 6.0\cdot(25-10)=45$〔m〕となる。

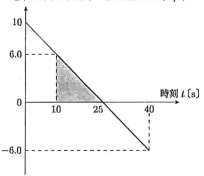

電車に対する自動車の相対速度 Δv〔m/s〕

【2】(1) 球A…$\frac{4}{3}v$〔m/s〕　　球C…$\frac{1}{3}v$〔m/s〕　　(2) $\frac{2v}{3}\sqrt{\frac{2m}{k}}$〔m〕

(3) 周期…$2\pi\sqrt{\frac{m}{2k}}$〔s〕　　最大速度…$\frac{2}{3}v$〔m/s〕　　(4) x軸上正

の向きに$\frac{2}{3}v$〔m/s〕で等速直線運動する。

〈解説〉(1)　衝突直後の球A，Cの速度をそれぞれV'，v'とすると，

$$\begin{cases} 運動量保存則 & 2mv=mV'+2mv' \\ 反発係数の式 & -(0-v)=V'-v' \end{cases}$$ が成り立つ。2式を連立方程式と

して解くと，$\begin{cases} 球A & V'=\frac{4}{3}v\ (>0) \\ 球C & v'=\frac{1}{3}v\ (>0) \end{cases}$　となる。V'，v'はともに正である

ため，速度の大きさに一致する。　(2)　衝突後ばねが自然長から最も

縮むとき，球Aに対して球Bは静止して見えるので，この瞬間の球Aと

球Bの速度をv_Gとする。これは球Aと球Bの重心速度に一致する。衝突後の球Aと球Bについて，運動量保存則より，$mV' = mV_G + mV_G$

∴　$V_G = \dfrac{1}{2}V' = \dfrac{2}{3}v$，求める自然長からの最大のばねの縮みを$d$とすると，力学的エネルギー保存の法則より，$\dfrac{1}{2}m\left(\dfrac{4}{3}v\right)^2 = \dfrac{1}{2}(2m)\left(\dfrac{2}{3}v\right)^2 + \dfrac{1}{2}kd^2$　∴　$\dfrac{1}{2}kd^2 = \dfrac{4}{9}mv^2$　よって，$d = \dfrac{2v}{3}\sqrt{\dfrac{2m}{k}}$となる。　(3)　球Aおよび球Bは，重心から見るとばねの長さが半分になった単振動をしている。すなわち，ばね定数が$2k$の単振動を考えればよい(ばね定数はばねの伸ばしにくさを表し，ばねは短いほど同じ長さを伸ばすために必要な力が大きくなるため，ばね定数が大きくなる)。よって，球Aの単振動の角振動数は，$\omega = \sqrt{\dfrac{2k}{m}}$，周期は，$T = \dfrac{2\pi}{\omega} = 2\pi\sqrt{\dfrac{m}{2k}}$である。また，ばねが自然長のときが球Aおよび球Bが単振動の振動中心にあるときなので，このとき速さが最大となる。よって，球Aの衝突直後について重心に対する相対速度を考えて，$V_{max} = V' - V_G = \dfrac{4}{3}v - \dfrac{2}{3}v = \dfrac{2}{3}v$

が最大速度となる。　(4)　(2)の運動量保存則より，重心速度は$V_G = \dfrac{2}{3}v$で一定値となる。

【3】(1)　光線の位相をそろえる。　(2)　$\dfrac{dx}{l}$〔m〕　(3)　$\dfrac{l\lambda_1}{d}$〔m〕

(4)　$\dfrac{\lambda_2}{\lambda_1}$　(5)　$\dfrac{m}{m+1}$

〈解説〉(1)　解答参照。　(2)　$d \ll l$, $|x| \ll l$より，$\left(\dfrac{x \pm \dfrac{d}{2}}{l}\right)^2 \ll 1$が成り立つ。また，実数$n$と1に比べて絶対値の十分小さな実数$a(|a| \ll 1)$について，近似式$(1+a)^n \fallingdotseq 1 + na$が成り立つため，

$S_2P - S_1P = \sqrt{l^2 + \left(x + \dfrac{d}{2}\right)^2} - \sqrt{l^2 + \left(x - \dfrac{d}{2}\right)^2} = l\left\{1 + \left(\dfrac{x + \dfrac{d}{2}}{l}\right)^2\right\}^{\frac{1}{2}} -$

$$l\left\{1+\left(\frac{x-\frac{d}{2}}{l}\right)^2\right\}^{\frac{1}{2}} \fallingdotseq l\left\{1+\frac{1}{2}\left(\frac{x+\frac{d}{2}}{l}\right)^2\right\} - l\left\{1+\frac{1}{2}\left(\frac{x-\frac{d}{2}}{l}\right)^2\right\} =$$

$$\frac{1}{2l}\left\{\left(x+\frac{d}{2}\right)^2 - \left(x-\frac{d}{2}\right)^2\right\} = \frac{1}{2l}\cdot 2x \cdot d = \frac{dx}{l}$$ と近似計算できる。

(別解)　S_1およびS_2からの2つの経路は一点で交わるため実際には平行ではないが，$d \ll l$，$|x| \ll l$より平行とみなすことができる。2つの経路がS_0Oとなす角をθとすると，S_1，S_2の中点からPへ引いた直線がS_0Oとなす角もθとみなせる。このため$\tan\theta = \frac{x}{l}$であり，$S_2P - S_1P \fallingdotseq d\sin\theta$と近似できる。さらに，$|\theta| \ll 1$であるとき$\sin\theta \fallingdotseq \tan\theta$と近似できるため，$S_2P - S_1P \fallingdotseq d\tan\theta = \frac{dx}{l}$となる。　(3)　点Pにおける明線の条件は，整数$m$を用いて$\frac{dx}{l} = m\lambda_1$より，$m$次の明点の座標は，$x_m = \frac{ml\lambda_1}{d}$となる。明点位置の差が干渉縞の間隔なので，$\Delta x_1 = x_{m+1} - x_m = \frac{l\lambda_1}{d}$となる。

(4)　波長λ_2の場合も(3)と同様に，$\Delta x_2 = \frac{l\lambda_2}{d}$となる。よって，$\frac{\Delta x_2}{\Delta x_1}$

$= \dfrac{\frac{l\lambda_2}{d}}{\frac{l\lambda_1}{d}} = \frac{\lambda_2}{\lambda_1}$となる。　(5)　題意より，$m\Delta x_1 = (m+1)\Delta x_2$が成り立つ。これと(4)の結果より，$\frac{\lambda_2}{\lambda_1} = \frac{\Delta x_2}{\Delta x_1} = \frac{m}{m+1}$となる。

【4】(1)　$I = \frac{vBL\cos\theta}{R}$　(2)　QからP　(3)　$a = g\sin\theta - \frac{vB^2L^2\cos^2\theta}{mR}$

(4)　$v_0 = \frac{mgR\sin\theta}{B^2L^2\cos^2\theta}$　(5)　重力が単位時間にする仕事。

〈解説〉(1)　導体棒の速さがvのとき，導体棒に生じる誘導起電力の大きさは，磁場に垂直な導体棒の速度成分$v\cos\theta$を用いて$vBL\cos\theta$となる。よって，導体棒の抵抗についてオームの法則より，$I = \frac{vBL\cos\theta}{R}$となる。　(2)　導体棒の運動により，回路を上向きに貫く磁束が増加する。

レンツの法則より，誘導電流はこの磁束密度の変化を妨げる向きに生じる。回路を鉛直上方から見るとその向きは鉛直下向きの磁場を作ろうとする時計回りの方向であり，導体棒においてはQからPの方向である。　(3)　導体棒を流れる誘導電流には，フレミングの左手の法則より，水平でレールの上端のある奥へ向く大きさ IBL の電磁力がはたらく。このため導体棒にはたらく力の運動方向成分は $mg\sin\theta - IBL\cos\theta$ であるから，運動方程式は，$ma = mg\sin\theta - \dfrac{vBL\cos\theta}{R}BL\cos\theta$

$$\therefore\quad a = g\sin\theta - \frac{vB^2L^2\cos^2\theta}{mR}$$ となる。　(4)　導体棒が $v=v_0$ の一定の速さとなるとき $a=0$ となるから，$0 = g\sin\theta - \dfrac{v_0(BL\cos\theta)^2}{mR}$

$$\therefore\quad v_0 = \frac{mgR\sin\theta}{B^2L^2\cos^2\theta}$$ となる。　(5)　エネルギー保存則を考えると，ジュール熱の供給源として考えられるのは重力の仕事のみである。

【5】(1)　$2mv\cos\theta$　　(2)　$\dfrac{2r\cos\theta}{v}$　　(3)　$\dfrac{mv^2}{r}$　　(4)　$\dfrac{Nmv^2}{4\pi r^3}$

(5)　密閉容器中の気体の温度や圧力は時間がたっても変化しないことから，気体分子が壁面への衝突で速さを失っていないことが言える。

〈解説〉(1)　容器の壁面に垂直な運動量変化を考えると，気体分子が1回の衝突で壁面から受ける力積は，球の中心から容器の外側を向く方向を正として $I=(-mv\cos\theta)-(mv\cos\theta)=-2mv\cos\theta$ である。作用・反作用の法則より，気体分子が壁に与える力積の大きさは $|-I|=2mv\cos\theta$ となる。　(2)　ある衝突から次の衝突までに気体分子が進む距離は $2r\cos\theta$ より，求める時間は，$\Delta t = \dfrac{2r\cos\theta}{v}$ となる。　(3)　時間 Δt ごとに $|-I|$ の力積が壁に与えられるので，これによる平均の力の大きさは力積の定義より，$f = \dfrac{|-I|}{\Delta t} = 2mv\cos\theta\cdot\dfrac{v}{2r\cos\theta} = \dfrac{mv^2}{r}$ となる。　(4)　N 個の分子による力の総和は，$Nf = \dfrac{Nmv^2}{r}$ となる。壁面の

表面積は$4\pi r^2$なので，圧力の定義より，求める圧力は，$\dfrac{Nf}{4\pi r^2}=\dfrac{Nmv^2}{4\pi r^3}$となる。　　(5)　弾性衝突では力学的エネルギーの損失がないため，衝突の前後で分子の速さは変化しない。問題文より，容器内の気体はすべて一定の速さで運動しているため，完全弾性衝突であると言える。公式解答例では気体の圧力と温度の変化に着目しているが，本問の条件ではこれらについて設定されていないため，上記のような気体の速さのみに着目した説明の方がより正確であるだろう。

【6】(1)　$\dfrac{mv^2}{r}=\dfrac{ke^2}{r^2}$　　(2)　$2\pi r=\dfrac{nh}{mv}$　　(3)　$r_n=\dfrac{n^2h^2}{4\pi^2 mke^2}$

(4)　$E_n=-\dfrac{2\pi^2k^2me^4}{h^2n^2}$　　(5)　励起状態の電子が量子数2の状態へ移るときにそのエネルギー差の光子を放出し，その波長が可視光領域になっているため。

〈解説〉(1)　陽子と電子の間にはたらく静電気力の大きさは$\dfrac{ke^2}{r^2}$であり，円運動の向心加速度は$\dfrac{v^2}{r}$なので，円の中心方向の運動方程式は，$\dfrac{mv^2}{r}=\dfrac{ke^2}{r^2}$となる。　　(2)　ボーアの量子条件より，水素原子核の円周$2\pi r$が，電子波の波長$\dfrac{h}{mv}$の整数倍となるとき，電子波は定常波を形成し安定しているので，$2\pi r=\dfrac{nh}{mv}$が成り立つ。　　(3)　(1)より，$r=\dfrac{ke^2}{mv^2}$と変形でき，これを(2)の量子条件に代入して，$2\pi\dfrac{ke^2}{mv^2}=\dfrac{nh}{mv}$

$\therefore\ v=\dfrac{2\pi ke^2}{nh}$，これを$r$の式に戻すと，量子数$n$における電子の軌道半径は，$r_n=\dfrac{ke^2}{m}\Big(\dfrac{nh}{2\pi ke^2}\Big)^2=\dfrac{n^2h^2}{4\pi^2 mke^2}$となる。　　(4)　(1)の運動方程式より，運動エネルギーは，$\dfrac{1}{2}mv^2=\dfrac{ke^2}{2r_n}$と表せる。よって，位置エネルギーと運動エネルギーの和は，$E_n=k\dfrac{(+e)(-e)}{r_n}+\dfrac{1}{2}mv^2=-\dfrac{ke^2}{r_n}+\dfrac{ke^2}{2r_n}$

$=-\dfrac{ke^2}{2r_n}$ となる。これに(3)で求めた r_n を代入して，$E_n=-\dfrac{ke^2}{2}$

$\cdot\dfrac{4\pi^2mke^2}{n^2h^2}=-\dfrac{2\pi^2mk^2e^4}{n^2h^2}$ となる。　(5)　量子数 m の定常状態から量子

数 n の定常状態 $(m>n)$ に電子が遷移するとき，$\Delta E=E_m-E_n$

$=\dfrac{2\pi^2mk^2e^4}{h^2}\left(\dfrac{1}{n^2}-\dfrac{1}{m^2}\right)$ のエネルギーに対応する $\dfrac{hc}{\lambda}=\Delta E$ の関係を満た

す波長 λ の光子を電子は放出する。バルマー系列は $n=2$ の定常状態へ

の電子の遷移であり，このとき波長 λ が可視光線の領域にあることが

知られている。

【7】①　中学校理科　　②　技能　　③　判断力　　④　探究
　　⑤　仮説の設定　　⑥　実験による検証　　⑦　法則性の導出
　　⑧　報告書　　⑨　発表

〈解説〉各科目における「内容の取扱い」は，その教科における「目標」
　　に基づいて構成されており，使われている表現は様々な箇所で共通し
　　て用いられている。なお，「目標」では育成を目指す資質・能力を
　　「知識及び技能」，「思考力，判断力，表現力等」，「学びに向かう力，
　　人間性等」の三つの柱で構成している。

【8】(1)　実験結果について科学的な根拠や理由に基づいて深い考察を
　　している。　　(2)　・教師の主観でなく誰が評価しても同じ結果が期
　　待できる。　　・生徒は評価の理由がわかり納得しやすい。
　　(3)　計時係まで声が届くのに時間がかかるということに気づいたのは
　　素晴らしいと思います。しかし，計時係まで声が届くのに何秒かかり，
　　そのことで計時の値は実際の値と比べてどうなりますか。(87字)
　　(4)　ペットボトルを落下させる。中に入れる水の量を変えることで物
　　体の大きさを変えずに質量のみを変化させ質量と加速度の関係を調べ
　　る。

〈解説〉(1) [資料2]の1段目は報告書の記載内容の網羅性に関する評価，2段目は実験結果の考察の記述内容に関する評価，3段目は記載内容の正確さに関する評価である。 (2)(3) 解答参照。 (4) 本問では，A君の考察を補完するために，空気抵抗について理解させることが狙いと考えられる。空気抵抗がはたらくと物体の落下速度は小さくなるので，計算上は重力加速度が小さくなる。なお，学習指導要領解説には，物体の落下運動については「空気抵抗の存在にも定性的に触れること」と記載されており，具体例としては「広げた紙片と丸めた紙片の落下の様子を比較するなど，身近なものを用いた簡単な実験を行う」ことがあげられている。これは「質量が同じで大きさ(形)が同じもの」を比較しているが，本問ではさらに考えを推し進めて「大きさ(形)が同じで質量が異なるもの」を比較させる実験計画を考えさせる問題と考えられる。

【化学】

【1】(1) (a) エ (b) ウ (c) イ (d) ア (2) あ 希ガス元素 い アルカリ金属元素 う 大きい (3) 順…O^{2-}，F^-，Al^{3+} 理由…電子配置が同じとき，陽子数が多い方が電子と強く引き合い，イオン半径が小さくなる。

〈解説〉(1) (a) 価電子数は，希ガスを除く元素では最外殻電子数と等しく，$_2He$，$_{10}Ne$，$_{18}Ar$の希ガス元素では0個である。なお，遷移元素の最外殻電子数は1〜2個である。 (b) 同じ周期の元素では，原子番号が大きくなるほど陽子数が大きくなるため，イオン化エネルギーが大きくなる傾向にある。同族元素では，原子番号が大きくなるほど原子核から最外殻電子までの距離が大きくなるため，イオン化エネルギーが小さくなる。 (c) 原子番号1〜20までの原子からなる単体のうち，$_1H$，$_2He$，$_7N$，$_8O$，$_9F$，$_{10}Ne$，$_{17}Cl$，$_{18}Ar$は常温で気体なので密度は小さい。また，遷移元素はすべて金属元素なので，密度は大きい。

(d) $_6C$の単体は共有結合の結晶を形成するため，融点は極めて高い。

(2) 解答参照。 (3) Al^{3+}，O^{2-}，F^-の電子配置は，Neの電子配置と

同じである。陽イオンでは陽子の電荷が相対的に強くなり電子を強く内側に引きつけるのでイオン半径は小さくなり，陰イオンでは逆に陽子の電荷が相対的に弱くなり電子の束縛が弱くなるのでイオン半径は大きくなる。

【2】(1)　高くなる側…A側　　温度を高くしたとき…大きくなる

(2)　2.5×10^3〔Pa〕　　(3)　A　0.0015〔mol/L〕　　B　0.0015〔mol/L〕　　(4)　0.15〔g〕

〈解説〉(1)　半透膜を介して濃度の異なる2つの溶液を接触させると，浸透現象により低濃度溶液の溶媒が高濃度溶液の方に拡散し，高濃度溶液側の液面が高くなる。このとき，2つの溶液の液面の高さの差をなくすために必要な圧力を浸透圧Πという。ファントホッフの法則より，モル濃度をc，気体定数をR，絶対温度をTとすると，$\Pi = cRT$が成り立つ。　(2)　$\Pi = 0.0010 \times (8.31 \times 10^3) \times (273 + 27) \fallingdotseq 2.5 \times 10^3$〔Pa〕となる。(3)　グルコースは半透膜を通過してA側からB側へ移動できるので，両側のグルコース濃度は等しくなる。実験IIのはじめのB側のグルコース濃度は$0.0020 \times \frac{1}{2} = 0.0010$〔mol/L〕なので，実験IIの後のグルコース濃度は両側とも，$(0.0020 + 0.0010) \times \frac{1}{2} = 0.0015$〔mol/L〕となる。(4)　グルコン酸カルシウム($C_{12}H_{22}O_{14}Ca \cdot H_2O$，式量448)の結晶は，水溶液中では$2HOCH_2(CHOH)_4COO^- + Ca^{2+}$のように電離するため，溶質粒子の物質量はグルコン酸カルシウムの3倍となる。(2)より，液面の高さの差がh〔cm〕となる浸透圧は約2.5×10^3〔Pa〕なので，水溶液中の溶質濃度は$c = \dfrac{2.5 \times 10^3}{8.31 \times 10^3 \times 300} \fallingdotseq 0.0010$〔mol/L〕となる。したがって，必要なグルコン酸カルシウム結晶の質量は，$448 \times 0.0010 \times \frac{1}{3} \fallingdotseq 0.15$〔g〕となる。

【3】(1)　0.40〔mol〕　　(2)　エ　　(3)　8.1×10^4〔Pa〕　　(4)　11〔L〕　　(5)　0.044〔mol〕

〈解説〉(1) ピストンが自由に動ける状態では，容器内の圧力は大気圧と等しくなる。したがって，容器内に存在するエタノールと窒素の物質量の合計は，圧力をP，体積をV，物質量をn，気体定数をR，絶対温度をTとすると，気体の状態方程式$PV=nRT$より，$n=\dfrac{PV}{RT}=\dfrac{(1.0\times10^5)\times14.1}{(8.3\times10^3)\times340}\fallingdotseq0.50$〔mol〕となる。エタノールの物質量は$\dfrac{4.6}{46}=0.10$〔mol〕なので，窒素の物質量は，$0.50-0.10=0.40$〔mol〕となる。

(2) 温度を下げていき液体が生成しはじめると，エタノール蒸気の分圧P_{Et}の低下の度合は大きくなる。したがって，エのグラフが該当する。

(3) 30℃で平衡状態に達したときの窒素の分圧は$P_{N_2}=\dfrac{0.40\times(8.3\times10^3)\times303}{14.1}$〔Pa〕となる。30℃のエタノール蒸気の分圧は$P_{Et}=1.0\times10^4$〔Pa〕なので，容器内の全圧は，$P=P_{N_2}+P_{Et}=\dfrac{0.40\times(8.3\times10^3)\times303}{14.1}+1.0\times10^4\fallingdotseq8.1\times10^4$〔Pa〕となる。

(4) ピストンが自由に動ける状態で容器内の体積が可変の場合，容器内のエタノール蒸気の物質量は減少するため，容器内の体積は減少する。したがって，液体が生成した後の容器内の体積をxとすると，$1.0\times10^5:14.1=8.1\times10^4:x$が成り立つので，$x=\dfrac{14.1\times(8.1\times10^4)}{1.0\times10^5}\fallingdotseq11$〔L〕となる。 (5) 平衡状態に達したときの窒素の分圧P_{N_2}は7.1×10^4〔Pa〕，エタノール蒸気の分圧P_{Et}は1.0×10^4〔Pa〕である。一定体積の容器内に存在する窒素とエタノール蒸気の物質量は分圧に比例するので，エタノール蒸気の物質量をxとすると，$7.1\times10^4:1.0\times10^4=0.40:x$より，$x=\dfrac{(1.0\times10^4)\times0.40}{7.1\times10^4}$〔mol〕となる。したがって，液体として存在するエタノールの物質量は，$0.10-\dfrac{(1.0\times10^4)\times0.40}{7.1\times10^4}\fallingdotseq0.044$〔mol〕となる。なお，公式解答は0.056〔mol〕とあるがこれは，$0.10-0.044=0.056$〔mol〕より，気体として存在しているエタノールの物質量であるため，正しい解答は0.044〔mol〕であると考えられる。

【4】(1)　あ　水酸化ナトリウム　　い　水酸化カリウム　　う　硝酸銀　　え　炭酸水素ナトリウム　　お　デンプン　　(2)　試料を試験管に入れて蒸留水に溶かし，その水溶液を白金線の先端に付けてガスバーナーの炎の中に入れ，炎色反応を観察する。　　(3)　試料を試験管に入れて蒸留水に溶かし，その水溶液に銅線を浸し，銀が析出するかを調べる。

〈解説〉(1)　あ，い　水酸化ナトリウムと水酸化カリウムは，いずれも潮解性を示す。　う　硝酸銀に塩化ナトリウム水溶液を加えると，塩化銀の白色沈殿が生じる。硝酸銀は光に分解される性質(感光性)があるので，褐色びん内で保存する。　え　希硫酸に炭酸水素ナトリウムを加えると，二酸化炭素が発生する。　お　デンプンを希硫酸で加水分解するとグルコースが生じ，これにフェーリング液を加えて加熱すると，赤褐色の沈殿が生じる。　(2)　炎色反応により，ナトリウムは黄色，カリウムは淡紫色を呈する。　(3)　銅は銀よりもイオン化傾向が大きいので，銅は溶け出して銅イオンになり，水溶液中の銀イオンは銀として銅線に析出する。

【5】(1)　あ　グリセリン　　い　3　　う　脂肪　　え　飽和　　お　脂肪油　　か　不飽和　　き　乾性油　　(2)　けん化
(3)　海水中のMg^{2+}，Ca^{2+}と反応して水に不溶性の塩を生じるため。
(4)　882　　(5)　2.54〔L〕

〈解説〉(1)　油脂は，1分子のグリセリンと3分子の脂肪酸が縮合したエステル化合物である。室温で液体の油脂を脂肪油，固体の油脂を脂肪といい，それぞれ不飽和脂肪酸，飽和脂肪酸を多く含む。脂肪油のうち空気に触れると酸化して固化するものを乾性油，固化しないものを不乾性油という。　(2)　油脂を水酸化ナトリウムなどの塩基で加水分解し，グリセリンと脂肪酸塩が生じる反応をけん化という。　(3)　海水のように，Mg^{2+}やCa^{2+}を多く含む水を硬水という。　(4)　水酸化ナトリウム(式量40)の物質量は，$\dfrac{0.60}{40}=0.015$〔mol〕となる。油脂1mol

をけん化するために必要な水酸化ナトリウムは3molなので，油脂の物質量は0.0050molとなる。したがって，油脂Aの分子量は$\frac{4.41}{0.0050}=882$となる。　(5)　分子内に含まれる二重結合の数は，オレイン酸(分子量282)が1つ，リノール酸(分子量280)が2つ，リノレン酸(分子量278)が3つである。グリセリンの分子量が92であり，油脂Aの分子量が882であることを考慮すると，油脂Aは，グリセリン1分子と，2分子のオレイン酸および1分子のリノール酸から構成されたエステル化合物と分かる。　($\because$　分子量は$(282-18)\times 2+(280-18)\times 1+92=882$)　よって，油脂Aは分子内に4つの二重結合を有する。25.0gの油脂Aの物質量は$\frac{25.0}{882}$〔mol〕なので，付加できる水素の物質量は$4\times\frac{25.0}{882}$〔mol〕である。したがって，付加できる水素の標準状態における体積は，$4\times\frac{25.0}{882}\times 22.4\fallingdotseq 2.54$〔L〕となる。

【6】(1)　あ　細胞壁　　い　βグリコース　　う　硝酸　　え　3

(2)

(3)　14.1　　(4)　34.4〔％〕

〈解説〉(1)　セルロースは，多数のβグルコースがグリコシド結合を介して直鎖状に結合した多糖類であり，植物の細胞壁や繊維の主成分である。ニトロセルロースは，セルロースを硝酸と硫酸の混酸で処理して得られるセルロースの硝酸エステルである。　(2)　βグルコースは，1位と4位の炭素に結合するヒドロキシ基の向きが逆である。　(3)　理論的には，セルロースの単位構造あたり3個の硝酸基($-ONO_2$)を含み，単位構造の分子式は$C_6H_7O_2(ONO_2)_3$(分子量297)と表せるので，窒素の含

有率は，$\dfrac{14\times3}{297}\times100\fallingdotseq14.1$〔％〕となる。　(4)　エステル化されたヒドロキシ基の数をxとすると，部分的にエステル化された単位構造の分子式は$C_6H_7O_2(OH)_{3-x}(ONO_2)_x$と表せる。窒素の含有率は$\dfrac{14x}{111+17(3-x)+62x}\times100=11.0$〔％〕より，これを整理すると$x=\dfrac{1782}{905}$〔個〕であり，エステル化されていないヒドロキシ基の数は，$3-\dfrac{1782}{905}\fallingdotseq1.031$〔個〕となる。したがって，全体のヒドロキシ基のうちエステル化されていないヒドロキシ基の割合は，$\dfrac{1.031}{3}\times100\fallingdotseq34.4$〔％〕となる。

【7】(1)　①　見通し　　②　資質・能力　　③　基本的な概念
④　技能　　⑤　主体的　　⑥　態度　　(2)　①　キ　　②　カ
③　ソ　　④　ウ　　⑤　ケ　　⑥　ク　　⑦　シ　　⑧　サ
⑨　ス　　⑩　コ　　(3)　①　製錬　　②　腐食　　③　安全性
④　炭水化物

〈解説〉(1)　各科目における「内容の取扱い」は，その教科における「目標」に基づいて構成されており，使われている表現は様々な箇所で共通して用いられている。なお，「目標」では育成を目指す資質・能力を「知識及び技能」，「思考力，判断力，表現力等」，「学びに向かう力，人間性等」の三つの柱で構成している。　(2)　解答参照。
(3)「科学と人間生活」においては，科学の原理や法則が科学技術として日常生活や社会の中でどのように利用され，結び付いているかを具体的に示しながら，科学を学ぶ意義や有用性を実感させ，生涯にわたって科学に興味・関心をもち続け，自然の事物・現象を科学的に探究するために必要な資質・能力を育成するというねらいがある。

【生物】

【1】(1)　a　1000　　b　垂直分布　　c　森林限界　　(2)　B　名称…低木林　　記号…ウ　　D　名称…陰樹林　　記号…イ　　(3)　混交林の林床は照度が低いため，陽樹の幼木は育ちにくいが，陰樹の幼木

は成長できるため，やがて陰樹林が形成される。 (4) 岩石の風化
が進むとともに，植物の枯死体が堆積するため。

〈解説〉(1) 解答参照。 (2) 植生の高さや地表照度，植物種類数から
遷移の段階順に，Aは草原，Bは低木林，Cは混交林，Dは陰樹林とな
る。遷移の段階とそれぞれ植物の種類の組合せは，Aがア，Bがウ，C
がオ，Dがイと考えられる。 (3) 解答参照。 (4) 土壌は岩石の風
化物や火山灰，ならびに生物の遺骸や分解物などの有機物からなる混
合物である。

【2】(1) 名称…ピルビン酸 分子式…$C_3H_4O_3$ (2) 2分子が消費さ
れ，4分子が合成されるので，解糖系全体では差し引き2分子が合成さ
れる。 (3) NAD^+，FAD (4) アセチルCoA…2 オキサロ酢
酸…4 クエン酸…6 (5) 酸化的リン酸化 (6) 炭水化物：タ
ンパク質：脂肪＝4：1：2

〈解説〉(1)(2) 解答参照。 (3) 葉緑体で行われる光合成では，$NADP^+$
が電子の運搬を行っている。 (4) 解答参照。 (5) 1分子のグルコ
ースに対し，解糖系で差し引き2分子のATPが合成される反応のことを，
基質レベルのリン酸化という。酸化的リン酸化と合わせて確認してお
きたい。 (6) 炭水化物，脂肪，タンパク質を呼吸基質として放出し
た二酸化炭素の体積をそれぞれX〔L〕，Y〔L〕，Z〔L〕とすると，$X+$
$Y+Z=34.64$…① が成り立つ。呼吸基質として酸化された炭水化物を
x〔g〕，脂肪をy〔g〕とすると，タンパク質は$0.96×5.0=4.8$〔g〕より，
消費酸素の合計から$0.84x+2.0y+4.8=41.6$，つまり，$0.84x+2.0y=36.8$
…② が成り立つ。ここで，呼吸商の定義より，タンパク質につい
て$\frac{Z}{4.8}=0.8$が成り立つので，$Z=3.84$〔L〕，同様に炭水化物に
ついて$\frac{X}{0.84x}=1$ ∴ $X=0.84x$，脂質について$\frac{Y}{2.0y}=0.7$ ∴ $Y=1.4y$
となる。これらを①に代入すると，$0.84x+1.4y+3.84=34.64$，つまり，
$0.84x+1.4y=30.8$…③ が成り立つ。②と③の連立方程式を解いて，
$x=20$，$y=10$となる。よって，求める比は，(炭水化物)：(タンパク
質)：(脂肪)＝x：5：y＝20：5：10＝4：1：2となる。

【3】(1)　(a)　リプレッサー　　(b)　プロモーター　　(c)　オペレーター　　(d)　オペロン　　(2)　①　ウ　　②　エ，オ　　(3)　調節遺伝子から合成される活性化因子は，アラビノースと結合して立体構造が変化し，プロモーターに隣接する調節領域に結合することで，RNAポリメラーゼの転写を活性化する。

〈解説〉(1)　(a)　調節遺伝子からは，リプレッサー(転写抑制因子)が転写される。　(b)　転写調節領域にある特定の塩基配列は，プロモーターである。　(c)　プロモーターをはさんで調節遺伝子の反対側にあるのは，オペレーターである。　(d)　原核生物がもつ，一連の化学反応の酵素としてはたらく構造遺伝子の転写単位を，オペロンという。

(2)　①　ラクトースを含まない場合は，リプレッサーに結合するラクトース代謝産物が生じないので，リプレッサー(a)はオペレーター(c)に結合したままである。　②　ラクトース代謝産物がリプレッサー(a)に結合することで，リプレッサーの立体構造が変化して，オペレーター(c)に結合できなくなる。このとき，RNAポリメラーゼは，プロモーター(b)に結合して，構造遺伝子の転写が行われる。　(3)　このように，アラビノースを分解する酵素の発現調節を行うものを，アラビノースオペロンという。

【4】(1)

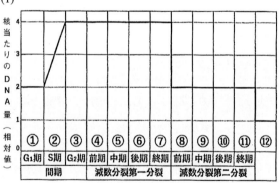

(2)　(ア)　⑫　　(イ)　⑨　　(3)　記号…④　　説明…乗換えが起こ

ることによって遺伝子の組換えが起こり，相同染色体に新しい連鎖群が生じるから。　　(4)　・2つの遺伝子間以外の場所で乗換えが起こる場合。　　・2つの遺伝子間で2重乗換えが起こる場合。

〈解説〉(1)　DNAの合成はS期で行われ，DNA量はG_1期の2倍となる。次に，DNA量は分裂終了直後(第一分裂終期直後や第二分裂終期直後)に半分になる。したがって，G_1期のDNA量を2とすると，減数分裂第二分裂終了直後のDNA量は1となる。　　(2)　魚類の精子は減数分裂終了時の細胞であるため，⑫が該当する。また，排卵直後のヒトの卵は，減数分裂第二分裂中期で停止し子宮へ送られるため，⑨が該当する。なお，この卵が精子と受精すると，残りの減数分裂の過程が行われる。(3)　乗換えは，減数分裂第一分裂前期に二価染色体が形成される際に生じる。　　(4)　相同染色体間で2回乗換えが起こると，結果的に乗換えが起こらなかった場合と同じ状態になる。

【5】(1)　イ，ウ，オ　　(2)　(a)　刺激の強さは変えずに刺激の頻度を高くしていく。　　(b)　名称…単収縮　　記号…ウ　　(c)　10.5〔ミリ秒〕　　(3)　①　カルシウム　　②　トロポニン　　(4)　筋細胞中には高エネルギーリン酸結合をもつクレアチンリン酸が含まれており，クレアチンリン酸の分解によって生じるエネルギーとリン酸を用いてADPからATPを合成する。

〈解説〉(1)　ア　大脳皮質は灰白質，大脳髄質は白質という。　　エ　Bは聴覚の中枢である。　　カ　Dは視覚の中枢である。　　(2)　(a)　持続的という箇所に着目すると，刺激の強さではなく，頻度の高さが重要となる。　　(b)　脊椎動物の骨格筋につながる神経を刺激すると，1回の刺激に対して0.1秒程度の単収縮が1度起こる。　　(c)　点iと点iiの間の距離は$60-20=40$〔mm〕であり，この距離を$12-11=1$〔ミリ秒〕で興奮が伝導するので，伝導速度は40〔mm/ミリ秒〕となる。点iiからの刺激について20mmの距離を0.5〔ミリ秒〕で伝導するので，興奮が軸索の末端に到達してから筋収縮が始まるまでに要する時間は$11-0.5=$10.5〔ミリ秒〕となる。　　(3)　解答参照。　　(4)　クレアチンとクレアチンリン酸は【語句】に含まれていないが，確実に押さえておくべき

189

用語である。

【6】(1)　化学進化　　(2)　・膜で仕切られたまとまりの形成　　・自己と同じものを複製する能力　　(3)　・ミトコンドリアや葉緑体が2重膜構造を持っていること　　・ミトコンドリアや葉緑体が独自のDNAを持っていること。　　(4)　すべての生物が共通してもつリボソームRNAの塩基配列をもとに分子系統樹を描き，生物全体を細菌，古細菌，真核生物の3つに大別するという説。　　(5)　名称…シアノバクテリア　　色素…クロロフィルa

〈解説〉(1)　化学進化の実証実験には生命が発生したとされる環境を再現したミラーの実験などがある。　　(2)　本問は，膜で仕切られた細胞構造をもつ，代謝を行う，自己複製するといった生物の定義に対応している。　　(3)　解答例の他にも，ミトコンドリアや葉緑体は分裂により増えることがあげられる。　　(4)　3ドメイン説では，真核生物は細菌よりも古細菌と近縁となる。これらの3種類の類似点，相違点が書かれていればよい。　　(5)　シアノバクテリアは原核生物であるが，真核生物である藻類や陸上植物と同様にクロロフィルaをもっている。

【7】a　技能　　b　ホルモン　　c　自律神経　　d　防御機構
　e　探究　　f　表現

〈解説〉新学習指導要領では単元における内容として，アでは「知識及び技能」，イでは「思考力，判断力，表現力等」とそれぞれ単元全体を通して育成を目指すものを示している。

【8】a　生物現象　　b　資質・能力　　c　基本的な概念　　d　原理・法則　　e　基本的な技能　　f　自然環境の保全

〈解説〉各教科，各科目の「目標」では育成を目指す資質・能力を「知識及び技能」，「思考力，判断力，表現力等」，「学びに向かう力，人間性等」の三つの柱で構成している。

【地学】

【1】(1) (a) ① カルシウム ② 安山 ③ 結晶分化

(b) 斑れい岩 (2) (a) 10 (b) 閃緑岩

〈解説〉(1) (a) ① 玄武岩質マグマで晶出する無色鉱物は，カルシウムに富む斜長石である。 ② 玄武岩質マグマは安山岩質，流紋岩質へ変化するにつれて含まれるSiO_2量が増える。 ③ 1つのマグマから様々な化学組成のマグマができる作用を，結晶分化作用という。

(b) 深成岩は，SiO_2量が少ない順にかんらん岩，斑れい岩，閃緑岩，花こう岩である。 (2) (a) 色指数は岩石に含まれる有色鉱物の量を体積%で表したものである。カウント数の割合が各鉱物の体積比に等しいと仮定し，鉱物全体に対する有色鉱物のカウント数の合計が占める割合を求める。深成岩Aでは，有色鉱物は黒雲母の50点だけなので，(色指数)$=\dfrac{50}{500}\times100=10$〔%〕となる。 (b) 深成岩Bでは，有色鉱物のうち角閃石や輝石が多く見られ，黒雲母が見られないことから，閃緑岩が該当する。なお，(色指数)$=\dfrac{75+50}{500}\times100=25$〔%〕となることから判断してもよい。

【2】(1) エッジワース・カイパーベルト (2) 5〔年〕 (3) 39〔天文単位〕 (4) (a) ① 4 ② 2 (b) 4〔倍〕

(5) (a) ① 散開 ② 球状 (b) 球状星団の恒星は宇宙の初期に誕生したものである。これに対し，散開星団の恒星は第二世代以降の恒星である。恒星を形成していた物質は超新星爆発などの過程で星間物質となる。散開星団の恒星は，重い元素を含んだその星間物質から再び誕生した恒星であると考えられているため，重い元素の割合が多い。

〈解説〉(1) 太陽系外縁天体は，海王星の外側にある小天体全体を意味するため，本問では不適と考えられる。 (2) 外惑星の会合周期をS，外惑星の公転周期をP，地球の公転周期をEとすると，$\dfrac{1}{S}=\dfrac{1}{E}-\dfrac{1}{P}$が成り立つ。$S=1.25$〔年〕，$E=1$〔年〕より，$\dfrac{1}{1.25}=\dfrac{1}{1}-\dfrac{1}{P}$となり，

$P＝5$〔年〕となる。　(3)　惑星の公転軌道の長半径をa，楕円軌道の中心から楕円の焦点(太陽)までの距離をcとすると，離心率eは$e＝\dfrac{c}{a}$と表せ，$e＝0.40$より，$c＝0.40a\cdots$①　となる。また，近日点距離をx，遠日点距離をyとすると，$x＝a-c$，$y＝a+c＝91\cdots$②　が成り立つ。①，②より，$a＝65$，$c＝26$となるので，$x＝65-26＝39$〔天文単位〕となる。

(4)　(a)　①　シュテファン・ボルツマンの法則から，表面温度がTの恒星の単位表面積から毎秒放射されるエネルギー量Eは，$E＝\sigma T^4$(σは定数)と表せる。　②　恒星が放射するエネルギーの総量はその恒星の表面積に比例するので，恒星の半径をRとしたときの全エネルギー(光度)Lは，$L＝4\pi R^2 \cdot E＝4\pi R^2 \cdot \sigma T^4$と表せる。　(b)　絶対等級が等しいので，恒星$\alpha$と恒星$\beta$が1秒間に放射する全エネルギーは等しいことになる。恒星αと恒星βの半径をそれぞれR_a，R_βとすると恒星の光度の式より，$4\pi R_a^2 \cdot \sigma (4000)^4＝4\pi R_\beta^2 \cdot \sigma (8000)^4$となる。これを$R_a$について整理すると，$R_a＝\dfrac{(8000)^2}{(4000)^2}R_\beta＝4R_\beta$となる。　(5)　(a)　星団には2種類あり，若い恒星によって構成されている散開星団と，老いた恒星で構成される球状星団がある。それぞれの星団に属する恒星は，ほぼ同時期に誕生している。　(b)　散開星団では，球状星団よりもヘリウムより重い元素の割合が多い。

【3】(1)　ア　　(2)　(地点)I　　(3)　短期間で広範囲に堆積することが多いため。　(4)　ア　　(5)　C　　(6)　ウ

〈解説〉(1)　層群iは石灰岩層Fまで見られ，砂岩層Cは水平であり，これを挟んで西側の石灰岩層Aと泥岩層Bが西傾斜，東側の泥岩層Dと石灰岩Fが東傾斜になっている。このことから，層群iは砂岩層Cの場所が頂点となる凸型の背斜構造である。各地層の走向が南北方向であり，傾斜の方向が両側で東西なので，南北方向に軸が通る背斜構造となる。(2)　凝灰岩層Eは石灰岩層Fと泥岩層Dの間に堆積している。同時期に堆積したと考えると，背斜軸を挟んだ逆側で同じ順序で堆積したので，石灰岩Aと泥岩層Bの間，すなわち地点Iで見られる。　(3)　凝灰岩層

は，火山噴火の際に噴出した火山灰が堆積してできる。火山灰は広範囲に広がり，かつ短時間で降下して堆積するので鍵層としてよく用いられる。　(4)　ほぼ同じ標高で東側に傾斜している地層で，かつ礫岩層Gに層群iの石灰岩の礫を含んでいるので，礫岩層Gは層群iの後に堆積したと考えられる。また，砂岩層Cからは石炭紀の化石が見つかっており，これは砂岩層よりも後に堆積しているので，層群iiの礫岩層Gは石炭紀よりも後に堆積したと考えられる。したがって，デボン紀は石炭紀よりも以前なので，礫岩層Gの堆積した年代にはあてはまらない。　(5)　層群iと層群iiは(4)より層群iの方が古い地層とわかっている。砂岩層Cから石灰岩層Fについて考えると，ほぼ同じ標高で，泥岩層Dから石灰岩層Fまでが東傾斜で堆積しているので，東に向かうにつれて新しい地層が堆積したと考えられる。このため，砂岩層Cから石灰岩層Fでは砂岩層Cが最も古い地層になる。石灰岩層Aと泥岩層Bは背斜軸を挟んでそれぞれFとDと同じ地層と考えられる。　(6)　砂岩層Hは東方向に30°で傾斜しているので，地点Xより東に向かうと標高の低い地点で，西に向かうと標高の高い地点で砂岩層Hが見られることになる。地点Xの標高は130mなので，地点Xより西側では標高130mよりも高い地点，東側では標高が130mより低い地点となる。この条件を満たす選択肢はウだけである。

【4】(1)　①　回転楕円　　②　標準重力　　③　フリーエア異常

(2)　$k = \dfrac{V_p \cdot V_s}{V_p - V_s}$　　(3)　11.2〔cm〕

〈解説〉(1)　ジオイド面からの高度の影響を取り除いたものをフリーエア補正といい，これに加えて地形の凹凸を取り除いたものを地形補正，さらに測定点とジオイド面の間にある物質の引力を取り除いたものをブーゲー補正という。　(2)　初期微動継続時間Tは，P波の到達時刻とS波の到達時刻の差なので，P波の到達にかかる時間$\dfrac{D}{V_p}$とS波の到達にかかる時間$\dfrac{D}{V_s}$の差であり，$T = \dfrac{D}{V_s} - \dfrac{D}{V_p} = \dfrac{V_p - V_s}{V_p \cdot V_s} D$と表せる。これ

と大森公式$D=kT$より，$k=\dfrac{V_p \cdot V_s}{V_p - V_s}$となる。　(3)　プレートの回転速度(角速度)$\omega$が与えられたとき，プレートの任意の点の運動速度$v$はプレートが回転する極からの角距離$\theta$により，$v=\omega R\sin\theta \cdots$①　と表せる($R$は地球の半径)。プレートの回転の速さが100万年に1°のとき，角速度は，$\omega=\dfrac{\theta}{t}=\dfrac{\pi \times \frac{1}{180}}{1\times 10^6}=\dfrac{\pi}{1.8\times 10^8}$〔/年〕となる。プレート運動の速さは回転軸の極から90°離れたところで最大なので，$\theta=90°$であり，①より，$v=\dfrac{\pi}{1.8\times 10^8}\times(6.4\times 10^8)\times 1=\dfrac{3.14}{1.8\times 10^8}\times(6.4\times 10^8)\fallingdotseq$11.2〔cm/年〕となる。したがってプレート運動の速さは，最大で1年あたり11.2cmとなる。

【5】(1)　(a)　①　主体的　　②　探究　　③　態度　　(b)　①　地球規模　　②　変化　　③　人間生活　　④　誕生や進化　　⑤　概要
(2)　(a)　海水の温度や塩分濃度の違いが，水塊に密度差を生じさせ，鉛直方向の流れをもたらす。例えば，冬の北極や南極の周辺では，冷たい空気によって海水が冷やされ，海水の凍結により周囲より塩分濃度が高くなり，海水の密度が大きくなる。極域の表層の密度の大きな水塊は，海岸の深部に向かって沈み込み，さらに赤道方向に向かう大きな流れとなり，世界の海岸の深層を巡るようになる。　(b)　準備物は，地形図(縮尺1万分の1～2万5000分の1程度)，地図ケース，記録用紙，筆記用具，クリノメーター，巻き尺，岩石ハンマー，ポリエチレンの袋，ルーペ，カメラなどである。注意することとしては次のことがあげられる。草むらに入ることもあるので，服装は長袖・長ズボンがよい。植物によるかぶれ，熱中症等の対策として，また，岩石の鋭利な部分などで怪我をしないように，帽子やゴーグル，手袋も着用する。岩石ハンマーの取扱いに気をつける。
〈解説〉(1)　各教科，各科目の「目標」では育成を目指す資質・能力を「知識及び技能」，「思考力，判断力，表現力等」，「学びに向かう力，人間性等」の三つの柱で構成している。　(2)　(a)　海水の温度は高緯

度地帯の方が低く，海水中の水分が凍る際に塩分は氷の中に取り込まれないため，海水は濃縮される。したがって，塩分濃度が高くて低温の海水が高緯度地帯で生じ，このような海水は密度が高く深層に沈み込んでいく。一方，低緯度地帯では海水温が高く，降雨量が多いので比重の軽い海水となる。よって，高緯度地帯で海水が深層に沈み込み，低緯度地帯へと流れ，表層は低緯度地帯から高緯度地帯へと流れ大きな循環ができる。　(b)　学習指導要領解説「第3章　各科目にわたる指導計画の作成と内容の取扱い　2　内容の取扱いに当たっての配慮事項　(7)　事故防止，薬品などの管理及び廃棄物の処理」において，「野外観察の服装は，できるだけ露出部分の少ないものが適している。また，帽子を着用し，靴は滑りにくいものがよい。岩石の採集で岩石ハンマーを扱うときには，手袋や保護眼鏡を着用させるようにする。」と記載されている。

2021年度　実施問題

中学理科・高校物理共通

【1】次の図の台の端O点から小球を水平方向に投げたところ，ちょうど斜面の頂点Aで傾きの角30°の斜面と平行になるように落下して，そのまま滑り降りた。小球の初速度の大きさはV，OA間およびAB間の鉛直距離はhであり，重力加速度の大きさはgとする。また，A点に着地時に小球の速度は変化しないものとし，空気抵抗や斜面と小球の摩擦は無視できるものとする。下の(1)〜(6)の問いに答えなさい。

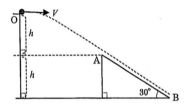

(1) 小球がA点に到達する瞬間の速度の水平成分と鉛直成分の大きさを，Vを用いて書きなさい。

(2) O点からA点までの所要時間を，g，Vを用いて書きなさい。

(3) 初速度Vの大きさを，g，hを用いて書きなさい。

(4) O点からA点までの水平距離を，hを用いて書きなさい。

(5) 小球が斜面ABを滑り降りているときの加速度の大きさを，gを用いて書きなさい。

(6) B点に到達した瞬間の速さを，g，hを用いて書きなさい。

(☆☆☆◎◎◎)

中学理科・高校生物共通

【1】 異種個体群間の関係について, (1)〜(4)の問いに答えなさい。

(1) 文中の空欄(a)・(b)に適する語句を書きなさい。

　　　ゾウリムシとヒメゾウリムシは(a)が似ているため, 混合飼育すると, やがてゾウリムシが全滅する。これは, 両者の間に(b)が起こるためである。

(2) 閉鎖空間におかれた捕食・被食の関係が成り立つ2種の生物は, 両者の全滅に終わることが多いが, 自然界では両者が共存している場合が見られる。その理由として最も適当なものを次のア〜エから1つ選び, 記号で書きなさい。

ア　被食者の食物が豊富にあるため。

イ　捕食者の食物は1種とは限らないため。

ウ　環境要因によって被食者の増殖率が低下するため。

エ　環境要因によって捕食者の増殖率が上昇するため。

(3) 次の図は, ある地域のキツネ(捕食者)とウサギ(被食者)の個体数の経年変化を示したものである。この地域では, 1978年に発生した感染症によって, キツネの個体数が大幅に減少した。なお, 1978年以降のウサギの個体数は示していない。(a)・(b)の問いに答えなさい。

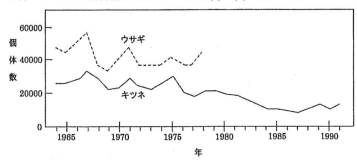

(a) 1965年から1978年までの間のキツネとウサギの個体数が, 一定の範囲内で周期的に変動する理由を説明しなさい。

(b) 1978年から1991年までのウサギの個体数は, どのように変化す

197

ると考えられるか，説明しなさい。ただし，この感染症は，ウサギには感染しないものとする。

(4)　共生と寄生について，(a)・(b)の問いに答えなさい。

(a)　①相利共生，②寄生の関係にある生物の組み合せとして最も適当なものを，次のア〜オから選び，それぞれ記号で書きなさい。

ア　ヤドリギとミズナラ　　イ　ダイズと根粒菌

ウ　オイカワとカワムツ　　エ　カクレウオとナマコ

オ　サメとコバンザメ

(b)　片利共生と寄生の共通点と相違点を説明しなさい。

(☆☆☆◎◎)

中　学　理　科

【1】次の文を読み，(1)〜(5)の問いに答えなさい。ただし，同じ記号の空欄には同じ語句が入るものとする。数値計算の解答は有効数字2桁で答えなさい。

　空気は常温で(あ)であり，空気を1.0×10^5Paのもとで冷却すると約-193℃で(い)となる。空気の成分である A と B はそれぞれ沸点が，(a)-196℃，-183℃であるので，この違いを利用して A と B を分離することができる。このような分離法を「深冷分離法」という。 A は，半導体製造や食品の酸化防止などに利用されている。また，(い)の状態では，冷剤として利用されている。 B は工業や医療に利用される重要な物質であり，深冷分離法によりその多くが得られている。水の電気分解でも B を得ることができるが，コストが高くなるため一般的ではない。 C は，[D]よりも(b)空気中に多く含まれるにもかかわらず，その発見はずっと後になった。沸点が-186℃であり，深冷分離法により A ・ B とともに併産することができるが，精製にコストがかかるため，その製造施設の数は少ない。[D]は，(う)の状態で冷剤のドライア

イスとして用いられるが，これは深冷分離法ではなく，アンモニア等の製造過程で発生するものから製造されている。深冷分離法では，　D　は(c)水蒸気とともに，（　う　）の状態で不純物として取り除かれている。

(1)　（　あ　）〜（　う　）に，固体，液体，気体のいずれかを書きなさい。

(2)　　A　〜　D　に，あてはまる空気の成分を書きなさい。

(3)　下線部(a)の温度を絶対温度で表し，単位とともに書きなさい。

(4)　下線部(b)の理由として考えられることを書きなさい。

(5)　下線部(c)について，20℃，1.0×10^5Paの空気の飽和水蒸気量は17.3g/m³である。このときの水蒸気の密度が7.5×10^{-4}g/cm³であるとすると，空気中の水蒸気の体積の割合は何％か，求めなさい。

(☆☆◎◎)

【2】次の(1)〜(6)の問いに答えなさい。

(1)　図のように投影板上のスケッチ用紙に太陽の像を投影し，ある黒点に注目して観察した。下の(a)〜(c)の問いに答えなさい。

図

投影板
スケッチ用紙

(a)　望遠鏡を固定した時，投影板上の太陽像が動いていく方向を西として，毎日同じ時刻に太陽を観察すると，黒点の位置が移動していることが分かった。黒点の位置はどのように移動していたか，次のア〜エから1つ選び，記号で書きなさい。

　　ア　東から西　　イ　西から東　　ウ　北から南
　　エ　南から北

(b)　太陽の像の直径が150mmで，観察したある黒点の像は太陽の像の中央にあり，円形でその直径は3mmであった。太陽の直径が地球の直径の109倍とすると，この黒点の直径は地球の直径の何倍か，求めなさい。

(c)　数日間続けて太陽を観察すると，黒点の移動する速さから太陽の自転周期がわかる。太陽の赤道付近と高緯度付近を比較すると自転周期が短いのはどちらか。また，そのことから太陽についてどのようなことがわかるか，書きなさい。

(2)　金星について，次の(a)・(b)の問いに答えなさい。ただし，地球，金星の公転軌道は円軌道とする。また，金星の東方最大離角を48°とし，$\sin 48° = 0.74$，$\cos 48° = 0.67$，$\tan 48° = 1.11$とする。

(a)　金星が東方最大離角の位置にある時，地球から金星に電波を発射した。その電波が金星に反射して地球に返ってくる時間は何秒か，求めなさい。ただし，1天文単位(1AU)は，1.5×10^8km，電波の速さは，3.0×10^5km/sとする。

(b)　金星の公転周期を225日とした場合，東方最大離角の位置から再び東方最大離角の位置になるのは何日か，小数第1位を四捨五入して求めなさい。ただし，地球の公転周期は365日とする。

(3)　ある連星の主星と伴星の平均距離は20AU，公転周期は50年であった。主星と伴星の質量の和は太陽質量の何倍か，次のア〜エから1つ選び，記号で書きなさい。

ア　0.0032倍　　イ　0.3125倍　　ウ　3.2倍　　エ　312.5倍

(4)　203.75光年にある恒星の見かけの等級が6等級であった。この恒星の絶対等級は何等級か，求めなさい。ただし，絶対等級は恒星を32.6光年の距離から見たときの等級とする。

(5)　次のア〜キは恒星のスペクトル型を表す。ア〜キを恒星の表面温度の高い順に左から並べ，記号で書きなさい。

ア　A　　イ　B　　ウ　F　　エ　G　　オ　K　　カ　M　　キ　O

(6)　高温の火山活動が確認されている太陽系の衛星名を書きなさい。

(☆☆☆☆◎◎)

【3】 中学校学習指導要領「第2章　各教科」「第4節　理科」「第2　各分
　　野の目標及び内容」について，次の(1)～(5)の問いに答えなさい。
　(1)　次の文は〔第1分野〕「1　目標」の一部である。(　①　)・(　②　)
　　　にあてはまる語句を書きなさい。

> 　1　目標
> 　　物質や(　①　)に関する事物・現象を科学的に探究するため
> 　に必要な(　②　)を次のとおり育成することを目指す。

　(2)　次の文は〔第1分野〕「2　内容」の一部である。(　①　)・(　②　)
　　　にあてはまる語句を書きなさい。(同じ番号には，同じ語句が入る
　　　ものとする。)

> 　(1)　身近な物理現象
> 　　ア　身近な物理現象を日常生活や社会と関連付けながら，
> 　　　次のことを理解するとともに，それらの観察，実験など
> 　　　に関する技能を身に付けること。
> 　(ア)　光と音
> 　　㋒　音の性質
> 　　　　音についての実験を行い，音はものが(　①　)する
> 　　　ことによって生じ空気中などを伝わること及び音の高
> 　　　さや大きさは(　②　)の(　①　)の仕方に関係すること
> 　　　を見いだして理解すること。

　(3)　次の文は〔第2分野〕「1　目標」の一部である。(　①　)～(　③　)
　　　にあてはまる語句を書きなさい。

> 　(2)　生命や地球に関する事物・現象に関わり，それらの中に
> 　　問題を見いだし見通しをもって観察，実験などを行い，そ
> 　　の結果を分析して解釈し(　①　)するなど，科学的に探究
> 　　する活動を通して，(　②　)に気付くとともに規則性を見
> 　　いだしたり課題を(　③　)したりする力を養う。

(4)　次の文は〔第2分野〕「2　内容」の一部である。(　①　)～(　③　)にあてはまる語句を書きなさい。

> (1)　いろいろな生物とその共通点
> 　ア　いろいろな生物の共通点と相違点に着目しながら，次のことを理解するとともに，それらの観察，実験などに関する技能を身に付けること。
> 　(イ)　生物の体の共通点と相違点
> 　　⑦　植物の体の共通点と相違点
> 　　　身近な植物の(　①　)の観察を行い，その観察記録などに基づいて，共通点や相違点があることを見いだして，植物の体の(　②　)を理解すること。また，その共通点や相違点に基づいて植物が(　③　)できることを見いだして理解すること。

(5)　〔第1分野〕及び〔第2分野〕「3　内容の取扱い」について，次の(a)～(c)に答えなさい。

(a)　〔第1分野〕「3　内容の取扱い」「光の反射・屈折」において，白色光に関してどのようなことに触れることとされているか，「白色光は」に続けて書きなさい。

(b)　〔第1分野〕「3　内容の取扱い」「化学変化と電池」において，電極で起こる反応をイオンのモデルと関連付けて扱う際，「電池の基本的な仕組み」について，取り上げることとされている電池は何か，書きなさい。

(c)　〔第2分野〕「3　内容の取扱い」「地層の重なりと過去の様子」において，「身近な地形や地層，岩石などの観察」について，取り上げることとされている「化石」は何か，すべて書きなさい。

(☆☆○○○)

高 校 理 科

【物理】

【1】 長さL〔m〕の軽い糸の一端を固定し，他端に質量m〔kg〕の小球を取り付け，鉛直面内で運動させる。

　この小球を鉛直に吊し静止させた後，次図のように，小球に水平方向の初速度v_0〔m/s〕を与える。ふれの角θ〔rad〕は，鉛直下向きに張った糸を基準とし，反時計回りを正とする。また，小球の体積は無視できるものとし，重力加速度の大きさをg〔m/s^2〕とする。下の(1)〜(6)の問いに答えなさい。

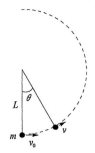

(1)　ふれの角がθ〔rad〕のときの小球の速さv〔m/s〕を求めなさい。

(2)　ふれの角がθ〔rad〕のときの糸の張力の大きさT〔N〕を求めなさい。

(3)　角θの最大値が$\dfrac{\pi}{2}$〔rad〕になるときの小球の初速度の大きさv_0〔m/s〕を求めなさい。

(4)　糸が直線を維持した状態で，角θをπ〔rad〕にするために必要な小球の最小の初速度の大きさv_0〔m/s〕を求めなさい。

(5)　もし，糸の代わりに軽くて丈夫な長さL〔m〕のたわまない棒を用いた場合，角θをπ〔rad〕にするために必要な小球の最小の初速度の大きさ$v_0{}'$〔m/s〕を求めなさい。

(6)　(4)で求めた初速度v_0〔m/s〕を糸に吊した小球に与えたとき，ふれの角θがπ〔rad〕になったあと，小球はどのような運動をするか，

簡単に説明しなさい。

(☆☆☆◎◎◎)

【2】音波に関する下の(1)〜(5)の問いに答えなさい。

振動数f，音速Vの音波を発する音源が，音速より十分に遅い速さv_sで移動する場合を考える。図1のように，音源から十分離れた前方に進行方向に垂直な壁が設けられており，音波は反射するものとする。このとき，音源の後方にいる静止した観測者にはうなりが聞こえる。

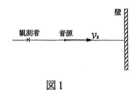

図1

(1)　音源から直接観測者に届く音の振動数をf, v_s, Vを用いて表しなさい。

(2)　壁で反射して観測者に届く音の振動数をf, v_s, Vを用いて表しなさい。

(3)　観測者には毎秒何回のうなりが聞こえるか，答えなさい。

音源の速度が音速よりも速い場合について考える。時刻0に図2の点x_0から発射された弾丸が，一定の振動数の音波を連続的に発しながら，x軸上の点x_4の位置まで音速Vより速い一定の速さv_pで飛行したとする。この弾丸は発射してn秒後に点x_nを通過するものとし，図3には弾丸が点x_1に達した時刻における，点x_0から発せられた音波の波面のこの紙面上の概形が描かれている。

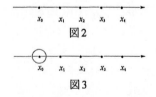

図2

図3

(4)　弾丸がx_4に達した瞬間における，それまでに発したすべての音波

の波面に共通に接する面(包らく面)のこの紙面上の概形を，作図過程がわかるように図示しなさい。

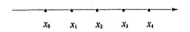

(5)　この包らく面の位置は時刻とともに変化する。包らく面とx軸のなす角度をϕとし，ϕ，v_p，Vの関係を示しなさい。

(☆☆☆◎◎◎)

【3】自己誘導に関する次の(1)・(2)の問いに答えなさい。

(1)　次の文中の(　ア　)～(　エ　)にあてはまる数式を示しなさい。

　　空気中に図1のようなN回巻きで長さl，断面積Sのソレノイドがあり，電流Iが流れている。ただし，ソレノイドの長さlはその半径に比べて十分長く，空気の透磁率をμとする。このときソレノイドの内部には$H=$(　ア　)で表される一様な磁界ができている。電流がΔt秒間にΔIだけ変化するとき，ソレノイドを貫く磁束の変化は(　イ　)であり，ファラデーの電磁誘導の法則より，ソレノイドの両端に生じる誘導起電力の大きさは(　ウ　)となる。よって，このソレノイドの自己インダクタンスは(　エ　)となる。

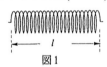

図1

(2)　図2のように内部抵抗の無視できる起電力3.0〔V〕の電池，抵抗が無視できるコイル，6.0〔Ω〕の抵抗R_1，30〔Ω〕の抵抗R_2をつなぎ，スイッチを入れ，十分に時間が経過した後スイッチを切った。電流は矢印の向きを正の向きとする。あとの(a)・(b)の問いに答えなさい。

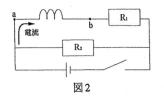

図2

(a) 次の①・②の場合，コイルの自己誘導による起電力(図2の点b
に対する点aの電位)および点aを流れる電流を答えなさい。

① スイッチを入れた直後　② スイッチを切った直後

(b) スイッチを切っても，しばらくの間，電流が流れた。その理由
を簡単に説明しなさい。

(☆☆☆◎◎◎)

【4】次図の〈圧力－体積〉のグラフは，圧力P_0，体積V_0，絶対温度T_0の
状態Aにある単原子分子理想気体1モルを，定圧変化，等温変化，断熱
変化の3通りの方法で体積$3V_0$まで変化させたものである。気体定数を
Rとして，下の(1)〜(5)の問い答えなさい。

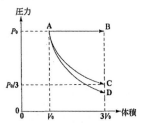

(1) 状態変化A→Bは定圧変化である。A→C，A→Dは，それぞれ等温
変化，断熱変化のどの変化に対応するか，答えなさい。

(2) 状態B，C，Dの温度を，それぞれT_B，T_C，T_Dとする。このうち，
定圧変化の場合の温度T_Bを計算した上で，それぞれの温度の大小関
係を不等号を用いて示しなさい。

(3) 状態変化A→B，A→C，A→Dについて，気体が外部にする仕事を
W_B，W_C，W_Dとする。それぞれの仕事の大小関係を不等号を用いて
示しなさい。

(4)　状態変化A→Bにおいて，気体が外部から得た熱量をQ_Bとする。この時，気体が外部にした仕事W_BとQ_Bを，それぞれR，T_0を用いて表しなさい。

(5)　1モルの気体に熱Qを与えて温度がΔT上昇するとき，QとΔTの比をモル比熱という。定積モル比熱C_Vは体積一定の場合の比熱で，定圧モル比熱C_Pは圧力一定の場合の比熱である。(4)の結果を用いて，定圧モル比熱C_Pを求めなさい。また，C_V，C_P，Rの関係を示しなさい。

(☆☆☆◎◎◎)

【5】図1に示すように，X線発生管内で熱陰極から初速度0で放出された電子を，加速電圧Vで加速して陽極(ターゲット)に衝突させると，図2のスペクトルを持つX線が発生した。このX線は，連続X線と波長λ_1およびλ_2($\lambda_1 < \lambda_2$)の特性X線(固有X線)からなる。このX線を，図1に示すように真空中に置かれた結晶に入射する。電子の質量をm，電子の電荷を$-e$，プランク定数をh，真空中の光の速さをcとして，下の(1)～(4)の問いに答えなさい。

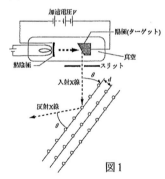
図1

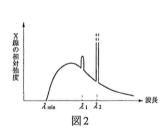
図2

(1)　陽極に衝突する直前の電子の速さv_0と，物質波としての電子の波長λ_0をV，m，e，h，cのうち必要なものを用いて表しなさい。

(2)　加速電圧Vを2倍にしたとき，次の(a)・(b)に示すX線の波長はどうなるか，説明しなさい。ただし，変化する場合は何倍になるかを示

すこと。

(a)　連続X線の最短波長 λ_{min}

(b)　特性X線の波長 λ_1, λ_2

(3)　加速電圧Vで発生したX線を，図1に示すようにスリットを通して面間隔dの格子面に対して角度θで入射する。θを0°から徐々に大きくするとき，反射X線の強度が先に極大になるのは，波長 λ_1 と λ_2 の特性X線のどちらか，答えなさい。

(4)　(3)で示した回折実験を波長 $\lambda = 7.1 \times 10^{-11}$ 〔m〕の特性X線を用いて行った。ある結晶格子面にこの特性X線を入射する。θを0°から徐々に大きくすると，$\theta = 30°$で初めて強い反射X線が観測された。この結晶格子面の間隔dを求めなさい。

(☆☆☆◎◎◎)

【6】次の文は，高等学校学習指導要領(平成30年告示)「理科」の「第3款　各科目にわたる指導計画の作成と内容の取扱い」の一部である。[　①　]～[　⑨　]にあてはまる語句を答えなさい。

2　内容の取扱いに当たっては，次の事項に配慮するものとする。

(1)　各科目の指導に当たっては，[　①　]を見いだし観察，実験などを[　②　]する学習活動，観察，実験などの結果を[　③　]し[　④　]する学習活動，科学的な概念を使用して考えたり[　⑤　]したりする学習活動などが充実するようにすること。

(2)　[　⑥　]を尊重し，自然環境の保全に寄与する態度の育成を図ること。また，環境問題や[　⑦　]の進歩と人間生活に関わる内容等については，[　⑧　]な社会をつくることの重要性も踏まえながら，[　⑨　]な見地から取り扱うこと。

(☆☆◎◎◎)

【7】鉛直ばね振り子の周期とおもりの質量の関係性を検証する実験を4人グループで行った。グループで計測結果を表にまとめ共有させた後，

考察は各自の宿題にして提出させた。あるグループの測定結果の表とそのグループの2人の生徒の考察を下に示した。下の(1)～(3)の問いに答えなさい。

おもりの質量 m 〔g〕	20	40	60	80	100	120	ばね定数：$k = 2.5$ 〔N/m〕
計測周期の平均値 〔s〕	0.66	0.87	1.02	1.18	1.28	1.39	理論値の式：$2\pi\sqrt{\dfrac{m}{k}}$
周期の理論値 〔s〕	0.56	0.79	0.97	1.12	1.26	1.38	

A君の考察

> すべての計測値の周期は理論値よりも大きくなっており，おもりが小さいほどその傾向が大きい。原因としてはストップウォッチを押すタイミングがずれたのだと思う。スローモーション動画の撮影をして，コマ数で時間を計ったら正確に計測できて誤差を減らすことができると思う。

B君の考察

> おもりの質量に関係なく，計測値の周期は理論値より大きくなった。周期を計測する際の測定誤差がその原因であるならば，計測値と理論値の大小関係はばらばらになるはずである。原因としては，理論式は空気の抵抗やばねの質量を考慮していないので，その部分で差が出たのだと考える。

(1) 講評でA君・B君の考察の良い部分を他の生徒に紹介したい。それぞれの良い点を2つずつ示しなさい。

(2) 提出された考察では，周期と質量の関係性を検証できている生徒が少なかったので，次回の授業では，結果をグラフ化して再検証させたいと考えた。グラフが実験結果を可視化する有効な手段であることを考慮すれば，どのようなグラフを描かせ，どのように検証させるのかよいか，答えなさい。

(3) 考察の内容不足や安易な理由付けの状況を改善するために，次の実験(別テーマ)ではグループで意見交換させ，考えを深めさせてから個々のレポートとして提出させることにする。その時には，効率

よく話し合いを進めるために論点を明確に指示したい。考察で述べるべき内容を踏まえて，その論点を2つ箇条書きで答えなさい。

(☆☆☆◎◎)

【化学】

必要ならば原子量は次の値を用いなさい。H＝1.0，C＝12，O＝16，Na＝23，S＝32，Cu＝64，Zn＝65

【1】次の文を読み，(1)～(4)に答えなさい。ただし，同じ記号の空欄には同じ語句が入るものとする。

　　空気は常温で(あ)であり，空気を1.0×10^5Paのもとで冷却すると約-193℃で(い)となる。空気の成分である A と B はそれぞれ沸点が，(a)-196℃，-183℃であるので，この違いを利用して A と B を分離することができる。このような分離法を「深冷分離法」という。 A は，半導体製造や食品の酸化防止などに利用されている。また，(い)の状態では，冷剤として利用されている。 B は工業や医療に利用される重要な物質であり，深冷分離法によりその多くが得られている。水の電気分解でも B を得ることができるが，コストが高くなるため一般的ではない。 C は， D よりも(b)空気中に多く含まれるにもかかわらず，その発見はずっと後になった。沸点が-186℃であり，深冷分離法により A ・ B とともに併産することができるが，精製にコストがかかるため，その製造施設の数は少ない。 D は，(う)の状態で冷剤のドライアイスとして用いられるが，これは深冷分離法ではなく，アンモニア等の製造過程で発生するものから製造されている。深冷分離法では， D は，水蒸気とともに(う)の状態で不純物として取り除かれている。

(1)　(あ)～(う)に，固体，液体，気体のいずれかを書きなさい。

(2)　 A ～ D に，あてはまる空気の成分を書きなさい。

(3) 下線部(a)の温度を絶対温度で表し，単位とともに書きなさい。

(4) 下線部(b)の理由として考えられることを書きなさい。

(☆☆◎◎◎)

【2】次の図のダニエル電池について，(1)～(6)に答えなさい。数値計算の解答は有効数字3桁で答えなさい。

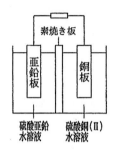

(1) ダニエル電池の電池式を〈例〉にならって書きなさい。

〈例〉 (−) Pb | H₂SO₄aq | PbO₂ (＋)

$$(-)\ Pb\ |\ H_2SO_4aq\ |\ PbO_2\ (+)$$

(2) 正極活物質と負極活物質は何か，化学式で書きなさい。

(3) 放電時に各極で起こる変化を電子e⁻を使った式で書きなさい。

(4) 素焼き板を通って，硫酸銅(Ⅱ)水溶液から硫酸亜鉛水溶液の方に移動するイオンは何か，ア～エより1つ選びなさい。

ア H^+　イ Zn^{2+}　ウ Cu^{2+}　エ SO_4^{2-}

(5) 取り出すことができる電気量を多くするためには，各水溶液の濃度をどのようにすればよいか，書きなさい。

(6) 3.86×10^4 Cの電気量が流れたとすると，正極の質量は何g増加するか，求めなさい。ファラデー定数を9.65×10^4 C/molとする。

(☆☆◎◎◎◎)

【3】次の文を読み，(1)～(4)に答えなさい。ただし，同じ記号の空欄には同じ語句が入るものとする。また，数値計算の解答は有効数字2桁で答えなさい。

一定量の溶媒に溶ける溶質の最大質量を溶解度といい，溶解度は溶

媒や溶質の種類だけでなく，温度によっても変化する。固体の溶解度は，飽和溶液中の溶媒100gあたりに溶けている溶質の質量〔g〕の数値で表す。また，水和水を持つ結晶を水和物といい，水和物の溶解度は，水100gに溶けることができる無水物の質量〔g〕の数値で表す。固体の溶解度は，溶媒の温度によって変化するが，溶解度の温度変化を示したグラフを(　あ　)という。一般に，固体の溶解度は温度が高くなるほど(　い　)くなるものが多いが，物質によりそれぞれ異なる。KNO_3のように温度上昇により溶解度が大きくなるものもあれば，$Ca(OH)_2$のように温度上昇により溶解度が小さくなる物質もある。このような溶解度の温度変化は，その溶質の溶解熱と関係がある。すなわち，(　う　)の原理により，溶解熱が吸熱であるKNO_3は，温度を上げると溶解が進む方向に平衡が移動するが，溶解熱が発熱である$Ca(OH)_2$は，温度を上げると析出が進む方向に平衡が移動する。

　硫酸ナトリウムの(　あ　)は，次の図のように32.4℃で折れ曲がっている。この点を転移点といい，32.4℃より低い温度では10分子の水和水を持つ結晶$Na_2SO_4・10H_2O$が析出するが，32.4℃より高い温度では水和水をもたない無水物Na_2SO_4が析出することを示す。20℃での硫酸ナトリウムの溶解度は19，60℃での硫酸ナトリウムの溶解度は45とする。

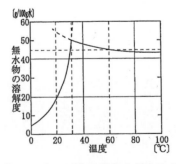

(1)　(　あ　)～(　う　)にあてはまる語句を答えなさい。

(2)　60℃の硫酸ナトリウムの飽和水溶液100gの中の溶質の質量は何gか，求めなさい。

(3) 上のグラフを用いて，$Na_2SO_4 \cdot 10H_2O$とNa_2SO_4(無水物)の溶解熱の違いを説明しなさい。

(4) 60℃の硫酸ナトリウムの飽和水溶液145gを，20℃で放置した。析出する硫酸ナトリウムの結晶は何gか，求めなさい。ただし，水の蒸発はないものとする。

(☆☆☆◎◎◎)

【4】次の文を読み，(1)~(4)に答えなさい。数値計算の解答は有効数字2桁で答えなさい。

　純粋な液体は一定温度で一定の蒸気圧を示し，その表面では分子が絶えず蒸発と凝縮を繰り返している。その溶液に不揮発性の物質を溶かして溶液にすると，もとの純溶媒に比べて蒸気圧が低くなる。これは，溶媒のみのときと比較して，溶液では不揮発性の溶質分子が液面の一部を占領したので溶媒分子の蒸発が妨げられることによるものと考えられる。このように，溶媒に不揮発性の溶質を溶かした溶液の蒸気圧Pが，もとの純溶媒の蒸気圧P_0より小さくなる現象を蒸気圧降下という。

　フランスのラウールは1887年に不揮発性物質の溶けた希薄溶液では，その蒸気圧は，溶液中の溶媒のモル分率に比例することを発見した。これは，溶媒をN〔mol〕溶質をn〔mol〕とすると，

$$P = \frac{N}{N+n} P_0$$

と表される。$\dfrac{N}{N+n}$は，溶媒のモル分率である。この関係をラウールの法則という。また，純溶媒と溶媒との蒸気圧の差(P_0-P)を蒸気圧降下度ΔPといい，次の①式で表される。

$$\Delta P = P_0 - \boxed{A} P_0 = \frac{n}{N+n} P_0 \cdots\cdots ①$$

よってΔPは溶液中の溶質のモル分率$\dfrac{n}{N+n}$に比例する。

　一方，希薄溶液では$N \gg n$なので，$N+n \fallingdotseq N$と近似できる。よって，①式は次の②式のように簡略化できる。

$$\Delta P = \frac{n}{N} P_0 \cdots\cdots ②$$

ここで，溶媒の質量をW〔kg〕，分子量をMとすると，溶媒の物質量は$N = \boxed{\text{B}}$と表すことができる。これを②式へ代入して，

$$\Delta P = \frac{nM}{1000W} P_0 \cdots\cdots ③$$

③式で$\boxed{\text{C}}$〔mol/kg〕を質量モル濃度m，$\boxed{\text{D}}$をまとめて溶媒に固有の定数kとおくと，

$$\Delta P = k \cdot m \cdots\cdots ④$$

つまり，蒸気圧降下度ΔPは，溶質の種類に関係なく，その溶液の質量モル濃度に比例するという関係が導ける。

(1)　$\boxed{\text{A}} \sim \boxed{\text{D}}$に適する文字式を書きなさい。

(2)　水500gにブドウ糖14.4gを溶かした溶液の蒸気圧降下度ΔPをP_0を用いて表しなさい。

(3)　水250gにブドウ糖18.0gを溶かした溶液の質量モル濃度を答えなさい。

(4)　次の図のような装置を用意し，コックを閉じたまま，容器Aには水500gにブドウ糖14.4gを溶かした溶液を，溶液Bには水500gにブドウ糖18.0gを溶かした溶液を入れた。溶液A・溶液Bを十分細い管でつなぎ，容器全体を一定の温度に保ったままコックを開き十分な時間が経過したとき，水はどちらの容器からどちらの容器に何g移動するか，書きなさい。

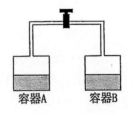

容器A　　　容器B

(☆☆☆◎◎)

【5】次の文を読み，(1)～(4)に答えなさい。
　　エチレンは，（　あ　）色の気体であり，エタノールを（　い　）と混合

214

して，約160℃〜170℃に加熱すると生成する。エチレンは，二重結合をもつため反応性が高く，硫酸酸性の過マンガン酸カリウム水溶液に通じると容易に酸化されて，溶液の（　う　）色を脱色する。また，臭素水と反応させると（　え　）反応により（　お　）が生成する。

　1950年代より，石油化学工業の隆盛に伴い，エチレンは大量安価に供給されるようになった。酢酸は有機化学合成における重要な基幹物質であるが，エチレンは酢酸の原料としても重要な位置を占めるようになる。遷移金属触媒を用いて，エチレンから酢酸の原料となるアセトアルデヒドを製造するプロセスはヘキスト・ワッカー法と呼ばれ，ドイツのヘキスト社及びワッカー社により1959年に工業化された。それ以前に，塩化パラジウムの塩酸水溶液にエチレンを吹き込むと，塩化パラジウムが金属パラジウムに還元され，アセトアルデヒドが生成することは分かっていた。

$$C_2H_4 + PdCl_2 + 【\ x\ 】H_2O \rightarrow CH_3CHO + Pd + 【\ y\ 】HCl \cdots\cdots ①$$

　ヘキスト社及びワッカー社では，塩化銅(Ⅱ)を過剰に加えると生成した金属パラジウムが塩化パラジウムに再酸化されることを発見した。塩化銅(Ⅱ)はパラジウムの再酸化によって還元されて塩化銅(Ⅰ)となるが，これは酸素によって再び塩化銅(Ⅱ)へと再酸化される。

$$Pd + 2CuCl_2 \rightarrow \boxed{\ A\ } + 2\boxed{\ B\ } \qquad \cdots\cdots ②$$

$$4\boxed{\ C\ } + O_2 + 4HCl \rightarrow 4CuCl_2 + 2\boxed{\ D\ } \quad \cdots\cdots ③$$

　①〜③をまとめると，全体の反応式は以下の④のようになり，エチレンは酸素によってアセトアルデヒドへと酸化されたことになる。

$$\boxed{} \cdots\cdots ④$$

　この方法はそれまで行われていたアセチレンを原料とするアセトアルデヒド製造プロセスにとって代わるものとなった。また，このような遷移金属触媒を用いた方法は，その後のPd触媒を用いた精密有機化学合成の基礎を築くことに繋がった。

(1)　（　あ　）〜（　お　）にあてはまる語句を書きなさい。

(2)　①の化学反応式について【　x　】・【　y　】にあてはまる係数を書きなさい。ただし，係数が1の場合も簡略化せず1と記入すること。

(3)　②・③の化学反応式について $\boxed{\text{A}}$ ～ $\boxed{\text{D}}$ の化学式を書きなさい。

(4)　④の化学反応式を書きなさい。

(☆☆☆◎◎◎)

【6】次の文を読み，(1)～(3)に答えなさい。ただし，有機化合物の構造式は次の〈例〉のように示しなさい。

〈例〉

O-C-CH-CH₂-CH₃　(ベンゼン環)　O OH

　ベンゼンの1つの水素が置換された分子式$C_9H_{10}O_2$で表されるエステルがある。このエステルには，構造異性体としてA，B，C，D，E，Fの6つが存在し，これらを酸を用いて加水分解すると，A，B，Cからはベンゼン環をもったアルコールと脂肪族カルボン酸が生じた。AとBの加水分解で生じた脂肪族カルボン酸は還元性をもつ。また，Bから生じたベンゼン環をもつアルコールは第2級アルコールであった。Eからは最も簡単な構造をもつ芳香族カルボン酸が生じた。また，Fの加水分解によって生じた芳香族化合物に塩化鉄(Ⅲ)水溶液を加えると紫色の物質が生じた。

(1)　A～Fの構造式を書きなさい。

(2)　下線部の反応を示す芳香族化合物のベンゼン環の炭素原子に結合している官能基は何か，書きなさい。

(3)　ベンゼンの1つの水素が置換された分子式$C_9H_{10}O_2$で表される化合物について，側鎖に四員環をもち不斉炭素原子が1つだけ存在するもののうち，2つの構造式を書きなさい。

(☆☆☆☆◎◎◎)

【7】高等学校学習指導要領「理科」について，(1)～(3)に答えなさい。

(1)　次の文は，「第1　科学と人間生活　1　目標」である。[　①　]～[　⑥　]にあてはまる語句を答えなさい。

　　自然の事物・現象に関わり，理科の[　①　]を働かせ，[　②　]をもって観察，実験を行うことなどを通して，自然の事物・現象を科学的に探究するために必要な資質・能力を次のとおり育成することを目指す。

(1)　自然と人間生活との関わり及び科学技術と人間生活との関わりについての[　③　]を深め，科学的に探究するために必要な観察，実験などに関する[　④　]を身に付けるようにする。

(2)　観察，実験などを行い，人間生活と[　⑤　]付けて科学的に探究する力を養う。

(3)　自然の事物・現象に進んで関わり，科学的に探究しようとする[　⑥　]を養うとともに，科学に対する興味・関心を高める。

(2)　次の文は，「第4　化学基礎　3　内容の取扱い　(2)　ウ」である。【　①　】～【　⑥　】にあてはまる語句をア～スから選び，記号で答えなさい。

(2)　内容の範囲や程度については，次の事項に配慮するものとする。

　　ウ　内容の(3)のアの(ア)の⑦(物質量)については，モル質量や溶液の【　①　】も扱うこと。

　　　(イ)の⑦(酸・塩基と中和)については，酸や塩基の強弱と【　②　】の大小との関係も扱うこと。「酸と塩基」については，【　③　】とpHとの関係にも触れること。「中和反応」については，生成する【　④　】にも触れること。①(酸化と還元)については，代表的な酸化剤，還元剤を扱うこと。また，金属の【　⑤　】やダニエル電池の反応にも触れること。

　　　(ウ)の⑦(化学が拓く世界)については，【　⑥　】や社会で利用されている科学技術の具体的事例を取り上げる

> こと。

【選択群】

ア　塩基の性質	イ　塩の性質
ウ　水素イオン濃度	エ　質量モル濃度
オ　溶解度	カ　電離度
キ　質量パーセント濃度	ク　モル濃度
ケ　人間生活	コ　日常生活
サ　化学変化	シ　イオン化傾向
ス　イオン化エネルギー	

(3) 次の文は「第5　化学　2　内容　(3)」である。[　①　]~[　⑤　]にあてはまる語句を答えなさい。

> (3)　無機物質の性質
>   無機物質の性質についての観察，実験などを通して，次の事項を身に付けることができるよう指導する。
> ア　無機物質について，次のことを理解するとともに，それらの観察，実験などに関する[　①　]を身に付けること。
> 　(ア)　無機物質
> 　　⑦　典型元素
> 　　　典型元素に関する実験などを行い，典型元素の性質が[　②　]に基づいて[　③　]できることを理解すること。
> 　　④　遷移元素
> 　　　遷移元素の[　④　]の性質を理解すること。
> イ　無機物質について，観察，実験などを通して探究し，典型元素，遷移元素の性質における[　⑤　]を見いだして表現すること。

(☆☆◎◎◎)

【生物】

【1】次の文章を読み，(1)〜(4)の問いに答えなさい。

　ヒトのからだには異物の侵入を防ぐ様々なしくみがある。第一のし
くみは①物理的・化学的防御で，これを突破した異物には，②自然免
疫や③適応免疫のしくみがはたらく。

(1)　下線部①について，(a)〜(c)の問いに答えなさい。

　　(a)　汗に含まれる酵素の名称を答えなさい。また，この酵素のはた
　　　らきを説明しなさい。

　　(b)　皮膚の表面は扁平な細胞が隙間なく重なり，異物の侵入を防い
　　　でいる。この細胞層の名称を答えなさい。

　　(c)　食物に付着した病原体はそのまま胃の中に入ることがあるが，
　　　胃の中で無毒化される。そのしくみを説明しなさい。

(2)　下線部②について，自然免疫に関する記述として正しいものを，
　　ア〜オからすべて選び，記号で答えなさい。

　　ア　抗原体反応が見られる。

　　イ　好中球が異物を取り込み除去する。

　　ウ　異物の種類を厳密には識別せずに反応する。

　　エ　同じ異物が2度目以降に侵入した際には，早く強い反応が起こ
　　　る。

　　オ　NK細胞により侵入した異物が直接除去される。

(3)　下線部③について，ヒトが病原体の体内への侵入を許した後，体
　　液性免疫を示すまでに至る過程の中で，ヘルパーT細胞が果たす役
　　割を説明しなさい。

(4)　下線部③について，ヒトが病原体の体内への侵入を許した後，細
　　胞性免疫を示すまでに至る過程の中で，キラーT細胞が果たす役割
　　を説明しなさい。

(☆☆☆◎◎◎◎)

【2】次の文章を読み，(1)〜(5)の問いに答えなさい。

　酵素は，(　a　)エネルギーを減少させることで化学反応を促進する

触媒で, ①特定の酵素は特定の基質にしか作用しない性質をもつ。ピリミジンヌクレオチド合成経路の初期段階ではたらく②アスパラギン酸カルバモイル基転移酵素(ACT)は, この合成経路の最終産物であるシチジン三リン酸(CTP)による(b)調節(阻害)によって活性が変化する。なお, CTPは, ACTの基質とは化学構造が大きく異なる物質である。一方, 基質と化学構造のよく似た物質が酵素反応を阻害することを(c)阻害という。③クエン酸回路の酵素であるコハク酸脱水素酵素(SDH)が, 基質であるコハク酸によく似た物質であるマロン酸によって阻害されるのは, その例である。

(1)　文中の(a)～(c)に適する語句を答えなさい。

(2)　下線部①について, この性質の名称を答えなさい。また, この性質が生じる理由を「活性部位」という語句を用いて説明しなさい。

(3)　下線部②について, このような酵素の総称を答えなさい。また, その構造の特徴を説明しなさい。

(4)　下線部②について, このような調節(阻害)の意義を簡潔に説明しなさい。

(5)　下線部③について, 次の図は, 基質(コハク酸)濃度の変化に対するSDHの反応速度の変化を示したものである。破線の状態から, 下の(a)・(b)のような条件を加えた場合, どのような結果が得られるか。図の(ア)～(オ)から選び, それぞれ記号で答えなさい。

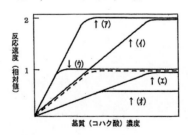

(a)　SDHの濃度を2倍にした場合。

(b)　一定量のマロン酸を添加した場合。

(☆☆☆◎◎◎)

【3】図は光合成のしくみを模式化したものである。図中の(ア)～(キ)，(X)～(Z)について，(1)～(6)の問いに答えなさい。ただし，同じ記号には同じ語句が入るものとする。

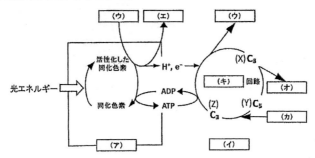

(1) 光合成は葉緑体で行われ，その過程は図のような(ア)と(イ)での2段階からの反応になる。(ア)と(イ)の反応は葉緑体のどの部分で起こるか答えなさい。

(2) (オ)～(キ)に適する語句を答えなさい。

(3) (ア)の中で行われる反応のうち，(ウ)から(エ)への反応に関わる反応系の名称を答えなさい。

(4) (キ)回路で行われる反応は，光がないと停止する。光を遮断した直後に濃度が高くなるのは，(キ)回路中の化合物(X)～(Z)のうちのどれか，記号で答えなさい。またその化合物の名称を答えなさい。

(5) (キ)回路の反応では3分子の(カ)を用いて6分子の(X)がつくられ，そのうち5分子が(Y)の再生に，1分子が(オ)の合成に利用される。このとき何分子の(Y)が再生されるか答えなさい。

(6) (ア)におけるATPの合成過程を，「H^+」，「濃度勾配」，「酵素」という3語をすべて用いて説明しなさい。

(☆☆◎◎◎◎)

【4】DNAの複製について，(1)～(8)の問いに答えなさい。

A　メセルソンとスタールは，^{15}NのみをDNAにもつ大腸菌を第1世代として^{14}Nのみを含む培地で数世代にわたり培養し，各世代のDNA

を遠心分離によって^{14}Nのみを含むDNA($^{14}N+^{14}N$)，^{14}Nと^{15}Nを両方含むDNA($^{14}N+^{15}N$)，^{15}Nのみを含むDNA($^{15}N+^{15}N$)に分離し，その比率を比較することでDNAの複製方式が半保存的複製であることを証明した。

(1)　第4世代のDNAの分離比率を答えなさい。

(2)　DNAの複製方式が保存的複製である場合，第4世代のDNAの分離比率を答えなさい。

B　DNAポリメラーゼは，鋳型となるヌクレオチド鎖のうち一方には，連続的に新生鎖を合成するが，もう一方には，短いDNA断片を不連続に合成する。この断片は(a)と呼ばれ，これらが(b)という酵素で結合されて新生鎖となる。

(3)　文中の(a)・(b)に適する語句を答えなさい。

(4)　鋳型となるヌクレオチド鎖によって，新生鎖合成の違いが生じる原因となるDNAポリメラーゼの性質を説明しなさい。

C　PCR法はDNA複製のしくみを応用したもので，鋳型DNAにDNAポリメラーゼ，4種類のヌクレオチド，(c)を加え，設定温度が異なる3つのステップを1サイクルとし，これを繰り返すことで，同一のDNA断片を短時間で多量に増幅することができる。

(5)　文中の(c)に適する語句を答えなさい。

(6)　3つのステップの設定温度をそれぞれ55℃，72℃，95℃とするとき，その順番を答えなさい。

(7)　PCR法に用いるDNAポリメラーゼには，通常の酵素にはない特別な性質が必要となる。その性質を簡潔に説明しなさい。

(8)　鋳型DNA1個を100万個以上に増幅するために必要な最小サイクル数を答えなさい。

(☆☆☆◎◎◎)

【5】次の文章を読み，(1)～(4)の問いに答えなさい。

　ヒトが明所から暗所に入ると視覚の感度が変化する。その経過を調べる実験を行った。

＜実験＞　はじめに，被験者の目を十分に明るい環境に慣らした後，暗室に入れ実験を開始した。暗室に入った直後から様々な時点で，被験者の網膜の広い範囲に感じ取れないほど弱い白色光を照射した。その後少しずつ光の強度を上げていき，光を感じられる最小強度(この値のことを「光覚閾」という)を調べた。図は暗室に入ってからの時間の変化に対する光覚閾の変化を示したものである。

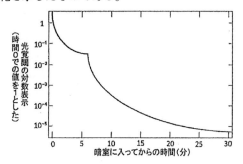

(1)　ヒトは2種類の視細胞をもっているが，暗室に入ってからの時間が15分での光覚閾ではたらいている細胞の名称を答えなさい。

(2)　(1)の細胞内にある感光物質の名称を答えなさい。またその物質に光が当たると，どのような反応が起こるか，説明しなさい。ただし，反応後に生じる物質名について触れること。

(3)　ヒトが色の違いを認識できるしくみを説明しなさい。

(4)　実験では，被験者の網膜の広い範囲に白色光を照射して光覚閾の変化を調べた。これを，白色光を黄斑部のみに照射した場合，どのような結果が得られると考えられるか。予測される光覚閾の変化を，次のグラフの図にかきなさい。また，かいたグラフのようになる理由を説明しなさい。ただし，次のグラフの図の破線は，上の図の実線と同じものとする。

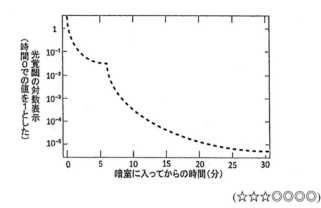

（☆☆☆◎◎◎◎）

【6】異種個体群間の関係について，(1)～(4)の問いに答えなさい。

(1)　文中の(a)・(b)に適する語句を答えなさい。

　　　ゾウリムシとヒメゾウリムシは(a)が似ているため，混合飼育すると，やがてゾウリムシが全滅する。これは，両者の間に(b)が起こるためである。

(2)　閉鎖空間におかれた捕食・被食の関係が成り立つ2種の生物は，両者の全滅に終わることが多いが，自然界では両者が共存している場合が見られる。その理由として最も適当なものを次のア～カから2つ選び，記号で答えなさい。

　ア　被食者の食物が豊富にあるため。

　イ　捕食者の食物は1種とは限らないため。

　ウ　被食者の隠れ場所があるため。

　エ　捕食者の隠れ場所があるため。

　オ　環境要因によって被食者の増殖率が低下するため。

　カ　環境要因によって捕食者の増殖率が上昇するため。

(3)　次の図は，ある地域のキツネ(捕食者)とウサギ(被食者)の個体数の経年変化を示したものである。この地域では，1978年に発生した感染症によって，キツネの個体数が大幅に減少した。なお，図には1978年以降のウサギの個体数は示していない。(a)・(b)の問いに答え

なさい。

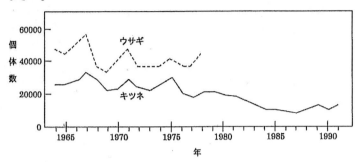

(a) 1965年から1978年までの間のキツネとウサギの個体数が，一定の範囲内で周期的に変動する理由を説明しなさい。

(b) 1978年から1991年までのウサギの個体数は，どのように変化すると考えられるか，説明しなさい。ただし，この感染症は，ウサギには感染しないものとする。

(4) 共生と寄生について，(a)・(b)の問いに答えなさい。

(a) ①相利共生，②寄生の関係にある生物の組合せとして最も適当なものを，次のア〜オから選び，それぞれ記号で答えなさい。

ア　ヤドリギとミズナラ　　イ　ダイズと根粒菌

ウ　オイカワとカワムツ　　エ　カクレウオとナマコ

オ　サメとコバンザメ

(b) 片利共生と寄生の共通点と相違点を説明しなさい。

(☆☆☆◎◎◎)

【7】次の文は，高等学校学習指導要領「理科」の「第6　生物基礎」における「1　目標」である。(a)〜(f)にあてはまる語句を答えなさい。

　生物や生物現象に関わり，理科の(a)を働かせ，(b)をもって観察，実験を行うことなどを通して，生物や生物現象を科学的に探究するために必要な(c)を次のとおり育成することを目指す。

(1) 日常生活や社会との関連を図りながら，生物や生物現象について

理解するとともに，科学的に探究するために必要な観察，実験など
に関する(d)を身に付けるようにする。

(2)　観察，実験などを行い，(e)を養う。

(3)　生物や生物現象に主体的に関わり，科学的に探究しようとする態
度と，生命を尊重し，(f)に寄与する態度を養う。

(☆☆◎◎◎)

【8】次の文は，高等学校学習指導要領「理科」の「第7　生物」におけ
る「2　内容　(3)　遺伝情報の発現と発生　ア」の一部である。
(a)～(f)にあてはまる語句を答えなさい。ただし，同じ記号に
は同じ語句が入るものとする。

(ア)　遺伝情報とその発現

⑦　遺伝情報とその発現

　　DNAの(a)に関する資料に基づいて，DNAの(a)の仕組
みを理解すること。また，遺伝子発現に関する資料に基づいて，
遺伝子の発現の仕組みを理解すること。

(イ)　発生と遺伝子発現

⑦　遺伝子の発現調節

　　遺伝子の発現調節に関する資料に基づいて，遺伝子の発現が調
節されていることを見いだして理解すること。また，(b)の調
節をそれに関わる(c)と関連付けて理解すること。

④　発生と遺伝子発現

　　発生に関わる遺伝子の発現に関する資料に基づいて，発生の過
程における(d)を遺伝子発現の調節と関連付けて理解するこ
と。

(ウ)　遺伝子を扱う技術

⑦　遺伝子を扱う技術

　　遺伝子を扱う技術について，その(e)と(f)を理解するこ
と。

(☆☆◎◎◎)

【地学】

【1】次の(1)～(5)の問いに答えなさい。

(1) 次の文章は，地球の形について説明したものである。下の(a)～(c)の問いに答えなさい。

地球で緯度差1°に対する子午線の長さを精密に測定すると，高緯度地域より低緯度地域の方が(①)いことから，地球は(②)方向に膨らんだ回転楕円体であることがわかった。

(a) 文章中の(①)・(②)に適する語句を書きなさい。

(b) 地球の形に最も近い回転楕円体を何というか，書きなさい。また，その偏平率はいくらか，最も適するものを次のア～エから1つ選び記号で答えなさい。

ア $\dfrac{1}{3}$　イ $\dfrac{1}{30}$　ウ $\dfrac{1}{300}$　エ $\dfrac{1}{3000}$

(c) 教室の黒板に楕円をできるだけ正確に描きたい。どのような方法があるか，書きなさい。図を使ってもよい。

(2) 地球を半径6400kmの球として，地表から外核までの深さを2900kmとするとき，マントルの体積は地球全体積の何％を占めるか，有効数字2桁で求めなさい。

(3) 図1のように，水を入れたビーカーを電子天秤で質量を量ったところM〔g〕であった。次に図2のように，質量m〔g〕の岩石を重さが無視できる軽い糸で結んでつり下げ，ビーカーの壁面や底に触れないように完全に水中に沈めたところ，電子天秤の示す質量はM'〔g〕だった。水の密度をρ〔g/cm³〕として岩石の密度ρ'〔g/cm³〕をM，M'，m，ρを使って表しなさい。ただし，岩石は十分に緻密で水がしみ込まないものとする。

図1　　　　図2

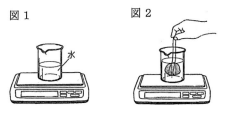

(4)　図3は，震源の浅い地震の走時曲線である。図4は，このときの地震波が地殻，マントルを伝わる様子を表したものである。下の(a)・(b)の問いに答えなさい。

図3

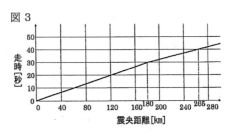

(a)　図3で震央距離180kmの地点で走時曲線が折れ曲がっている理由は何か，書きなさい。

図4

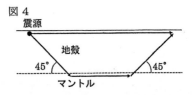

(b)　図3，図4から地殻の厚さはいくらか，最も適するものを次のア～キから1つ選び記号で答えなさい。

ア　20km　　　イ　26km　　　ウ　32km　　　エ　38km
オ　44km　　　カ　50km　　　キ　56km

(5)　プレート境界付近と関係なく，マントルの深部から高温の物質が上昇してマグマが発生し，火山活動が起きている場所を何というか，書きなさい。また，そこで発生するマグマは流紋岩質マグマと比較して，温度，SiO_2量，粘性について，どのような特徴があるか，書きなさい。

（☆☆☆◎◎◎）

【２】火成岩を構成している大部分の造岩鉱物は，図のようなSiO_4四面体がつながった構造をしている。あとの(1)〜(4)の問いに答えなさい。

酸素

ケイ素

(1) 図のようなSiO₄四面体がつながった結晶構造をしている鉱物を何というか, 書きなさい。

(2) 角閃石, 黒雲母について, SiO₄四面体がどのようなつながり方をしているか, 次のア〜エからそれぞれ1つ選び記号で答えなさい。

ア 独立　イ 複鎖状　ウ 単鎖状　エ 網状

(3) 火成岩の全ての構成鉱物に対する有色鉱物の占める割合(体積%)を示す色指数の測定方法を説明しなさい。

(4) ある深成岩が鉱物A, 鉱物B, 鉱物Cから構成されており, その割合(重量%)は, それぞれ38%, 34%, 28%であった。鉱物A, 鉱物B, 鉱物CのSiO₂量(重量%)を, それぞれ41%, 58%, 46%とすると, この深成岩のSiO₂量(重量%)を小数第2位を四捨五入して求めなさい。また, この深成岩の岩石名を答えなさい。

(☆☆☆◎◎◎◎)

【3】次の文を読み, (1)〜(6)の問いに答えなさい。

図は, ある地域の地質図である。地層Aは, 厚い石灰岩でサンゴやフズリナの化石を含んでいた。また, 岩体Gとの接触部では変成作用が見られた。地層Bは, 主に礫岩, 砂岩の地層で地層Aと不整合の関係で接していた。地層Cは, 主に砂岩からなる地層でトリゴニアを多く産出した。地層Dは, 砂岩と泥岩の互層で, その砂岩に級化構造が確認できた。地層Eは, 礫岩が見られた。岩体Gは, 放射性年代で約8000万年を示す花こう岩で, この地域を含む広い範囲に分布していた。f−f′は断層で水平方向のずれは見られなかった。なお, 実線は地層の境界線, 破線は等高線である。

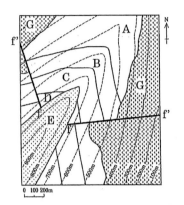

(1)　地層Aと地層Bは，不整合で接している。地層の重なり方でどのような場合に不整合と判断できるか，2つ書きなさい。

(2)　地層Aと岩体Gが接している部分で，粗粒のやや透明な鉱物が発達する岩石がみられた。この岩石は何か，書きなさい。

(3)　地層Dの砂岩をタービダイトとすると，地層Dの砂岩と泥岩の互層の形成過程を説明しなさい。

(4)　岩体Gの形成年代はいつか，「～紀」で書きなさい。

(5)　断層f−f′の種類は何か，書きなさい。また，このことから，この地域にどのような力がどの向きにはたらいたと推測できるか，最も適するものを次のア～エから1つ選び記号で答えなさい。

　　ア　圧縮力，北東−南西　　　イ　圧縮力，北西−南東
　　ウ　張力，　北東−南西　　　エ　張力，　北西−南東

(6)　地層A，地層B，地層C，地層D，地層E，岩体G，断層f−f′を形成年代の古い順に並べなさい。

(☆☆☆☆◎◎◎◎)

【4】次の(1)～(6)の問いに答えなさい。

(1)　図のように投影板上のスケッチ用紙に太陽の像を投影し，黒点の様子を観察した。あとの(a)～(c)の問いに答えなさい。

図

投影板
スケッチ用紙

(a) 望遠鏡を固定した時，投影板上の太陽像が動いていく方向を西とする。毎日，同じ時刻に太陽を観察すると，ある黒点が太陽の像の上で移動していた。その方向はどれか，次のア〜エから1つ選び記号で答えなさい。

 ア　東から西　　イ　西から東　　ウ　北から南　　エ　南から北

(b) 太陽の像の直径は150mmで，黒点の像は太陽の像の中央にあった時，円形で直径は3mmであった。太陽の直径を地球の直径の109倍とすると，この黒点の直径は地球の直径の何倍か，求めなさい。

(c) 黒点の移動する速さから太陽の自転周期がわかる。太陽の赤道付近と高緯度付近を比較すると自転周期が短いのはどちらか。また，そのことから太陽についてどのようなことがわかるか，書きなさい。

(2) 金星について，次の(a)〜(c)の問いに答えなさい。ただし，地球，金星の公転軌道は円軌道とし，$\sin 48° = 0.74$，$\cos 48° = 0.67$，$\tan 48° = 1.11$とする。

(a) 金星が東方最大離角の位置にある時，地球から金星に電波を発射した。その電波が金星に反射して地球に返ってくる時間は何秒か，求めなさい。ただし，東方最大離角は48°，1天文単位は，1.5×10^8km，電波の速さは，3.0×10^5km/sとする。

(b) 金星の公転周期を225日とした場合，東方最大離角の位置から再び東方最大離角の位置になるのは何日か，小数第1位を四捨五

入して求めなさい。ただし，地球の公転周期は365日とする。

 (c) 惑星の運動について金星と他の太陽系の惑星(ただし，天王星は除く)を比較すると金星だけ他の太陽系の惑星と異なる特徴があるが，それは何か，書きなさい。

(3) ある連星の主星と伴星の平均距離は20AU，公転周期は50年であった。主星と伴星の質量の和は太陽質量の何倍か，求めなさい。

(4) 203.75光年にある恒星の見かけの等級が6等級であった。この恒星の絶対等級は何等級か，求めなさい。

(5) 次のア～キは恒星のスペクトル型を表す。ア～キを恒星の表面温度の高い順に並べ，記号で答えなさい。

  ア　A　　イ　B　　ウ　F　　エ　G　　オ　K　　カ　M　　キ　O

(6) 高温の火山活動が確認されている太陽系の衛星名を書きなさい。

(☆☆☆☆◎◎)

【5】次の(1)～(6)の問いに答えなさい。

(1) 図1は，水銀で満たされたガラス管を水銀の入った容器に倒立させ，ガラス管のふたをはずした時の様子である。大気の圧力が1.0×10^5Paのとき，ガラス管の水銀柱の高さは，水銀面から何mか，小数第3位を四捨五入して求めなさい。ただし，水銀の密度は1.4×10^4kg/m³，重力加速度は9.8m/s²とする。

図1

水銀面

(2) 地球の半径をR〔m〕，円周率はπ，太陽定数をI〔kW/m²〕，太陽放射に対する地球のアルベドをAとすると，t秒間に地球が太陽から受け取るエネルギー量EをR，π，I，A，tを使って表しなさい。

(3) フェーン現象において，風上側の空気塊の温度と風下側の空気塊

232

の温度の差が大きくなる時の風上側の空気塊の性質について書きなさい。

(4) 図2は，500hPaの等圧面の高さを表したものである。点Aでの気圧傾度力が働く方向と風向を四方位でそれぞれ書きなさい。

図 2

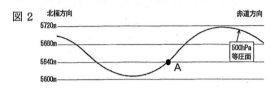

(5) 次のア～エを海水中のイオン存在量〔g/kg〕の多い順に並べ記号で答えなさい。

ア Cl^-　　イ Mg^{2+}　　ウ Na^+　　エ SO_4^{2-}

(6) 起潮力について説明した次の文章の(①)・(②)に適する語句を書きなさい。

起潮力は，月と太陽による(①)と主に月と地球の公転運動によって生ずる(②)の合力である。

(☆☆☆◎◎◎)

【6】次の(1)・(2)の問いに答えなさい。

(1) 高等学校学習指導要領の「第5節　理科　第1款　目標」および「第5節　理科　第2款　各科目　第8　地学基礎　1　目標」の一部である。(①)～(⑤)にあてはまる語句を書きなさい。

「第5節　理科　第1款　目標　(1)」

> (①)の事物・現象についての理解を深め，科学的に探究するために必要な(②)などに関する(③)を身に付けるようにする。

「第5節　理科　第2款　各科目　第8　地学基礎　1　目標　(3)」

> 地球や(④)環境に主体的に関わり，科学的に探究しようとする態度と，(⑤)に寄与する態度を養う。

233

(2)　次の(a)・(b)の問いに答えなさい。

(a)　高等学校学習指導要領「理科」の「第8　地学基礎　3　内容の取扱い　(2)　イ」では，「『地球の特徴』については，海が形成されたことを中心に扱うこと。」とある。このことについて，海の形成に着目し，地球の大気中の二酸化炭素の変遷を説明しなさい。

(b)　高等学校学習指導要領「理科」の「第9　地学　3　内容の取扱い　(2)　イ」では，「段丘，陸上及び海底の堆積物も扱うこと。」とある。このことについて，特に氷河期における河岸段丘の形成過程について説明しなさい。その際，「河川の流速」，「下方侵食」，「海水面」という言葉を必ず使用すること。また，図をかいてもよい。

(☆☆☆◎◎◎)

解答・解説

中学理科・高校物理共通

【1】(1)　水平成分…V　　鉛直成分…$\dfrac{V}{\sqrt{3}}$　　(2)　$\dfrac{V}{\sqrt{3}\,g}$　　(3)　$\sqrt{6gh}$

(4)　$2\sqrt{3}\,h$　　(5)　$\dfrac{1}{2}g$　　(6)　$\sqrt{10gh}$

〈解説〉(1)　小球の速度の水平成分は一定なので，A点での速度の水平成分はVとなる。また，鉛直方向については，小球の初速度は0であり，点Aにおいて斜面と平行になるように落下したので，速度の鉛直成分は，$V\tan30°=\dfrac{V}{\sqrt{3}}$となる。　　(2)　O点からA点までの所要時間を$t$とすると，速度の鉛直成分について，$\dfrac{V}{\sqrt{3}}=gt$となるので，$t=\dfrac{V}{\sqrt{3}\,g}$と表せる。　　(3)　小球は所要時間$t$で鉛直方向に$h$だけ移動したので，

$h=\dfrac{1}{2}gt^2=\dfrac{1}{2}g\left(\dfrac{V}{\sqrt{3}\,g}\right)^2$ と表せ，これを整理すると，$V^2=6gh$ となる。ここで，$V>0$ より，$V=\sqrt{6gh}$ となる。　(4)　小球は，水平方向について等速直線運動しているので，O点からA点までの水平距離は，$Vt=V\times\dfrac{V}{\sqrt{3}\,g}=\dfrac{V^2}{\sqrt{3}\,g}=\dfrac{6gh}{\sqrt{3}\,g}=2\sqrt{3}\,h$ となる。　(5)　小球の加速度の大きさをaとすると，斜面方向の運動方程式は，$ma=mg\sin30°$ と表せるので，$a=g\sin30°=\dfrac{1}{2}g$ となる。　(6)　点A，点Bにおける小球の速さをそれぞれV_A，V_Bとすると，小球は斜面ABを等加速度直線運動し，ABの長さは，$\dfrac{h}{\sin30°}=2h$ なので，$V_B{}^2-V_A{}^2=2\times\dfrac{1}{2}g\times2h\cdots①$ となる。(1)(3)より，$V_A{}^2=V^2+\left(\dfrac{V}{\sqrt{3}}\right)^2=\dfrac{4}{3}V^2=\dfrac{4}{3}\times6gh=8gh$ となるので，これを式①に代入して整理すると，$V_B{}^2=2gh+8gh=10gh$ となる。$V_B>0$ より，$V_B=\sqrt{10gh}$ となる。

中学理科・高校生物共通

【1】(1)　a　生態的地位　　b　種間競争　　(2)　イ　　(3)　(a)　被食者のウサギが減ると食物不足によって捕食者のキツネが減少する。捕食者が減ると被食者が増加し，食物増加により捕食者が増えるから。(b)　ウサギの個体数は一時的に増加するが，やがて食物不足によって減少する。　　(4)　(a)　①　イ　　②　ア　　(b)　片利共生と寄生は，ともに一方のみが利益を得るという点で共通するが，寄生は他方が不利益を受けるのに対し，片利共生は他方が利益も不利益も受けないという点で異なる。

〈解説〉(1)　a　生物が必要とする食物や生活空間などの資源，またはその資源の利用の仕方を生態的地位(ニッチ)という。　b　生態的地位が似ている異種の個体群間では種間競争が起こる場合が多く，生態的地

位の重なりが大きいほど種間競争は激しくなる。　(2)　一般に，捕食者が食物とする生物は1種類ではなく，ある生物を捕食する生物が1種類とは限らない。したがって，捕食・被食の関係は食物網という複雑な関係となっている。また，被食者の隠れ場所がある場合など，複雑な系であるほど両者は共存しやすくなる。　(3)　捕食・被食の関係は，捕食者が被食者を食べる一方的な関係ではなく，被食者の数が減れば，捕食者の食物が減るので捕食者の数も減るといったように，それぞれの個体数が互いに大きな影響を及ぼしあっている。その結果，被食者と捕食者の個体数は周期的な増減を繰り返すことが多い。

(4)　ア　ヤドリギはミズナラなどの落葉広葉樹に寄生根を伸ばし水と栄養を吸収する半寄生植物である。　イ　根粒菌は大気中の窒素を固定しアンモニアに変えダイズに供給し，ダイズは光合成産物を根粒菌に供給する共生関係を築く。　ウ　オイカワとカワムツはすみわけの例である。　エ，オ　カクレウオとナマコ，およびサメとコバンザメは片利共生の例である。

中　学　理　科

【1】(1)　あ　気体　　い　液体　　う　固体　　(2)　A　窒素　B　酸素　　C　アルゴン　　D　二酸化炭素　　(3)　77〔K〕
(4)　他の物質と反応しないため　　(5)　2.3〔%〕
〈解説〉(1)　あ，い　空気は窒素，酸素，アルゴンなどからなる混合物であり，これらの沸点は約−190℃であり，気体を沸点まで冷却すると液体となる。常温では気体の状態で存在する。　う　ドライアイスは，固体の状態の二酸化炭素である。　(2)　A〜C　深冷分離法では，窒素，酸素，アルゴンを沸点の違いを利用して分離することができる。これらの沸点は，それぞれ−196℃，−183℃，−186℃である。液体窒素は冷剤として用いられ，酸素は水の電気分解により発生する。アルゴンは，窒素，酸素に次いで空気中に多く存在するが，発見された

のは1894年である。　D　(1)を参照。　(3)　絶対温度をT〔K〕, セ氏温度をt〔℃〕とすると, $T=273+t$より, $t=-196$〔℃〕のとき$T=273-196=77$〔K〕となる。　(4)　アルゴンは希ガスであり, 価電子の数が0個なので安定であり他の原子とほとんど反応しない。アルゴンの発見後, その他の希ガスが次々に発見された。

(5)　1〔m³〕$=1\times10^{6}$〔cm³〕より, 空気1m³中の水蒸気の質量は17.3〔g/m³〕$\times1$〔m³〕$=17.3$〔g〕となり, その体積は$\dfrac{17.3}{7.5\times10^{-4}\times10^{6}}$$\fallingdotseq2.3\times10^{-2}$〔m³〕となる。したがって, 空気中の水蒸気の体積の割合は$\dfrac{2.3\times10^{-2}}{1}\times100=2.3$〔%〕となる。

【2】 (1)　(a)　ア　　(b)　2.18〔倍〕　　(c)　自転周期…赤道付近　太陽についてわかること…太陽はガス球であること　　(2)　(a)　670〔秒〕　　(b)　587〔日〕　　(3)　ウ　　(4)　2〔等級〕　　(5)　キ, イ, ア, ウ, エ, オ, カ　　(6)　イオ

〈解説〉(1)　(a)　太陽の自転の向きは地球の自転と同様に左回りなので, 黒点は太陽を正面に見たときに左から右に動いて見える。問題文より, 太陽の像が動く方向を西としているので, 黒点は東から西に移動していることになる。　(b)　黒点の直径が地球の直径のx倍であるとき, 150：109＝3：xとなるので, $x=2.18$となる。したがって, 黒点の直径は地球の直径の2.18倍となる。　(c)　黒点の移動する速さから, 太陽の自転周期は約1ヶ月とわかる。しかし, 太陽の自転周期は高緯度になるほど長くなる。これは, 太陽が固体ではなく気体でできていることが原因である。　(2)　(a)　以下の図のように, 地球と太陽と金星を結んだ直角三角形を考えると, 太陽と地球を結ぶ直線, および地球と金星を結ぶ直線がなす角が東方最大離角である。太陽と地球の間の距離は1〔AU〕なので, $\cos48°=\dfrac{(地球と金星の距離)}{(地球と太陽の距離)}=\dfrac{(地球と金星の距離)}{1〔AU〕}$となり, (地球と金星の距離)$=1$〔AU〕$\times\cos48°$となる。ここで, 電波が進む距離は地球と金星の距離の2倍なので, 電波が金星に反射し

て地球に返ってくるまでの時間は，$\dfrac{1〔AU〕\times\cos48°\times2}{3.0\times10^5〔km/s〕}=$

$\dfrac{1.5\times10^8〔km〕\times0.67\times2}{3.0\times10^5〔km/s〕}=670〔s〕$ となる。

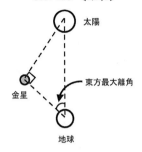

太陽

東方最大離角

金星

地球

(b)　ある惑星が太陽と地球に対して同じ位置関係になるまでに要する時間を，会合周期という。金星は内惑星なので，会合周期をS，金星の公転周期をP，地球の公転周期をEとすると，$\dfrac{1}{S}=\dfrac{1}{P}-\dfrac{1}{E}$ と表せる。

したがって，$S=\dfrac{PE}{E-P}=\dfrac{365\times225}{365-225}≒587〔日〕$ となる。　(3)　主星の質量をm_A，伴星の質量をm_B，公転周期をP，主星と伴星の平均距離をa，万有引力定数をGとすると，重力と遠心力のつり合いより $\dfrac{a^3}{P^2}=$

$G\dfrac{m_A+m_B}{4\pi^2}$ と表せるので，$\dfrac{20^3}{50^2}=G\dfrac{m_A+m_B}{4\pi^2}\cdots①$　となる。ここで，地球と太陽の関係を考えると，地球の公転周期は1年，地球と太陽の平均距離は1〔AU〕となり，地球の質量は太陽の質量と比べて十分小さく無視できるので，太陽の質量をMとすると $\dfrac{1^3}{1^2}=G\dfrac{M}{4\pi^2}=1$となる。

よって，$\dfrac{G}{4\pi^2}=\dfrac{1}{M}$となる。これを①式に代入すると，$\dfrac{20^3}{50^2}=\dfrac{m_A+m_B}{M}$

となり，$m_A+m_B=\dfrac{20^3}{50^2}M=3.2M$となる。したがって，主星と伴星の質量の和は太陽の質量の3.2倍となる。　(4)　絶対等級は，恒星の距離を32.6光年としたときの明るさを表す指標であり，32.6〔光年〕＝10〔パーセク〕である。絶対等級をM，見かけの等級をm，距離をd〔パーセク〕とすると，$M=m+5-5\log_{10}d$と表せる。したがって，

$M=6+5-5\log_{10}\left(\dfrac{203.75}{32.6}\times10\right)=11-5\log_{10}62.5$ となる。$\log_{10}2\fallingdotseq0.30$,

$\log_{10}5\fallingdotseq0.69$ なので, $\log_{10}62.5=\log_{10}5^3\times2^{-1}\fallingdotseq0.69\times3-0.30\fallingdotseq1.8$ より,

$M\fallingdotseq11-5\times1.8=2$ となるので, 絶対等級は2〔等級〕となる。

(5) 恒星のスペクトル型は, 恒星の表面温度の高いものから順にO, B, A, F, G, K, M型となり, さらに10段階に細分して表している。

(6) イオとは, 月と同程度の大きさの木星の衛星であり, 太陽系において最も活発な火山活動が見られる衛星である。

【3】(1) ① エネルギー ② 資質・能力 (2) ① 振動 ② 発音体 (3) ① 表現 ② 多様性 ③ 解決 (4) ① 外部形態 ② 基本的なつくり ③ 分類 (5) (a) (白色光は)プリズムなどによっていろいろな色の光に分かれること。 (b) ダニエル電池 (c) 示準化石, 示相化石

〈解説〉「第2 各分野の目標及び内容」は, 特に重要なので, 学習指導要領だけではなく, 学習指導要領解説もあわせて理解するとともに, 用語などもしっかり覚えておきたい。特に, (5)の記述式の問題は該当の範囲についてよく読み込まなければ解答できない問題であるため, 学習指導要領については早いうちから目を通しておこう。

高 校 理 科

【物理】

【1】(1) $v=\sqrt{v_0{}^2-2gL(1-\cos\theta)}$ 〔m/s〕 (2) $T=\dfrac{mv_0{}^2}{L}-mg(2-3\cos\theta)$ 〔N〕 (3) $v_0=\sqrt{2gL}$ 〔m/s〕 (4) $v_0=\sqrt{5gL}$ 〔m/s〕 (5) $v_0{}'=2\sqrt{gL}$ 〔m/s〕 (6) 小球はそのまま円運動を継続する。

〈解説〉(1) ふれの角が0〔rad〕の点を通る水平面を, 位置エネルギーの基準とする。ふれの角が θ 〔rad〕のときの小球の高さは $L(1-\cos\theta)$

〔m〕なので，力学的エネルギー保存の法則より，$\frac{1}{2}mv_0^2=\frac{1}{2}mv^2+mgL(1-\cos\theta)\cdots$①　となる。これを整理すると，$v^2=v_0^2-2gL(1-\cos\theta)$となり，$v=\sqrt{v_0^2-2gL(1-\cos\theta)}$〔m/s〕となる。　(2)　糸の張力がはたらく方向の運動方程式は，$m\times\frac{v^2}{L}=T-mg\cos\theta$となるので，(1)より，$m\times\frac{v_0^2}{L}-2mg(1-\cos\theta)=T-mg\cos\theta$となる。これを整理すると，$T=\frac{mv_0^2}{L}-mg(2-3\cos\theta)$〔N〕$\cdots$②　となる。　(3)　ふれの角が最大値となるとき小球の速さは0m/sとなるので，式①に$v=0$〔m/s〕，$\theta=\frac{\pi}{2}$〔rad〕を代入すると，$\frac{1}{2}mv_0^2=mgL$となり，これを整理すると，$v_0=\sqrt{2gL}$〔m/s〕となる。　(4)　$\theta=\pi$〔rad〕のとき$T\geqq0$となれば糸は直線を維持できる。よって，式②より$m\times\frac{v_0^2}{L}-mg(2-3\cos\pi)\geqq0$となればよく，これを整理すると$v_0^2\geqq5gL$，$v_0\geqq\sqrt{5gL}$となる。したがって，最小の初速度の大きさは$v_0=\sqrt{5gL}$〔m/s〕となる。　(5)　糸の代わりにたわまない棒を用いた場合，$\theta=\pi$となるときに小球の速度が0より大きければよいので，初速度の大きさをv_0'とおくと，$\frac{1}{2}mv_0'^2\geqq mg\times2L$を満たせばよい。これを整理すると，$v_0'^2\geqq4gL$，$v_0'\geqq2\sqrt{gL}$となる。したがって，最小の初速度の大きさは$v_0'=2\sqrt{gL}$〔m/s〕となる。　(6)　小球に(4)の初速度を与えると，糸の張力は常に0以上となるので小球は円運動を続けることになる。

【2】(1)　$\dfrac{V}{V+v_s}f$　　(2)　$\dfrac{V}{V-v_s}f$　　(3)　$\dfrac{2v_sV}{V^2-v_s^2}f$

(4)

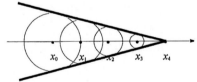

(5)　$\sin\phi = \dfrac{V}{v_\mathrm{p}}$

〈解説〉(1)　観測者は静止し，音源が観測者から遠ざかる場合なので，観測者に届く音の振動数を f_1 とすると，ドップラー効果の式より $f_1 = \dfrac{V}{V+v_\mathrm{s}}f$ と表せる。　(2)　壁で観測される音の振動数を f_2 とすると，$f_2 = \dfrac{V}{V-v_\mathrm{s}}f$ となり，この振動数の波が壁に反射されて観測者に届くことになる。　(3)　(1)(2)より，$f_2 > f_1$ となるので，1秒間あたりのうなりの回数は $f_2 - f_1 = \dfrac{V}{V-v_\mathrm{s}}f - \dfrac{V}{V+v_\mathrm{s}}f = \dfrac{V(V+v_\mathrm{s})-V(V-v_\mathrm{s})}{(V-v_\mathrm{s})(V+v_\mathrm{s})}f = \dfrac{2Vv_\mathrm{s}}{V^2-v_\mathrm{s}^2}f$ となる。　(4)　弾丸が x_4 に達した瞬間は弾丸が発射してから4秒後となるので，x_0，x_1，x_2，x_3 を中心にそれぞれ半径 $4V$，$3V$，$2V$，V の円が描ける。したがって，x_4 の点を通り，4つの円に接する線を引けばよい。　(5)　以下の図は，n 秒後の包らく面の位置を示している。したがって，包らく面と x 軸のなす角度を ϕ とすると，$\sin\phi = \dfrac{nV}{nv_\mathrm{p}} = \dfrac{V}{v_\mathrm{p}}$ と表せる。

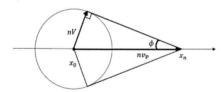

【3】(1)　ア　$\dfrac{N}{l}I$　　イ　$\dfrac{\mu NS}{l}\Delta I$　　ウ　$\dfrac{\mu N^2 S}{l}\dfrac{\Delta I}{\Delta t}$　　エ　$\dfrac{\mu N^2 S}{l}$

(2)　(a)　①　起電力…3.0〔V〕　　電流…0〔A〕

②　起電力…-18〔V〕　　電流…0.50〔A〕　　(b)　電流が流れているコイルにはエネルギーが蓄積されており，そのエネルギーが放出されるから。

〈解説〉(1)　ア　(ソレノイド内部にできる磁界の強さ)＝(単位長さ当たりの巻き数)×(電流)と表せるので，ソレノイド内部にできる磁界の強

さは，$\frac{N}{l}\times I=\frac{N}{l}I$となる。　イ　(磁束)＝(磁束密度)×(断面積)，(磁束密度)＝(透磁率)×(磁界の強さ)より，(磁束)＝(透磁率)×(磁界の強さ)×(断面積)と表せる。よって，磁束の変化はアより，$\mu\frac{\Delta\left(\frac{N}{l}I\right)}{\Delta t}S=\frac{\mu NS}{l}\frac{\Delta I}{\Delta t}$となる。したがって，電流が$\Delta t$秒間に$\Delta I$だけ変化するとき，ソレノイドを貫く磁束の変化は，$\frac{\mu NS}{l}\frac{\Delta I}{\Delta t}\times\Delta t=\frac{\mu NS}{l}\Delta I$となる。　ウ　ファラデーの電磁誘導の法則より，誘導起電力の大きさは単位時間当たりの磁束の変化$\frac{\frac{\mu NS}{l}\Delta I}{\Delta t}=\frac{\mu NS}{l}\frac{\Delta I}{\Delta t}$に比例し，コイルの巻き数が$N$のとき，ソレノイドの両端に生じる誘導起電力の大きさ$|V|$は，$|V|=\left|-N\times\frac{\mu NS}{l}\frac{\Delta I}{\Delta t}\right|=\frac{\mu N^2 S}{l}\frac{\Delta I}{\Delta t}$となる。　エ　ソレノイドの自己インダクタンスを$L$とすると，誘導起電力$V$は，$V=-L\frac{\Delta I}{\Delta t}$と表せるが，右辺が負の符号となるのは，誘導起電力が電流の変化を妨げる向きにはたらくからである。したがって，ウより，$L=\frac{\mu N^2 S}{l}$となる。　(2)　(a)　①　スイッチを入れた直後には，コイルを貫く磁束が増えようとするため，それを妨げる向きに誘導起電力が生じ，点aではすぐに電流が流れない。したがって，起電力は電池と等しく3.0V，電流は0Aとなる。　②　十分に時間が経過した後，スイッチを切る直前のコイルには一定の電流が流れており，その大きさはオームの法則より，$\frac{3.0\,\text{〔V〕}}{6.0\,\text{〔Ω〕}}=0.50$〔A〕となる。また，スイッチを切った直後にコイルを流れる電流はすぐには変化しないので，0.50〔A〕のままである。ここで，抵抗R_2を流れる電流も0.50〔A〕となるので，キルヒホッフの第2法則より，コイルの起電力をVとすると，$-V-6.0\times0.50-30\times0.50=0$となる。したがって，$V=-18$〔V〕となる。　(b)　電源はコイルに発生する誘導起電力に逆らって仕事をするため，電流が流れたコイルにはエネルギーが蓄えられている。したがって，コイルの電流が減少する際には，コイルは蓄えられたエネルギ

ーを利用して回路に仕事をすることになる。

【4】(1) A→C…等温変化 A→D…断熱変化 (2) $T_B=3T_0$
大小関係…$T_B>T_C>T_D$ (3) $W_B>W_C>W_D$ (4) $W_B=2RT_0$
$Q_B=5RT_0$ (5) $C_P=\dfrac{5}{2}R$ $C_P-C_V=R$

〈解説〉(1) 状態A→Cの過程では，(圧力)×(体積)=(一定)となるので等温変化である。状態A→Dの過程では，状態A→Cの過程よりも圧力の変化に対する体積の変化が著しいので断熱変化である。 (2) 状態A→Bの過程は定圧変化なので，シャルルの法則より$\dfrac{V_0}{T_0}=\dfrac{3V_0}{T_B}$となり，$T_B=3T_0$と表せる。また，状態A→Cの過程は等温変化なので，$T_C=T_0$となる。さらに，状態A→Dの過程では気体は断熱膨張しているので，熱力学第一法則より，気体が外部にした仕事は内部エネルギーの減少と等しくなり，温度は下がるため$T_D<T_0$となる。したがって，$T_B>T_C>T_D$となる。 (3) $P-V$グラフとV軸に囲まれた面積は，気体が外部にする仕事に相当する。したがって，面積の大きな順に$W_B>W_C>W_D$となる。 (4) 状態Aにおける理想気体の状態方程式より，$P_0V_0=RT_0$となるので，$W_B=P_0(3V_0-V_0)=2P_0V_0=2RT_0$と表せる。また，内部エネルギーの変化を$\Delta U_B$とすると，$\Delta U_B=\dfrac{3}{2}R(3T_0-T_0)=3RT_0$と表せる。さらに，熱力学第一法則より，$\Delta U_B=Q_B-W_B$という関係が成り立つので，$Q_B=\Delta U_B+W_B=3RT_0+2RT_0=5RT_0$となる。 (5) 定圧モル比熱$C_P$は，圧力一定のときの吸収した熱量と温度上昇の比なので，(4)より，$C_P=\dfrac{Q_B}{3T_0-T_0}=\dfrac{5RT_0}{3T_0-T_0}=\dfrac{5}{2}R\cdots①$ と表せる。次に，定積モル比熱C_Vは，体積一定のときの吸収した熱量Qと温度上昇ΔTの比なので，$C_V=\dfrac{Q}{\Delta T}$となる。ここで，熱力学第一法則より，定積変化では気体は外部に仕事をしないので，吸収した熱量Qは内部エネルギーの増加ΔUと等しくなり，$C_V=\dfrac{\Delta U}{\Delta T}=\dfrac{\dfrac{3}{2}R\Delta T}{\Delta T}=\dfrac{3}{2}R\cdots②$

となる。式①②より，$C_P = \dfrac{5}{2}R = C_V + R$と表せ，$C_P - C_V = R$となる。これをマイヤーの関係という。

【5】(1)　$v_0 = \sqrt{\dfrac{2eV}{m}}$　　$\lambda_0 = \dfrac{h}{\sqrt{2meV}}$　　(2)　(a)　$\dfrac{1}{2}$倍になる

(b)　ともに変化しない　　(3)　波長 λ_1 の特性X線　　(4)　$d = 7.1 \times 10^{-11}$〔m〕

〈解説〉(1)　電圧Vで加速された電子の運動エネルギーは，エネルギー保存則より，$\dfrac{1}{2}mv_0^2 = eV$となる。これを整理すると，$v_0^2 = \dfrac{2eV}{m}$，$v_0 = \sqrt{\dfrac{2eV}{m}}$と表せる。次に，光子の運動量を$p$とすると，$p = mv_0 = \dfrac{h}{\lambda_0}$となるので，これを整理すると，$\lambda_0 = \dfrac{h}{mv_0} = \dfrac{h}{m}\sqrt{\dfrac{m}{2eV}} = \dfrac{h}{\sqrt{2meV}}$と表せる。　(2)　(a)　電子の運動エネルギーがすべてX線光子のエネルギーに変わるとき，最短波長 $\lambda_{\min} = \dfrac{hc}{eV}$ と表せる。したがって，Vを2倍にすると $\lambda_{\min}$ は $\dfrac{1}{2}$ 倍になる。　(b)　特性X線の波長は陽極物質によって決まるため，Vを2倍にしても変化しない。　(3)　ブラッグの条件より，反射されたX線が強め合うのは，$2d\sin\theta = n\lambda$ ($n = 1$, 2, 3, …)となるときである。よって，λ_1, λ_2における入射角をそれぞれ θ_1, θ_2 とすると，$\lambda_1 < \lambda_2$なので，$\sin\theta_1 < \sin\theta_2$となり，$0° < \theta < 90°$の範囲では $\theta_1 < \theta_2$ となる。したがって，反射X線の強度が先に極大になるのは，波長 λ_1 の特性X線である。　(4)　初めて強い反射X線が観測されたので，ブラッグの条件において $n = 1$ より，$2d\sin\theta = \lambda$ となり，これを整理すると，$d = \dfrac{\lambda}{2\sin\theta} = \dfrac{7.1 \times 10^{-11}}{2\sin 30°} = 7.1 \times 10^{-11}$〔m〕となる。

【6】①　問題　　②　計画　　③　分析　　④　解釈　　⑤　説明　　⑥　生命　　⑦　科学技術　　⑧　持続可能　　⑨　科学的
〈解説〉各科目の内容の取扱いについて，学習指導要領だけでなく，学習指導要領解説とあわせて，整理し理解するとよい。

【7】(1) 〈A君〉 良い点1…質量が小さいほど理論値との差が大きいことに気づくなど，結果の細かいところまでよく分析できている。
良い点2…新たな時間の測定方法を提案し，実験の改良点が示せている。 〈B君〉 良い点1…理論値と計測値との差の原因について，学んだ知識を生かして物理的に考察できている。 良い点2…根拠を挙げて論理的に自分の考えを説明できている。 (2) 縦軸に周期の2乗，横軸に質量をとってグラフを描かせ，原点を通る直線になるか検証させる。 (3) ・結果が予測(理論値)と異なる理由 ・実験の問題点と実験方法の改良について

〈解説〉(1) 単振動については，「振り子に関する実験などを行い，単振動の規則性を見いだして理解させるとともに，単振動をする物体の様子を表す方法やその物体に働く力などについて理解させる」ことをねらいとしている。A君やB君の考察のうち，計測値の誤差の原因，実験方法の妥当性，実験の改善案が述べられている点に注目するとよい。
(2) 単振動の周期をT，おもりの質量をm，ばね定数をkとすると，理論上の周期は$T=2\pi\sqrt{\dfrac{m}{k}}$と表せるので，周期の2乗と質量は比例関係にある。よって，おもりの質量を変えてそれぞれの周期を測定していき，おもりの質量を横軸，周期の2乗を縦軸にとると，グラフは原点を通る直線となることを確認させるとよい。 (3) (1)の考察のうち，内容不足な点や安易な理由付けをした点を改善するためには，「結果が予測と異なる理由」ならびに「よりよい実験結果を得るために次の実験ではどうすればよいか」についてよく話し合う必要がある。

【化学】

【1】(1) あ 気体 い 液体 う 固体 (2) A 窒素 B 酸素 C アルゴン D 二酸化炭素 (3) 77〔K〕
(4) 希ガスであり，他の物質と反応しにくいから。

〈解説〉(1) あ，い 空気は窒素，酸素，アルゴンなどからなる混合物であり，これらの沸点は約−190℃であり，気体を沸点まで冷却すると液体となる。常温では気体の状態で存在する。 う ドライアイス

は，固体の状態の二酸化炭素である。　(2)　A～C　深冷分離法では，窒素，酸素，アルゴンを沸点の違いを利用して分離することができる。これらの沸点は，それぞれ−196℃，−183℃，−186℃である。液体窒素は冷剤として用いられ，酸素は水の電気分解により発生する。アルゴンは，窒素，酸素に次いで空気中に多く存在するが，発見されたのは1894年である。　D　(1)を参照。　(3)　絶対温度をT〔K〕，セ氏温度をt〔℃〕とすると，$T=273+t$より，$t=-196$〔℃〕のとき$T=273-196=77$〔K〕となる。　(4)　アルゴンは希ガスであり，価電子の数が0個なので安定であり他の原子とほとんど反応しない。アルゴンの発見後，その他の希ガスが次々に発見された。

【2】(1)　$(-)\ Zn\ |\ ZnSO_4aq\ |\ CuSO_4aq\ |\ Cu\ (+)$
(2)　正極活物質…$CuSO_4$　　負極活物質…Zn　(3)　正極…$Cu^{2+}+2e^-\rightarrow Cu$　　負極…$Zn\rightarrow Zn^{2+}+2e^-$　(4)　エ　(5)　硫酸亜鉛水溶液の濃度を小さくし，硫酸銅(II)水溶液の濃度を大きくする。
(6)　12.8〔g〕

〈解説〉(1)　ダニエル電池は，素焼き板を隔てて銅板を浸した硫酸銅(II)水溶液と亜鉛板を浸した硫酸亜鉛水溶液を組み合わせたものである。イオン化傾向の大きなZnが負極，イオン化傾向の小さなCuが正極となる。　(2)(3)　活物質とは，電池内における酸化還元反応に直接関わる物質のことである。正極では，水溶液中で$CuSO_4$の電離により生じたCu^{2+}が電子を受け取るため，$CuSO_4$が正極活物質となる。負極では，亜鉛板が溶け出し電子を失いZn^{2+}となるので，Znが負極活物質となる。　(4)　ダニエル電池を放電すると，硫酸銅(II)水溶液中の$SO_4{}^{2-}$が負極側へ，硫酸亜鉛水溶液中のZn^{2+}が正極側へ移動する。　(5)　ダニエル電池を放電すると，時間とともに水溶液中のZn^{2+}の濃度が大きく，Cu^{2+}の濃度が小さくなるので，硫酸亜鉛水溶液の濃度を小さく，硫酸銅(II)水溶液の濃度を大きくすると長時間放電することができるようになる。　(6)　(3)の正極のイオン反応式より，2molの電子が流れると1molの銅が正極板に析出する。ここで，銅の原子量は64，電子の物質

量〔mol〕＝ $\dfrac{電気量〔C〕}{ファラデー定数〔C/mol〕}$ ＝ $\dfrac{3.86\times10^4}{9.65\times10^4}$ 〔mol〕より，増加

した正極の質量は，$\dfrac{3.86\times10^4}{9.65\times10^4}\times\dfrac{1}{2}\times64=12.8$〔g〕となる。

【3】(1)　あ　溶解度曲線　　い　大き　　う　ルシャトリエ

(2)　31〔g〕　　(3)　$Na_2SO_4\cdot10H_2O$は，温度が高いほど溶解度が大き
いので溶解熱は吸熱である。Na_2SO_4(無水物)は，温度が高いほど溶解
度が小さいので溶解熱は発熱である。　　(4)　78〔g〕

〈解説〉(1)　ルシャトリエの原理より，温度を上げるとその影響を打ち
消すため温度が下がる方向へ平衡が移動する。　　(2)　60℃における硫
酸ナトリウムの溶解度は45なので，100gの水に45gの硫酸ナトリウム
が溶けて145gの飽和水溶液ができている。したがって，この飽和水溶
液100g中の溶質の質量は，$45\times\dfrac{100}{145}\fallingdotseq31$〔g〕となる。　　(3)　解説参
照。　　(4)　Na_2SO_4の式量は142，$Na_2SO_4\cdot10H_2O$の式量は322より，析
出した硫酸ナトリウムの結晶の質量をx〔g〕とすると，溶液の質量は
$(145-x)$〔g〕，溶質の質量は，$\left(45-\dfrac{142}{322}\times x\right)$〔g〕となる。ここで，
20℃における硫酸ナトリウムの溶解度は19なので，溶液と溶質の質量
について，$(145-x):\left(45-\dfrac{142}{322}\times x\right)=(100+19):19$という関係が成り
立つので，$x\fallingdotseq78$〔g〕となる。

【4】(1)　A　$\dfrac{N}{N+n}$　　B　$\dfrac{1000W}{M}$　　C　$\dfrac{n}{W}$　　D　$\dfrac{MP_0}{1000}$

(2)　$\Delta P=2.9\times10^{-3}P_0$　　(3)　0.40〔mol/kg〕　　(4)　容器Aから容器
Bへ，水が56g移動する。

〈解説〉(1)　A　問題文より，$\Delta P=P_0-P=P_0-\dfrac{N}{N+n}P_0=\dfrac{n}{N+n}P_0$とな

る。　B　W〔kg〕$=1000W$〔g〕より，$N=\dfrac{1000W}{M}$と表せる。

C　質量モル濃度は，溶媒1kgに溶けている溶質を物質量で表したもの
なので，$m=\dfrac{n}{W}$となる。　　D　Cより，$n=mW$となるので，これを③

式に代入すると，$\Delta P = \dfrac{mW \times M}{1000W} P_0 = \dfrac{MP_0}{1000} \cdot m$ となる。したがって，

$\dfrac{MP_0}{1000} = k$ とすると，$\Delta P = k \cdot m$ と④式が導出できる。　　(2)　ブドウ糖

(グルコース)および水の分子量はそれぞれ180，18なので，③式より，

$\Delta P = \dfrac{\frac{14.4}{180} \times 18}{1000 \times \frac{500}{1000}} P_0 \fallingdotseq 2.9 \times 10^{-3} P_0$ となる。　　(3)　$\dfrac{\frac{18.0}{180}}{\frac{250}{1000}} = 0.40$ 〔mol/kg〕

となる。　　(4)　容器A，B間を移動できるのは水だけであり，容器AとB内の水溶液のモル濃度が等しくなるように水が移動する。1000gの水の体積を1Lとすると，水が移動する前の容器A内の水溶液のモル濃度は $\dfrac{\frac{14.4}{180}}{\frac{500}{1000}}$ 〔mol/L〕，容器B内の水溶液のモル濃度は $\dfrac{\frac{18.0}{180}}{\frac{500}{1000}}$ 〔mol/L〕なので，容器B内の水溶液の方がモル濃度が大きく，これを薄めるために水は容器Aから容器Bへ移動することになる。移動する水の質量を x 〔g〕とすると，水の移動後の容器A内のモル濃度は $\dfrac{\frac{14.4}{180}}{\frac{500-x}{1000}}$ 〔mol/L〕，

容器B内のモル濃度は $\dfrac{\frac{18.0}{180}}{\frac{500+x}{1000}}$ 〔mol/L〕となり，これらが等しいので，

$\dfrac{\frac{14.4}{180}}{\frac{500-x}{1000}} = \dfrac{\frac{18.0}{180}}{\frac{500+x}{1000}}$ となる。これを整理すると，$x \fallingdotseq 56$ 〔g〕となる。

【5】(1)　あ　無　　い　濃硫酸　　う　赤紫　　え　付加
お　1, 2－ジブロモエタン　　(2)　x　1　　y　2　　(3)　A　$PdCl_2$
B　$CuCl$　　C　$CuCl$　　D　H_2O　　(4)　$2C_2H_4 + O_2 \rightarrow 2CH_3CHO$
〈解説〉(1)　あ　エチレンは甘いにおいのする無色の気体である。
い　エタノールと濃硫酸の混合物を160〜170℃で加熱すると，エタノールの分子内脱水が起こりエチレンとなる。　う　エチレンは二重結合をもち，過マンガン酸カリウム水溶液に通じると MnO_4^- の赤紫色が

消える。　え，お　エチレンは付加反応を起こしやすく，臭素と反応すると1，2－ジブロモエタンCH_2Br-CH_2Brが生成する。　(2)　化学反応の前後ではそれぞれの原子の種類と数は変わらないので，①式において，Hについては$4+2x=4+y$，Oについては$x=1$，Clについては$y=2$となる。したがって，$x=1$，$y=2$となる。　(3)　A，B　問題文より，②式では$CuCl_2$が還元されて$CuCl$となるが，係数に注意すると$2CuCl_2$が$2CuCl$となる。よって，Pdは$PdCl_2$となる。　C，D　問題文より，③式では$CuCl$が酸化されて再び$CuCl_2$となるので，$4CuCl$が$4CuCl_2$となる。よって，残ったO_2と4Hは$2H_2O$となる。　(4)　①式×2＋②式×2＋③式より，解答の反応式となる。

【6】(1)　A

B

C

D

E

F

(2)　ヒドロキシ基

(3)

この中から2つ

〈解説〉(1)　エステルを加水分解すると，アルコールとカルボン酸が生じる。AおよびBを加水分解して生じた還元性をもつ脂肪族カルボン酸はギ酸である。また，Bからはベンゼン環をもつ第2級アルコールが生じたので，これとギ酸の反応生成物がBとなり，構造式が決定する。すると，Aから生じたベンゼン環をもつアルコールは第1級であり構造は1つに決まるので，Aの構造式も決定する。さらに，Cから生じたベンゼン環をもつアルコールは，塩化鉄(Ⅲ)水溶液で呈色反応を示さな

いと考えられるので，ベンジルアルコールと考えられる。すると，C
から生じた脂肪族カルボン酸は酢酸となるので，Cの構造式が決定す
る。次に，Eから生じた最も簡単な芳香族カルボン酸は安息香酸なの
で，Eから生じたアルコールはエタノールとなり，Eの構造式が決定す
る。また，Fから生じた芳香族化合物はアルコールではなく，塩化鉄
(Ⅲ)水溶液で呈色反応を示したため，フェノールと考えられる。する
と，Fから生じたカルボン酸はプロピオン酸となり，Fの構造式が決定
する。すると，残ったDの構造式が決定する。　(2)　塩化鉄(Ⅲ)水溶
液で呈色反応を示すのは，フェノール性のヒドロキシ基をもつ化合物
である。　(3)　ベンゼンの一置換体なので，側鎖は$C_3H_5O_2$と表せる。
また，側鎖が四員環となり，不斉炭素原子を1つだけもつので，その
ような化合物の構造式は解答の4種類となる。なお，R−O−O−Rとい
う構造をもつ化合物(Rは炭化水素または水素原子)のことを過酸化物と
いう。

【7】(1)　①　見方・考え方　　②　見通し　　③　理解　　④　技能
　　⑤　関連　　⑥　態度　(2)①　ク　　②　カ　　③　ウ
　　④　イ　　⑤　シ　　⑥　コ　(3)①　技能　　②　周期表
　　③　整理　　④　単体と化合物　　⑤　規則性や関係性
〈解説〉「1　目標」については特に重要である。学習指導要領の該当箇
　所，ならびに学習指導要領解説をしっかり読み込んでおくとよい。

【生物】

【1】(1)　(a)　酵素名…リゾチーム　　はたらき…細菌の細胞壁を破壊
する。　　(b)　角質層　　(c)　胃の中には強酸である胃液が分泌され
ており，その酸が病原体を分解・殺菌する。　　(2)　イ，ウ
(3)　樹状細胞から抗原提示され，活性化・増殖する。その後B細胞か
ら抗原提示を受けると，そのB細胞を活性化する。　　(4)　樹状細胞か
ら抗原提示され，活性化・増殖する。その後病原体に感染した感染細
胞を攻撃し，感染細胞ごと病原体を排除する。

〈解説〉(1)　(a)　リゾチームはヒトの鼻水や涙などに含まれ，侵入しよ
うとする細菌の細胞壁を破壊することで異物の侵入を化学的に防いで
いる。　(b)　角質層はケラチンというタンパク質からなり，隙間なく
重なることで異物の侵入を物理的に防いでいる。　(c)　胃では胃酸に
よる殺菌作用がはたらく。その他にも眼，鼻，口，いん頭，気管にも
殺菌作用や異物を排除するしくみがある。　(2)　自然免疫とは，マク
ロファージ・樹状細胞・好中球などが行う食作用などによって厳密に
抗原を識別せずに行う免疫システムである。　ア　抗原抗体反応は，
適応免疫にて見られる。　イ　好中球は侵入してきた異物を取り込む
食細胞である。　ウ　自然免疫では異物の種類をパターン認識受容体
によって病原体などに共通する分子構造を認識している。　エ　二次
応答は適応免疫にて見られる。　オ　自然免疫において，NK細胞は
異常な細胞そのものを排除している。　(3)(4)　体液性免疫では，B細
胞から分化した形質細胞(抗体産生細胞)が産生する抗体により，抗原
抗体反応が生じる。一方，細胞性免疫では，キラーT細胞が直接感染
細胞を攻撃する免疫反応が生じる。ヘルパーT細胞は，これらの両方
で重要な役割をもっている。

【2】(1)　a　活性化　　b　フィードバック　　c　競争的
(2)　名称…基質特異性　　理由…酵素には，それぞれ特有の立体構造
をもつ活性部位があり，活性部位の構造に適合した基質のみが結合し
て反応が起こるため。　(3)　総称…アロステリック酵素
特徴…活性部位とは離れた位置に，基質以外の特定の物質が結合する
部位(アロステリック部位)をもち，ここに物質が結合することで立体
構造が変わり，活性が変化する。　(4)　最終産物の濃度を一定に保
つ。　(5)　(a)　(ア)　(b)　(エ)
〈解説〉(1)　複数の酵素が関連する一連の反応系において，最終産物が
反応系の初期に作用する酵素のはたらきを阻害することで反応系の進
行を阻害し，最終産物の量を減らす場合があり，これをフィードバッ
ク阻害という。また，基質に似た構造の物質が存在するとき，酵素の

活性部位をめぐって基質との間で競合が起こることで，酵素反応の進行を妨げることを競争的阻害という。　(2)　基質は，酵素の活性部位に結合し酵素－基質複合体となることで，はじめて酵素の作用を受けることができる。　(3)(4)　アロステリック酵素は，活性部位以外の部分(アロステリック部位)をもっており，そこに阻害物質が結合すると酵素自体の立体構造が変化するため，活性部位に基質が結合できなくなる。このように，活性部位以外の部分への阻害物質の結合による酵素反応の阻害を非競争的阻害という。フィードバック阻害は，アロステリック酵素が関与する反応で起きる場合が多い。　(5)　(a)　酵素の濃度を大きくすると酵素－基質複合体が形成される頻度が高まるので，反応速度は大きくなる。よって，基質の濃度が低い段階から反応速度の高まりが見られ，最終的な反応速度が2倍となる。　(b)　マロン酸はコハク酸と似た構造であるため酵素と基質の結合を妨げる。よって，マロン酸を添加すると競争的阻害が起こり反応速度は小さくなる。しかし，基質濃度が阻害剤の濃度より十分高くなると添加しなかった場合と等しい反応速度となる。

【3】(1)　(ア)　チラコイド　　(イ)　ストロマ　　(2)　(オ)　有機物
(カ)　二酸化炭素　　(キ)　カルビン・ベンソン　　(3)　光化学系Ⅱ
(4)　記号…(Z)　　名称…ホスホグリセリン酸　　(5)　3分子
(6)　電子伝達系でチラコイド内に輸送されたH^+濃度が高くなると，ストロマ側との濃度勾配に従って，H^+がチラコイド膜にあるATP合成酵素を通ってストロマ側にもどる。このときATP合成酵素によってATPが合成される。

〈解説〉(1)(2)　チラコイドでの反応は光エネルギーの吸収から始まり，ここで生じた電子e^-，H^+，ATPはストロマで行われるカルビン・ベンソン回路の過程へ供給される。ストロマでは，外部から取り入れた二酸化炭素が固定され，有機物や水が生成する。　(3)　光化学系Ⅱでは，クロロフィルが光エネルギーを吸収することで酸化されて電子を放出し，水の分解で生じた電子を受け取ることでもとの還元型に戻る。水

の分解時には，酸素とH^+が生じることになる。　(4)　(Z)のホスホグリセリン酸は，ATPとH^+の還元作用によりグリセルアルデヒドリン酸となる。しかし，光を遮断するとカルビン・ベンソン回路へのATPやH^+の供給が止まるので，この過程が進行しなくなるため，ホスホグリセリン酸が還元されず濃度が高くなる。　(5)　再生された(Y)の分子量をxとすると，(カ)はCO_2なので，3分子のCO_2とx分子のC_5化合物(Y)から6分子のC_3化合物(X)が生成することになる。よって，この反応の炭素数は，$3+5x=6\times3$となり，$x=3$となる。　(6)　光合成では，光エネルギーに依存してADPからATPが合成されるので，このような反応を光リン酸化という。

【4】(1)　$(^{14}N+^{14}N):(^{14}N+^{15}N):(^{15}N+^{15}N)=3:1:0$　　(2)　$(^{14}N+^{14}N):(^{14}N+^{15}N):(^{15}N+^{15}N)=7:0:1$　　(3)　a　岡崎フラグメント　b　DNAリガーゼ　　(4)　DNAポリメラーゼは，5′末端→3′末端方向にのみヌクレオチド鎖を伸長する性質。　　(5)　c　プライマー　(6)　95℃→55℃→72℃　　(7)　90℃以上の高温でも失活せず，高い活性が保たれるという性質。　　(8)　20サイクル

〈解説〉(1)　$^{15}N+^{15}N$のDNAを^{14}Nのみを含む培地でn回複製させたとき，分離比率は$(^{14}N+^{14}N):(^{14}N+^{15}N):(^{15}N+^{15}N)=2^{n-1}-1:1:0$となる。第4世代までには3回複製されているので，$n=3$より，分離比率は$2^{3-1}-1:1:0=3:1:0$となる。　(2)　DNAの複製方式が保存的複製の場合，もとのDNAは新たに合成されるDNAの鋳型となった後に，もとの二本鎖に戻ることになる。すると，もとの$^{15}N+^{15}N$のDNAは保存され，新たに合成されるのはすべて$^{14}N+^{14}N$のDNAとなる。

(3)(4)　新たなヌクレオチド鎖を合成するとき，DNAポリメラーゼは5′末端側から3′末端側の方向にしかヌクレオチド鎖を伸長させることができない。そのため，片方のヌクレオチド鎖は連続的に合成されるが，もう一方のヌクレオチド鎖は不連続的に合成されることになる。不連続的な合成の際にできるDNA断片を岡崎フラグメントといい，複数のDNA断片がDNAリガーゼによりつながれ，最終的には一本のヌク

レオチド鎖となる。　(5)(6)　PCR法では，まずDNA溶液を約95℃で加熱し，2本鎖のDNAを1本鎖に分ける。次に，DNA溶液の温度を約55℃まで下げると，1本鎖DNAの3′末端にプライマーという短い1本鎖DNAを結合させる。さらに，DNA溶液の温度を約72℃に上げることで，1本鎖DNAに相補的なヌクレオチド鎖がプライマーを起点に合成される。　(7)　酵素はタンパク質なので，通常は60℃程度で変性し失活してしまう。よって，PCR法では高温に耐えられる耐熱性ポリメラーゼが用いられる。　(8)　PCR法にて(5)(6)の過程をn回繰り返すと，およそ2^n個の新生DNAが合成される。$2^9 = 512$，$2^{10} = 1024$なので，$(512)^2 < 100万 < (1024)^2 = (2^{10})^2$より，必要な最小サイクル数は20となる。

【5】(1)　桿体細胞　　(2)　感光物質…ロドプシン　　説明…光が当たると立体構造が変化し，ロドプシンはレチナールとオプシンに分解され，桿体細胞に興奮が起こる。　　(3)　吸収する光の色によって感度の異なる3種類の錐体細胞があり，光を受容した錐体細胞の種類や割合の情報により，大脳で色の違いを認識している。

(4)

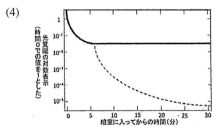

理由…黄斑部には錐体細胞しか存在していないため，錐体細胞による暗順応のみが起こるから。

〈解説〉(1)　視細胞には，薄暗い場所でよくはたらくが色の識別に関与しない桿体細胞，および明るい場所ではたらき色の識別に関与する錐体細胞の2種類がある。明るい場所から暗い場所に変わると，まずは錐体細胞の感度が上昇し，その後桿体細胞の感度が上昇することになる。図より，暗室に入ってから15分後には，ある程度時間が経過してからはたらく桿体細胞が中心となってはたらいていると考えられる。

(2)　桿体細胞に含まれるロドプシンは，光が当たると分解されることで視細胞が興奮する。一方，暗い場所では光が当たらずロドプシンが蓄積するため，桿体細胞の感度は上昇する。　(3)　錐体細胞には，青錐体細胞，緑錐体細胞，赤錐体細胞の3種類が存在し，それぞれ異なる波長の光を吸収する色素をもっている。これらの色素は光を吸収すると分解され，視細胞が興奮する。　(4)　問題文の上の図では，暗室に入ってからの時間が5分以下では錐体細胞の感度上昇による光覚閾の低下，それ以降では桿体細胞の感度上昇による光覚閾の低下が示されている。黄斑部には錐体細胞のみが集中してため，暗い場所に入ると錐体細胞の感度が上昇するため光覚閾は小さくなるが，それ以上感度が上昇せず，やがて光覚閾は一定値になると考えられる。

【6】(1)　a　生態的地位　　b　種間競争　　(2)　イ，ウ
(3)　(a)　被食者のウサギが減ると食物不足によって捕食者のキツネが減少する。捕食者が減ると被食者が増加し，食物増加により捕食者が増える。　　(b)　ウサギの個体数は一時的に増加するが，やがて食物不足によって減少する。　　(4)　(a)　①　イ　　②　ア　　(b)　片利共生と寄生は，ともに一方のみが利益を得るという点で共通するが，寄生は他方が不利益を受けるのに対し，片利共生は他方が利益も不利益も受けないという点で異なる。
〈解説〉(1)　a　生物が必要とする食物や生活空間などの資源，またはその資源の利用の仕方を生態的地位(ニッチ)という。　　b　生態的地位が似ている異種の個体群間では種間競争が起こる場合が多く，生態的地位の重なりが大きいほど種間競争は激しくなる。　　(2)　一般に，捕食者が食物とする生物は1種類ではなく，ある生物を捕食する生物が1種類とは限らない。したがって，捕食・被食の関係は食物網という複雑な関係となっている。また，被食者の隠れ場所がある場合など，複雑な系であるほど両者は共存しやすくなる。　　(3)　捕食・被食の関係は，捕食者が被食者を食べる一方的な関係ではなく，被食者の数が減れば，捕食者の食物が減るので捕食者の数も減るといったように，それぞれ

255

の個体数が互いに大きな影響を及ぼしあっている。その結果，被食者と捕食者の個体数は周期的な増減を繰り返すことが多い。

(4)　ア　ヤドリギはミズナラなどの落葉広葉樹に寄生根を伸ばし水と栄養を吸収する半寄生植物である。　イ　根粒菌は大気中の窒素を固定しアンモニアに変えダイズに供給し，ダイズは光合成産物を根粒菌に供給する共生関係を築く。　ウ　オイカワとカワムツはすみわけの例である。　エ，オ　カクレウオとナマコ，およびサメとコバンザメは片利共生の例である。

【7】a　見方・考え方　　b　見通し　　c　資質・能力　　d　基本的な技能　　e　科学的に探究する力　　f　自然環境の保全
〈解説〉「1　目標」については，特に重要なので，学習指導要領だけでなく，学習指導要領解説もあわせてしっかり読み込んでおくとよい。

【8】a　複製　　b　転写　　c　タンパク質　　d　分化　　e　原理　　f　有用性
〈解説〉「3　内容」についても頻出であるため，各分野の内容をしっかり理解すること。

【地学】

【1】(1)　(a)　①　短　　②　赤道　　(b)　回転楕円体の名称…地球楕円体　記号…ウ　　(c)　黒板に焦点となる強力なマグネットを2個つける。そのマグネットに数10cmの糸をつけ，その糸にチョークをかけ，糸を弛ませないように回転させ楕円を描く。

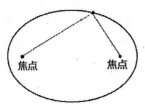

(2)　84〔%〕　　(3)　$\dfrac{m}{M'-M}\rho$　　(4)　(a)　地殻より下のマント

ルの方が地震波が速く伝わり，マントルを伝わった屈折波を観測した

ため。　　(b)　エ　　(5)　場所…ホットスポット

マグマの特徴…温度は高く，SiO_2量は少なく，粘性は小さい

〈解説〉(1)　(a)　子午線は赤道に直交するように北極と南極を結んだ線

である。地球の形は自転に伴う遠心力により楕円体となっている。

(b)　地球の形に最も近い回転楕円体とは，平均海水面で地球表面を覆

った仮想の面であるジオイドの形と近く，これを地球楕円体という。

偏平率は，小さいほど球に近いことを表す指標であり，(偏平率)＝

$\dfrac{(赤道半径)-(極半径)}{(赤道半径)}$と表せる。　地球楕円体では，赤道半径が約

6378km，極半径が約6356kmなので，(偏平率)＝$\dfrac{6378-6356}{6378}\fallingdotseq\dfrac{1}{300}$と

なる。　(c)　楕円とは，2つの焦点からの距離の和が一定となるよう

な点の集合である。　(2)　地球の内部は地表から地殻，マントル，外

核，内核という層構造になっている。これらのうち，地殻の厚さは5

〜60kmなのでマントルや核の厚さと比べて十分小さく無視できる。よ

って，地球の全体積に占めるマントルの体積の割合は，

$\dfrac{(マントルの体積)}{(地球の全体積)}\times100＝\dfrac{(地球の全体積)-(核の体積)}{(地球の全体積)}\times100＝$

$\left(1-\dfrac{(核の体積)}{(地球の全体積)}\right)\times100＝\left\{1-\dfrac{\frac{4}{3}\pi(6400-2900)^3}{\frac{4}{3}\pi(6400)^3}\right\}\times100＝$

$\left\{1-\left(\dfrac{35}{64}\right)^3\right\}\times100\fallingdotseq84$〔%〕となる。　(3)　岩石を水中に沈めたとき

に増えた質量は，$(M'-M)$〔g〕であり，アルキメデスの原理からこ

れは沈んだ岩石の体積と同じ体積分の水の質量に相当する。よって，

$(岩石の体積)＝\dfrac{(増えた質量)〔g〕}{(水の密度)〔g/cm^3〕}＝\dfrac{M'-M}{\rho}$〔cm³〕と表せる。したが

って，この岩石の密度は，$\rho'＝\dfrac{m}{\frac{M'-M}{\rho}}＝\dfrac{m}{M'-M}\rho$〔g/cm³〕とな

る。　(4)　(a)　震央の近くでは地殻を直接伝わった地震波(直接波)が

先に到達するが，ある地点を境にマントルを伝わった地震波(屈折波)の方が先に到達するようになる。そのためある地点から走時曲線の傾きは小さくなる。　(b)　地殻の厚さdは，地殻内を伝わる地震波の速度V_1，マントル内を伝わる地震波の速度V_2，および走時曲線が折れ曲がる地点の震央距離lを用いて，$d = \dfrac{l}{2}\sqrt{\dfrac{V_2 - V_1}{V_2 + V_1}}$ と表せる。図3より，震央距離が180km未満の地点までは地殻を伝わってきた地震波を観測しており，震央距離120kmにおける走時は20秒なので，$V_1 = \dfrac{120}{20} = 6.0$〔km/s〕となる。また，震央距離180kmと265kmにおける走時はそれぞれ30秒，40秒なので，$V_2 = \dfrac{265 - 180}{40 - 30} = 8.5$〔km/s〕となる。したがって，$d = \dfrac{180}{2}\sqrt{\dfrac{8.5 - 6.0}{8.5 + 6.0}} = 90\sqrt{\dfrac{5}{29}} = \dfrac{90}{29}\sqrt{145}$，$\sqrt{145} \fallingdotseq 12$なので，$d \fallingdotseq 38$〔km〕となる。　(5)　ホットスポットは，マントル物質の上昇(プルーム)によって火山活動が生じる場所のことである。ホットスポットでは玄武岩質マグマが生じるが，これは流紋岩質マグマと比べて温度が高く，SiO_2量は少なく，粘性は小さい。

【2】(1)　ケイ酸塩鉱物　　(2)　角閃石…イ　　黒雲母…エ
(3)　①研磨した火成岩の表面に方眼を書いたトレーシングペーパー等を重ねる。　②方眼の交点の下にある有色鉱物を数える。　③方眼の全交点に対する有色鉱物の割合を求める。(色指数)＝(有色鉱物の交点数)÷(全交点数)×100　　(4)　SiO_2量…48.2〔％〕　　岩石名…斑れい岩

〈解説〉(1)　SiO_4四面体を基本構造とした鉱物をケイ酸塩鉱物といい，火成岩を構成する造岩鉱物の多くはこれらが結びつくことで結晶の骨組みをつくっている。　(2)　角閃石の構造はSiO_4四面体が隣同士で酸素を共有してつながったものであり，これを複鎖状という。黒雲母の構造は網状であり，これは一方向の劈開をもった構造である。独立した構造をとる造岩鉱物はかんらん石，単鎖状の構造をとるのは輝石である。　(3)　色指数とは，ある岩石の体積中に占める有色鉱物の体積の

割合のことである。鉱物の形は一定ではなく，一つ一つの鉱物の体積を量るのは容易ではないため，鉱石の一部分に含まれる有色鉱物の割合から色指数を求める。　(4)　(深成岩のSiO_2量)＝(鉱物Aの割合)×(鉱物AのSiO_2量)＋(鉱物Bの割合)×(鉱物BのSiO_2量)＋(鉱物Cの割合)×(鉱物CのSiO_2量)＝0.38×0.41＋0.34×0.58＋0.28×0.46＝0.4818となり，これを百分率で表すと48.18％となる。ここで，それぞれの深成岩のSiO_2量は，かんらん岩は45％以下，斑れい岩が45〜52％，閃緑岩が52〜66％，花こう岩が66％以上なので，この深成岩は斑れい岩である。

【3】(1)　・下部層由来の基底礫岩が見られる場合　　・二つの地層の走向・傾斜が違う場合　(2)　結晶質石灰岩　(3)　通常，泥が堆積するような海底に，地震等によって発生した混濁流によって運ばれた砂等が泥の上に堆積する。これが何度も繰り返され，砂岩と泥岩の互層が形成される。　(4)　白亜(紀)　(5)　断層の種類…正断層　記号…ウ　(6)　地層A→地層B→地層C→地層D→岩体G→f-f´→地層E

〈解説〉(1)　不整合は，水中で堆積した地層が陸地化し，風化・侵食作用により削られ，その後再び沈降して新しい地層が堆積すると生じる上下の地層の関係である。下部層由来の基底礫岩とは，下部層が侵食作用を受けて形成された礫のことである。また，整合の地層の場合は二つの地層の走向・傾斜が等しいが，不整合の場合には下部の地層が削られ，地殻変動により地層の傾きが生じた後，新たに堆積した地層は水平になるため，走向と傾斜が異なっている。　(2)　岩体Gは花こう岩なので，石灰岩との接触部では接触変成作用が生じたと考えられる。石灰岩が接触変成作用を受けると，白色で粗粒な結晶質石灰岩が形成される。　(3)　タービダイトは，地震などにより土砂を多量に含んだ混濁流が発生し，これが普段は泥が堆積する海底などで堆積することで形成される。　(4)　岩体Gが形成されたのは約8000万年前となり，約1億4500万年前から約6600万年前の期間である白亜紀に形成されたことになる。　(5)　断層面の上盤(図の北側)ほど標高が低くなっ

ており，断層面に沿ってずり落ちているので，f−f′は正断層である。正断層は張力によって生じる。また，断層面は北西−南東方向に延びていることから，張力は北東−南西方向にはたらいたことになる。

(6)　まず，地層Aと地層Bは不整合の関係であり，地層Aは海底で形成されたので，これが陸地化した後に地層Bが形成されたことになる。また，地層B，地層C，地層Dの間に不整合などはないことから，これらは連続して堆積したことになる。地層Cから産出したトリゴニアは白亜紀以前のジュラ紀の示準化石なので，白亜紀に形成された岩体Gは地層CやDより後に形成されたことになる。さらに，断層f−f′は地層Aから地層D，および岩体Gを切断しているが，地層Eは切断していないことから，岩体Gが形成できた後に断層f−f′が形成され，その後，地層Eが堆積したことになる。

【4】(1)　(a)　ア　　(b)　2.18〔倍〕　　(c)　自転周期…赤道付近
太陽についてわかること…太陽はガス球であること　　(2)　(a)　670
〔秒〕　　(b)　587〔日〕　　(c)　他の惑星と自転方向が違う。
(3)　3.2〔倍〕　　(4)　2〔等級〕　　(5)　キ→イ→ア→ウ→エ→オ→カ
(6)　イオ
〈解説〉(1)　(a)　太陽の自転の向きは地球の自転と同様に左回りなので，黒点は太陽を正面に見たときに左から右に動いて見える。問題文より，太陽の像が動く方向を西としているので，黒点は東から西に移動していることになる。　　(b)　黒点の直径が地球の直径のx倍であるとき，150：109＝3：xとなるので，x＝2.18となる。したがって，黒点の直径は地球の直径の2.18倍となる。　　(c)　黒点の移動する速さから，太陽の自転周期は約1ヶ月とわかる。　　(2)　(a)　以下の図のように，地球と太陽と金星を結んだ直角三角形を考えると，太陽と地球を結ぶ直線，および地球と金星を結ぶ直線がなす角が東方最大離角である。太陽と地球の間の距離は1〔AU〕なので，$\cos 48° = \dfrac{(地球と金星の距離)}{(地球と太陽の距離)} = \dfrac{(地球と金星の距離)}{1〔AU〕}$となり，(地球と金星の距離)＝1〔AU〕×cos48°

となる。ここで，電波が進む距離は地球と金星の距離の2倍なので，電波が金星に反射して地球に返ってくるまでの時間は，

$$\frac{1〔AU〕×\cos48°×2}{3.0×10^5〔km/s〕}=\frac{1.5×10^8〔km〕×0.67×2}{3.0×10^5〔km/s〕}=670〔s〕 となる。$$

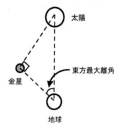

(b)　ある惑星が太陽と地球に対して同じ位置関係になるまでに要する時間を，会合周期という。金星は内惑星なので，会合周期をS，金星の公転周期をP，地球の公転周期をEとすると，$\frac{1}{S}=\frac{1}{P}-\frac{1}{E}$と表せる。したがって，$S=\frac{PE}{E-P}=\frac{365×225}{365-225}≒587$〔日〕となる。　(3)　主星の質量を$m_A$，伴星の質量を$m_B$，公転周期を$P$，主星と伴星の平均距離を$a$，万有引力定数を$G$とすると，重力と遠心力のつり合いより$\frac{a^3}{P^2}=G\frac{m_A+m_B}{4\pi^2}$と表せるので，$\frac{20^3}{50^2}=G\frac{m_A+m_B}{4\pi^2}$…①　となる。ここで，地球と太陽の関係を考えると，地球の公転周期は1年，地球と太陽の平均距離は1〔AU〕となり，地球の質量は太陽の質量と比べて十分小さく無視できるので，太陽の質量をMとすると$\frac{1^3}{1^2}=G\frac{M}{4\pi^2}=1$となる。よって，$\frac{G}{4\pi^2}=\frac{1}{M}$となる。これを①式に代入すると，$\frac{20^3}{50^2}=\frac{m_A+m_B}{M}$となり，$m_A+m_B=\frac{20^3}{50^2}M=3.2M$となる。したがって，主星と伴星の質量の和は太陽の質量の3.2倍となる。　(4)　絶対等級は，恒星の距離を32.6光年としたときの明るさを表す指標であり，32.6〔光年〕=10〔パーセク〕である。絶対等級をM，見かけの等級をm，距離をd〔パーセク〕とすると，$M=m+5-5\log_{10}d$と表せる。したがって，

$$M=6+5-5\log_{10}\left(\frac{203.75}{32.6}\times10\right)=11-5\log_{10}62.5 となる。\log_{10}2\fallingdotseq0.30,$$

$\log_{10}5\fallingdotseq0.69$なので，$\log_{10}62.5=\log_{10}5^3\times2^{-1}\fallingdotseq0.69\times3-0.30\fallingdotseq1.8$より，$M\fallingdotseq11-5\times1.8=2$となるので，絶対等級は2〔等級〕となる。

(5) 恒星のスペクトル型は，恒星の表面温度の高いものから順にO，B，A，F，G，K，M型となり，さらに10段階に細分して表している。

(6) イオとは，月と同程度の大きさの木星の衛星であり，太陽系において最も活発な火山活動が見られる衛星である。

【5】(1) 0.73〔m〕 (2) $(E=)\pi R^2I(1-A)t$ (3) 高温で湿度が高いこと (4) 気圧傾度力…北 風向…西 (5) ア→ウ→エ→イ
(6) ① 引力 ② 遠心力

〈解説〉(1) (水銀柱の圧力)＝$\dfrac{(水銀柱の質量)\times(重力加速度)}{(水銀柱の断面積)}$である。水銀柱の高さを$x$〔m〕として単位面積にかかる水銀柱の圧力を考えると，(水銀柱の圧力)＝(水銀柱の密度)$\times x\times$(重力加速度)＝$(1.4\times10^4)\times x\times9.8$，これが大気圧とつり合っているので，$x\times(1.4\times10^4)\times9.8=1.0\times10^5$となり，$x\fallingdotseq0.73$〔m〕となる。 (2) 太陽定数とは，太陽光線に垂直な面が単位面積で単位時間あたりに受ける太陽エネルギーの量である。地球の断面積はπR^2より，t秒間に地球が受け取るエネルギーの量は理論上はπR^2Itとなる。しかし，このエネルギー量の一部は地球で反射し，入射するエネルギー量に対する反射するエネルギー量の割合をアルベド(A)といい，反射するエネルギー量はπR^2IAと表せる。したがって，t秒間に地球が太陽から受け取るエネルギー量Eは，$E=\pi R^2I(1-A)t$となる。 (3) フェーン現象とは，湿った空気塊が山頂まで上昇し，山頂を越えて風下側の山麓へ下降する際に高温で乾燥した空気塊になる現象である。風上側の温度や湿度が高いほど，風下側の山麓に達する空気塊の温度は高くなり乾燥する。 (4) 図2の500hPa等圧面の高度が高い場所ほど気圧は高くなる。また，気圧傾度力は気圧の高い側から低い側へ働くので，点Aにおいては気圧の低い北極方向，つまり北向きに気圧傾度力が働いていることになる。また，上空

では気圧傾度力と転向力がつり合う等圧線に平行な風が吹いている。北半球では転向力は風の進行方向に対して直角右向きに働くので，西から東の風が吹くことになる。　(5)　海水中の塩類で最も多いのはNaClで，その次に$MgCl_2$，$MgSO_4$などと続いていく。　(6)　潮汐(潮の満ち引き)を引き起こす力を起潮力という。地球と月，地球と太陽の間ではそれぞれ引力が働いている。また，月は地球のまわりを公転しているが，このとき地球と月は共通重心を中心として公転しており，地球に遠心力が働く。

【6】(1)　①　自然　②　観察，実験　③　技能　④　地球を取り巻く　⑤　自然環境の保全　(2)　(a)　微惑星の衝突により原始地球が形成された。微惑星中に含まれていた二酸化炭素や水を主成分とする原始大気ができた。その後，微惑星の衝突の減少により地球の温度が低下すると，大気中の水蒸気が凝結して雨となり原始の海が形成された。原始の海が形成されると，大気中に大量にあった二酸化炭素のほとんどは海に吸収され，海水中のカルシウムイオンやマグネシウムイオンと結びついて炭酸塩として海底に堆積し，大気中の二酸化炭素は激減した。　(b)　①河川の氾濫により谷底に平地(氾濫原)ができる。　②気候の寒冷化により海水面(侵食基準面)が低下し，河川の流速が速くなる。　③河川の流速が速くなることによって，下方侵食が起こり，平地(氾濫原)を削り段丘面が形成される。

〈解説〉(1)　「第1款　目標」については，特に重要なので，学習指導要領だけでなく学習指導要領解説も合わせて，しっかりと読み込んでおきたい。　(2)　(a)　約27億年前になると海の中でシアノバクテリアが誕生し，光合成が行われるようになったことで大気中の二酸化炭素はさらに減少した。　(b)　河岸段丘は，河川の両側に形成される階段状の地形であり，洪水などにより多量の土砂が下流に運ばれ堆積することで平地ができ，河川が流れることによって土地が削られ，その部分が下がって階段状になることで形成される。氷河期には，海の水が陸上に雪や氷となり留まっているため海水面が下がっていた。すると，

　高低差が大きくなるため河川の流速は速くなり，川底の浸食が起こり川底は低くなる。また，雪や氷が溶けて洪水が起こると，河川では土砂が運ばれ，海水面が上がることで高低差が減り河川の流速が下がったところに次の平地ができる。

2020年度　実施問題

中学理科・高校物理共通

【1】図のように，十分に大きく深い容器に水を入れて台の上にのせ，質量と体積が無視できる細い糸で鉄球をつるし，水中で静止させた。糸を切ると鉄球は加速しながら沈み，やがて終端速度に達した。鉄球の質量はm〔kg〕，その密度はρ〔kg/m³〕である。また，水と容器の質量は合わせてM〔kg〕，水の密度はρ_0〔kg/m³〕であり，重力加速度の大きさはg〔m/s²〕とする。なお，水の抵抗力の大きさは鉄球の速さの1乗に比例するものとし，その比例定数をkとする。下の(1)〜(5)の問いに答えなさい。なお，(2)〜(5)については，単位も書きなさい。

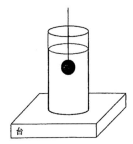

(1)　鉄球にはたらく浮力の大きさf〔N〕を求めなさい。

　以下の(2)〜(5)の問いについては，浮力の大きさをf〔N〕として答えなさい。

(2)　鉄球をつるして静止させているときの糸の張力の大きさを求めなさい。

(3)　糸を切った直後の鉄球の加速度の大きさを求めなさい。

(4)　終端速度の大きさを求めなさい。

(5)　鉄球が次の状態のとき，台から容器にはたらく垂直抗力の大きさを求めなさい。

(a)　糸でつるして静止しているとき

(b)　終端速度に達したとき

(☆☆☆◎◎◎)

中学理科・高校生物共通

【１】恒常性について，(1)～(5)の問いに答えなさい。

(1)　次の文は，心臓の拍動調節について説明したものである。（　a　）～（　c　）にあてはまる最も適切な語句を答えなさい。

　　　激しい運動をした後にしばらく休むと，血液中の二酸化炭素濃度が減少した。この情報は（　a　）で受容され，（　b　）神経を介して心臓の右心房上部にある（　c　）に情報が伝わり，その結果，心臓の拍動が抑えられる。

(2)　多くのホルモンは，細胞膜を透過することができないため，標的細胞の細胞膜に存在する受容体と結合して細胞内に情報を伝える。しかし，一部のホルモンでは，細胞膜を透過することができ，標的細胞内にある受容体と結合する。このような，細胞膜を透過できるホルモンの名称を1つ答えなさい。

(3)　血液中のチロキシン濃度が低下すると，フィードバックによりチロキシン濃度が上昇する。このときの調節のしくみを，関係する内分泌腺3つ，チロキシンを含むホルモン3つを用いて説明しなさい。

(4)　外気温が低下すると，体内では体温を上昇させるしくみが働く。寒冷刺激を受容すると，交感神経を通じて様々な組織や器官に情報が伝わるが，そのうちの2つの組織または器官は，情報を受け取ると放熱量を減少させるように働く。何という組織または器官がどのような変化をするか，それぞれ簡潔に説明しなさい。

(5)　血糖濃度調節に関して，(a)・(b)の問いに答えなさい。

(a)　血糖濃度が低下すると，複数の調節機能が働いて血糖濃度が上昇する。このうち，自律神経が関与する調節機能について，血糖

266

濃度を感知する中枢から血糖濃度が上昇するまでの流れを1つ説明しなさい。

(b) 血糖濃度が上昇すると，インスリンによって2つの作用を促進することで，血糖濃度が低下する。どのような作用を促進するか，それぞれ簡潔に説明しなさい。

中 学 理 科

【1】次の文を読み，(1)～(5)の問いに答えなさい。数値計算の解答は有効数字2桁で答えなさい。

　原子は，原子番号が最も近い希ガスの原子と同じ安定な電子配置をとる傾向がある。ナトリウム原子は電子（　あ　）個を失い，（　い　）原子と同じ安定な電子配置をもつナトリウムイオンになりやすい。また，塩素原子は，電子（　う　）個を得て，（　え　）原子と同じ安定な電子配置をもつ塩化物イオンになりやすい。ナトリウムイオン及び塩化物イオンでは，ともに最外殻に（　お　）個の電子が存在している。固体の塩化ナトリウムの結晶では，ナトリウム原子から塩素原子へ電子（　か　）個が移ることにより生じた多数のナトリウムイオンと塩化物イオンが静電気的な引力で結びつき，規則正しく配列した図1のような結晶構造となっている。この結晶構造では，一辺が0.28nmの立方体の頂点にナトリウムイオンと塩化物イオンの中心が位置し，互いに接するようになっている。

図1　塩化物
　　　イオン ナトリウム
　　　　　　イオン

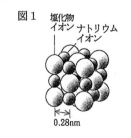

0.28nm

(1)　(　あ　)～(　か　)にあてはまる最も適切な語句または数値を答えなさい。

(2)　1個のナトリウムイオンから最も近いところに位置しているナトリウムイオンの個数を答えなさい。

(3)　1個のナトリウムイオンから最も近いところに位置している塩化物イオンの個数を答えなさい。

(4)　塩化物イオンのイオン半径を0.17nmとすれば，ナトリウムイオンのイオン半径は何nmか，求めなさい。

(5)　塩化ナトリウムと同様の結晶構造において，図2のように，陰イオンに対し陽イオンがさらに小さくなると，陰イオンどうしが接してしまい結晶として安定に存在することができなくなる。塩化ナトリウムと同様の結晶構造が安定に存在するためには，陽イオンの半径rと陰イオンの半径Rの比$\left(\dfrac{r}{R}\right)$がいくらより大きければよいか，求めなさい。ただし，$\sqrt{2}=1.41$とする。

図2

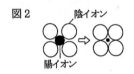

（☆☆◎◎◎）

【2】次の(1)～(4)の問いに答えなさい。

(1)　2019年7月に衝となった頃の土星は天の川の近くに位置していた。次の(a)～(c)に答えなさい。

(a)　天の川は，私たちの太陽系を含む多数の恒星などが集まった天体を内側から見たすがたである。この天体の名称を書きなさい。

(b)　(a)の天体における太陽系の位置として，最も適切なものはどこか，次図のア～エから選びなさい。

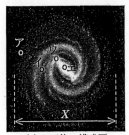

(a)の天体の模式図

(c) (a)の天体の直径*X*はおよそ何光年か，書きなさい。

(2) 徳島県でカメラを夜空に向け，長時間シャッターを開いて星の動きを撮影した。次のⅠ～Ⅳは東西南北のどの方位を記録したものか，また，星の動きはa・bのいずれか，Ⅰ～Ⅳそれぞれについて，撮影した方位と星の動きを答えなさい。

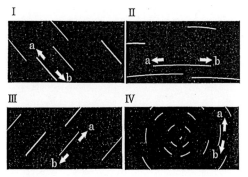

(3) 2019年7月に衝となった頃の土星の南中高度を徳島県(北緯約34度)で観測すると，約34度でかなり低かったが，2005年1月に衝となった頃の南中高度を調べると，約75度でとても高かった。なぜ，土星が衝となった頃の南中高度が，1月に比べて7月に低くなるのか，1月と7月を比較しながら理由を書きなさい。

(4) 2019年7月に衝となった頃の土星の南中高度を，北緯50°のある地点と赤道上のある地点でそれぞれ観測した。同じ日に徳島県で観測した土星の南中高度と比較して高いか低いか，それぞれ答えなさい。

(☆☆☆◎◎◎)

【3】中学校学習指導要領「第2章　各教科」「第4節　理科」について，次の(1)・(2)の問いに答えなさい。

(1)　「第2　各分野の目標及び内容」について，次の(a)～(d)の問いに答えなさい。

(a)　次の文は〔第1分野〕「1　目標」の一部である。(　①　)～(　③　)にあてはまる語句を書きなさい。

> (2)　物質やエネルギーに関する事物・現象に関わり，それらの中に問題を見いだし(　①　)をもって観察，実験などを行い，その結果を(　②　)して解釈し表現するなど，科学的に探究する活動を通して，(　③　)を見いだしたり課題を解決したりする力を養う。

(b)　次の文は〔第1分野〕「2　内容」の一部である。(　①　)～(　⑤　)にあてはまる語句を書きなさい。(同じ番号には，同じ語句が入るものとする。)

> (2)　身の回りの物質
> 　ア　身の回りの物質の(　①　)や変化に着目しながら，次のことを理解するとともに，それらの観察，実験などに関する技能を身に付けること。
> 　　(ア)　物質のすがた
> 　　　⑦　身の回りの物質とその性質
> 　　　　身の回りの物質の(　①　)を様々な方法で調べる実験を行い，物質には(　②　)や(　③　)したときの変化など(　④　)の性質と(　⑤　)の性質があることを見いだして理解するとともに，実験器具の操作，記録の仕方などの技能を身に付けること。

(c)　次の文は〔第2分野〕「1　目標」の一部である。(　①　)，(　②　)にあてはまる語句を書きなさい。

> (1)　生命や地球に関する事物・現象についての観察，実験などを行い，生物の体のつくりと働き，生命の(　①　)，大地の成り立ちと変化，気象とその変化，地球と宇宙などについて理解するとともに，科学的に探究するために必要な観察，実験などに関する(　②　)を身に付けるようにする。

(d)　次の文は〔第2分野〕「2　内容」の一部である。(　①　)，(　②　)にあてはまる語句を書きなさい。

> (3)　生物の体のつくりと働き
>   ア　生物の体のつくりと働きとの関係に着目しながら，次のことを理解するとともに，それらの観察，実験などに関する技能を身に付けること。
>   (ア)　生物と細胞
>   ⑦　生物と細胞
>   生物の(　①　)などの観察を行い，生物の体が細胞からできていること及び植物と動物の(　②　)を見いだして理解するとともに，観察器具の操作，観察記録の仕方などの技能を身に付けること。

(2)　「第3　指導計画の作成と内容の取扱い」について，(　①　)〜(　③　)にあてはまる語句を書きなさい。

> 1　指導計画の作成に当たっては，次の事項に配慮するものとする。
>   (2)　各学年においては，年間を通じて，各分野におよそ同程度の授業時数を配当すること。その際，各分野間及び各項目間の関連を十分考慮して，各分野の特徴的な見方・(　①　)を(　②　)に働かせ，自然の事物・現象を科学的に探究するために必要な資質・能力を養うことができるようにすること。

(4)　(　③　)や他教科等との関連を図ること。

(☆☆◎◎◎)

高 校 理 科

【物理】

【1】次図のように水平面から角度 θ をなすなめらかな斜面OPがある。自然の長さが l でばね定数 k のばねのA端を斜面の下端Oに固定し、ばねの上端Bに質量 m の小球を固定した。重力加速度の大きさを g とする。ただし、小球に働く空気抵抗はないものとし、ばねの質量と小球の大きさは無視してよい。下の(1)・(2)の問いに答えなさい。

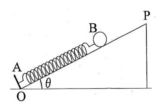

(1)　小球は、ばねの長さが自然の長さ l から a だけ縮んだ位置で静止した。a の大きさを求めなさい。

(2)　(1)の小球の静止位置から小球を斜面に沿って距離 b だけ押し下げて手を離すと、小球はばねの上端Bから離れることなく斜面に沿って単振動をした。次の(a)～(d)の問いに答えなさい。

(a)　単振動をする小球の周期を求めなさい。

(b)　小球が最も高い位置にあるとき、小球のつりあいの位置からの変位の大きさを求めなさい。

(c)　小球から手を離したあと、小球が最も高い位置に最初に到達するまでに要する時間を求めなさい。

(d)　小球の最大の速さ v_{max} を θ、a を用いずに表しなさい。

(☆☆☆☆◎◎◎)

272

【2】定常波に関する次の文章を読んで，(1)〜(3)の問いに答えなさい。

振幅A，周期T，波長λが同じで，x軸に沿って互いに逆向きに伝わる2つの正弦波y_1，y_2がある。両波ともに減衰は無視できるものとする。各々が単独に伝わるとき，位置xの媒質の時刻tにおける変位は，

$$y_1 = A\sin 2\pi\left(\frac{t}{T} + \frac{x}{\lambda}\right) \quad \cdots① , \quad y_2 = A\sin 2\pi\left(\frac{t}{T} - \frac{x}{\lambda}\right) \quad \cdots②$$

で与えられるものとする。これらの波が同時に伝わるとき，媒質の変位yは重ね合わせの原理により，$\sin a + \sin b = 2\cos\dfrac{a-b}{2}\sin\dfrac{a+b}{2}$を用いると，

$$y = y_1 + y_2 = [\quad ア\quad] \times \sin 2\pi\frac{t}{T} \quad \cdots③$$

と表せる。[　ア　]を振幅項と考えた場合，この合成波は位置xによって振幅が決定しており，定常波と呼ばれる。媒質が静止したまま動かない位置を節と呼び，そのx座標は，整数をmとして，$x = [\quad イ\quad]$と表される。したがって，その間隔は[　ウ　]である。また，媒質が最大の振幅$2A$で振動する位置を腹と呼び，そのx座標は，整数をmとして，$x = [\quad エ\quad]$と表される。よって，隣り合う腹の間隔も[　ウ　]である。

(1) x軸負の方向に進む波はy_1，y_2のいずれか，答えなさい。また，その波の$x = 0$の点における媒質の変位を時刻tのグラフとして概形を描きなさい。

(2) 上の文中の[　ア　]〜[　エ　]に入る適当な数式を示しなさい。ただし，同じ記号には同じ数式が入るものとする。

(3) ①〜③式を考察し，定常波の振動数とその定常波を作り出す進行波の振動数の関係を簡単に説明しなさい。

(☆☆☆◎◎◎)

【3】図1のように質量m〔kg〕，長さd〔m〕，抵抗r〔Ω〕の金属棒CDを質量の無視できる細い導線AD，BCを用いて水平な金属棒PQにつり下げ，長さl〔m〕，間隔d〔m〕の長方形のブランコをつくった。鉛直上向きに磁束密度B〔Wb/m²〕の一様な磁場をかけた後，ブランコを傾けて静かに放した。P側から見た場合，ブランコが図2のように矢印の方

向に運動している場面を考える。角度が θ 〔rad〕$\left(0 < \theta < \dfrac{\pi}{2}\right)$ になった瞬間の角速度は ω 〔rad/s〕であった。重力加速度の大きさを g 〔m/s²〕，CD以外の部分の電気抵抗やPQと導線AD，BCの接触部分の摩擦及び空気抵抗は無視できるものとする。下の(1)～(5)の問いに答えなさい。

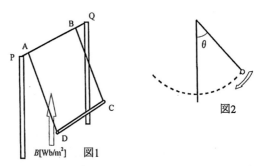

B〔Wb/m²〕　図1　　　図2

(1)　図2の状態の時，長方形ABCDを上向きに貫く磁束を求めなさい。

(2)　図2の状態の時，CD間に生じる誘導起電力の大きさを求めなさい。また，高電位になるのはC，D端のどちらか，答えなさい。

(3)　図2の状態の時，金属棒CDが磁場から受ける力の大きさを求めなさい。

(4)　(3)で求めた力の仕事率を求めなさい。

(5)　手を離した後，ブランコの振れは徐々に減衰し，やがて静止する。その理由をエネルギーの観点から説明しなさい。

(☆☆☆☆◎◎◎)

【4】気体の分子運動に関する次の文章を読んで，(1)～(3)の問いに答えなさい。

　　次図のように1辺の長さが L の立方体の容器の中に，質量 m の単原子分子 N 個からなる理想気体が入っている。今，容器の中の温度を T とし，アボガドロ定数を N_A，気体定数を R とする。気体の物質量 n は，$n =$ [　ア　]〔mol〕であり，この n の値を用いれば容器内の気体の圧力 P は $P =$ [　イ　]となる。

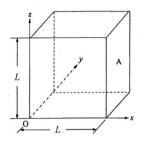

　次に，この容器内における気体分子の運動について考えよう。ただし，壁面はなめらかで気体分子と壁及び気体分子間は弾性衝突しており，(a)<u>分子どうしの衝突はないものと考えられる。</u>1つの分子の速度を$\vec{v}$とし，その大きさをv，速度のx，y，z成分の大きさをそれぞれv_x，v_y，v_zとすると，図に示した壁Aに1つの分子が単位時間当たりに衝突する回数は[　ウ　]となる。この間に壁Aが受ける力積より，1つの分子が壁Aに及ぼす平均の力の大きさ$\overline{f}$は$\overline{f}=$[　エ　]となる。ここでN個の分子について，v，v_x，v_y，v_zの2乗の平均をそれぞれ$\overline{v^2}$，$\overline{v_x^2}$，$\overline{v_y^2}$，$\overline{v_z^2}$とすれば，壁Aが受ける圧力Pは，L，m，N，$\overline{v_x^2}$を用いて$P=$[　オ　]となる。ところで，多数の気体分子の運動は乱雑で向きによる違いがないため，どの方向に対しても平均値が等しくなり，$\overline{v_x^2}=\overline{v_y^2}=\overline{v_z^2}$が成り立つ。つまり，気体分子は容器のどの壁にも同じ大きさの圧力を及ぼしており，[　オ　]の圧力PはL，m，N，$\overline{v^2}$を用いて$P=$[　カ　]と表すことができる。

(1)　上の文中の[　ア　]～[　カ　]にあてはまる数式を示しなさい。

(2)　上の文中の下線部(a)の理由を簡単に説明しなさい。

(3)　この考察過程により，気体分子1個の平均運動エネルギー$\frac{1}{2}m\overline{v^2}$は，$T$，$N_A$，$R$を用いてどのように表されるか，示しなさい。

（☆☆☆◎◎◎）

【5】核反応に関する次の(1)・(2)の問いに答えなさい。

(1)　ウランU(原子番号92)は何度も崩壊を繰り返して様々な核種にな

り，最後には鉛Pb(原子番号82)になって安定となる。次の(a)・(b)の問いに答えなさい。

(a)　最後に^{207}Pbの原子核になるのは，^{238}Uと^{235}Uのどちらか，答えなさい。

(b)　(a)で示したUが^{207}Pbの原子核になるまでに，α崩壊とβ崩壊をそれぞれ何回ずつ行うか，求めなさい。

(2)　^{235}Uは中性子を吸収すると不安定になり，ほぼ半分の質量の原子核に分裂し，同時に数個の中性子を放出する。その一例を次に示す。

$$^{235}_{92}\text{U} + {}^{1}_{0}\text{n} \rightarrow {}^{141}_{56}\text{Ba} + {}^{92}_{36}\text{Kr} + [\qquad]$$

次の(c)〜(e)の問いに答えなさい。

(c)　[　　]に入る適当なものを示しなさい。

(d)　反応の際に発生する中性子が他の^{235}Uに当たり，次々に核分裂が起こることを何というか，答えなさい。

(e)　^{235}Uの原子核1個が核分裂するとき，2.0×10^{8}〔eV〕のエネルギーを放出する。1〔g〕の^{235}Uがすべて核分裂反応を起こしたとき，発生するエネルギーは何〔J〕か。^{235}U原子1〔mol〕の質量を235〔g〕(質量数〔g〕)，アボガドロ定数を6.0×10^{23}〔個/mol〕，1〔eV〕$=1.6 \times 10^{-19}$〔J〕として，求めなさい。

(☆☆☆◎◎)

【6】次の文は，高等学校学習指導要領(平成30年告示)「理科」の「第3　物理　1　目標」である。[　①　]〜[　⑨　]にあてはまる語句を答えなさい。ただし，同じ記号には同じ語句が入るものとする。

第3　物理　1　目標
　物理的な[　①　]・現象に関わり，[　②　]の見方・考え方を働かせ，[　③　]をもって観察，実験を行うことなどを通して，物理的な[　①　]・現象を[　④　]に[　⑤　]するために必要な[　⑥　]・[　⑦　]を次のとおり育成することを目指す。
(1)　物理学の基本的な[　⑧　]や原理・法則の理解を深め，[　④　]に[　⑤　]するために必要な観察，実験などに関する

技能を身に付けるようにする。

(2)　観察，実験などを行い，[　④　]に[　⑤　]する力を養う。

(3)　物理的な[　①　]・現象に[　⑨　]に関わり，[　④　]に
　　[　⑤　]しようとする態度を養う。

(☆☆◎◎◎)

【7】高等学校学習指導要領に示されている「観察，実験などに関する技
能」を身に付けさせるために，単振り子の周期を各グループごとに考
えさせた計測方法で実験させた。長さ50.0〔cm〕の糸とおもりの質量
は統一しており，周期の理論値は1.42〔s〕である。A班とB班は，実
験方法と結果について次のような発表を行った。あとの(1)・(2)の問い
に答えなさい。

【A班の発表概要】
　担当者1人が単振り子が10往復する時間を7回計測して平均し
た。振幅が一番大きくなる瞬間にストップウォッチを押した。
理論値と計測値はほぼ同じになったことから上手く計測できた
と考える。

計測値〔s〕	14.82	14.75	12.92	14.93	14.83	14.71	13.12	平均
周期〔s〕	1.482	1.475	1.292	1.493	1.483	1.471	1.312	1.430 s

【B班の発表概要】
　回数を数える役とストップウォッチ担当者が協力して単振り
子が20回振動する時間を3回計測して平均した。振動の中心を通
る(台の棒と糸が重なる)瞬間にストップウォッチを押した。理論
値と比較すると計測値は大きかった。

計測値 [s]	29.89	29.79	30.09	平均
周期 [s]	1.4945	1.4895	1.5045	1.496167 s

(1)　A班とB班の発表に対する講評により，実験方法についての理解を深めさせたい。発表概要から分かることで良い点を1つ，問題点を2つピックアップして，どのように生徒に説明するか，答えなさい。

(2)　理論値と実験値の比較によって実験方法を評価する班が多かったことから，理論値に近い値が出ても良い実験が実施できたとは限らないということを説明したい。どのように生徒に説明するか，100字程度で答えなさい。

(☆☆☆◎◎◎)

【化学】

必要ならば原子量は次の値を用いなさい。H＝1.0，C＝12，O＝16，Na＝23

【1】次の文を読み，(1)～(5)に答えなさい。数値計算の解答は有効数字2桁で答えなさい。

　原子は，原子番号が最も近い希ガスの原子と同じ安定な電子配置をとる傾向がある。ナトリウム原子は電子(あ)個を失い，(い)原子と同じ安定な電子配置をもつナトリウムイオンになりやすい。また，塩素原子は，電子(あ)個を得て，(う)原子と同じ安定な電子配置をもつ塩化物イオンになりやすい。ナトリウムイオン及び塩化物イオンでは，ともに最外殻に(え)個の電子が存在している。固体の塩化ナトリウムの結晶では，ナトリウム原子から塩素原子へ電子(お)個が移ることにより生じた多数のナトリウムイオンと塩化物イオンが静電気的な引力で結びつき，規則正しく配列した図1のような結晶構造となっている。この結晶構造では，最も近い距離にあるナ

トリウムイオンと塩化物イオンの中心間の距離が0.28nmとなっており，互いに接するような配置になっている。

図1

塩化物
イオン ナトリウム
イオン

0.28nm

(1) （　あ　）～（　お　）にあてはまる適切な語句または数値を答えなさい。ただし，同じ記号の空欄には同じ語句または数値が入るものとする。

(2) 1個のナトリウムイオンから最も近いところに位置しているナトリウムイオンの個数を答えなさい。

(3) 1個のナトリウムイオンから最も近いところに位置している塩化物イオンの個数を答えなさい。

(4) 塩化物イオンのイオン半径を0.17nmとすれば，ナトリウムイオンのイオン半径は何nmか，求めなさい。

(5) 塩化ナトリウムと同様の結晶構造において，図2のように，陰イオンに対し陽イオンがさらに小さくなると，陰イオンどうしが接してしまい結晶として安定に存在することができなくなる。塩化ナトリウムと同様の結晶構造が安定に存在するためには，陽イオンの半径rと陰イオンの半径Rの比$\left(\dfrac{r}{R}\right)$がいくらより大きければよいか，求めなさい。ただし，$\sqrt{2}=1.41$とする。

図2

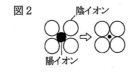

陰イオン

陽イオン

(☆☆◎◎◎)

【2】次の文を読み，(1)～(4)に答えなさい。数値計算の解答は有効数字2桁で答えなさい。

　定圧下での物理変化や化学変化に伴い，系と外部との間に出入りする熱量はエンタルピーHの変化ΔHに等しい。エンタルピーHは，内部エネルギーU，圧力p，体積Vを用いて$H=U+pV$で表される。化学反応に伴うエンタルピー変化は，標準反応エンタルピーΔH^oと呼ばれる。これは，最初と最後の物質がそれぞれ標準とする状態(298K，1.0×10^5Pa)にあるような過程に対するモル当たりのエンタルピー変化量であり，例えば，メタンの燃焼反応では次のようになる。ここで，発熱反応のときは系のエネルギーが失われるために符号はマイナスとなっている。

　　CH_4(気)　＋　$2O_2$(気)
　　→　CO_2(気)　＋　$2H_2O$(液)　$\Delta H^o = -890$kJ/mol

　標準反応エンタルピーと同様に，標準燃焼エンタルピー，標準生成エンタルピーも定義される。それぞれ，対象となる物質が完全燃焼するときのエンタルピー変化，及び，標準とする状態にある構成元素の単体から生成するときのエンタルピー変化として定義される。エンタルピー変化は反応経路には依存しないので，いくつかの反応の標準反応エンタルピーを組み合わせて，別の反応の標準反応エンタルピーを得ることができる。これはヘスの法則といわれている。

(1)　メタンCH_4(気)1.0gを完全燃焼させたときに系の外部へ放出される熱量の大きさを求めなさい。

(2)　二酸化炭素CO_2(気)，水H_2O(液)の標準生成エンタルピーはそれぞれ-394kJ/mol，-286kJ/molである。メタンCH_4(気)の標準生成エンタルピーを求めなさい。

(3)　1.0×10^5Paのもとで，水を電熱線で加熱して沸騰させた。沸点において1.8kJの熱量を与えると，0.80gの水が蒸発した。このとき，1mol当たりのエンタルピーの変化ΔHと内部エネルギーの変化ΔUを求めなさい。ただし，液体の水の体積は気体に比べてきわめて小さいため無視できるものとする。また，気体定数$R=8.3$J/(mol/K)と

する。

(4) 不飽和有機化合物の水素化に対する標準反応エンタルピーを標準水素化エンタルピーという。エチレンとベンゼンの標準水素化エンタルピーは以下のようになる。2つの標準水素化エンタルピーを比較したときに，ベンゼンの炭素原子間結合について考えられることを書きなさい。

$$C_2H_4(気) + H_2(気) \rightarrow C_2H_6(気) \quad \Delta H_1^\circ = -137kJ/mol$$

$$C_6H_6(気) + 3H_2(気) \rightarrow C_6H_{12}(気) \quad \Delta H_2^\circ = -205kJ/mol$$

(☆☆☆◎◎◎)

【3】過マンガン酸カリウムを用いて過酸化水素を定量する実験に関する次の文を読み，(1)～(5)に答えなさい。数値計算の解答は有効数字2桁で答えなさい。

過マンガン酸カリウムKMnO₄(式量158)水溶液は，正確な濃度の溶液を調製することが難しい。そのため，正確に濃度を決めることができるシュウ酸水溶液を用いて滴定する。このとき，過マンガン酸カリウム水溶液は結晶を(a)水に溶かした後，1～3時間煮沸し，さらに一昼夜放置して(b)ガラスフィルターで吸引濾過したものを用いる。また，水溶液は(c)褐色瓶に入れて保存する。

過マンガン酸カリウムの結晶約1.59gをはかりとり，水400mLに溶かして前述したような処理をして保管していたものを，ビュレットに移す。次にシュウ酸二水和物(COOH)₂・2H₂O(式量126)0.756gをとり，水に溶かして100mLとする。このシュウ酸水溶液10.0mLをコニカルビーカーにはかりとり，希硫酸10mLを加え，約70℃の湯で温めておく。この溶液が温かいうちに，過マンガン酸カリウム水溶液をビュレットから滴下したところ，10.0mL加えた時点で，ちょうど溶液の色が変化した。この過マンガン酸カリウム水溶液を用いて，市販のオキシドールに含まれる過酸化水素の定量を行う。

市販のオキシドール10.0mLをメスフラスコに移し，水を加えて100mLとする。この希釈したオキシドール10.0mLをコニカルビーカー

にとり，希硫酸を加え，先に正確に濃度を求めた過マンガン酸カリウム水溶液で滴定したところ，終点までに15.0mLを要した。

(1) 下線部(a)～(c)の操作をする理由として正しいものはどれか，ア～エからすべて選びなさい。

　ア　操作(a)で水中の溶存酸素を取り除くことで，過マンガン酸カリウムと溶存酸素が反応することを防いでいる。

　イ　操作(b)で吸引濾過することによって酸化マンガン(Ⅳ)等の水に溶解していない不純物を取り除いている。

　ウ　操作(b)でガラスフィルターを用いるのは，ろ紙を用いると，ろ紙は過マンガン酸カリウムと反応するからである。

　エ　操作(c)で褐色瓶に保存することで，過マンガン酸カリウムが光化学反応によって分解するのを防いでいる。

(2) 次の過マンガン酸カリウムとシュウ酸，それぞれのイオン反応式の〔　あ　〕～〔　え　〕にあてはまる化学式またはイオン式を係数も含めて書きなさい。

$$MnO_4^- + 5e^- + 〔　あ　〕 \rightarrow Mn^{2+} + 〔　い　〕$$

$$(COOH)_2 \rightarrow 2CO_2 + 〔　う　〕 + 〔　え　〕$$

(3) シュウ酸水溶液を用いた滴定によって求めた過マンガン酸カリウム水溶液のモル濃度を求めなさい。

(4) 過マンガン酸カリウムと過酸化水素の反応を化学反応式で書きなさい。

(5) 市販のオキシドールのモル濃度と質量パーセント濃度を求めなさい。ただし，市販のオキシドールの密度を$1.0g/cm^3$とする。

(☆☆☆◎◎◎)

【4】次の文を読み，(1)～(5)に答えなさい。数値計算の解答は有効数字3桁で答えなさい。

　　水素H_2とヨウ素I_2を同じ物質量ずつ同一の容器に入れ，数百℃に加熱すると，次式のように反応が起こり，ヨウ化水素HIが生成してくる。このときの反応速度について考える。

$$H_2 + I_2 \rightarrow 2HI \quad \cdots ①$$

　各物質のモル濃度〔mol/L〕を$[H_2]$，$[I_2]$，$[HI]$とし，ある短い時間Δt〔分〕に起こった濃度変化を$\Delta[H_2]$，$\Delta[I_2]$，$\Delta[HI]$とすると，水素H_2の反応速度VはΔtと$\Delta[H_2]$を用いて表すことができる。今，体積を変化させることができる密閉容器に，0.1200molずつの水素H_2とヨウ素I_2を加え，体積を1,000Lに保ったまま数百℃に加熱して反応させ，1分毎に水素H_2のモル濃度を測定し，表の結果を得た。ただし，$\overline{V}$はその時間における反応速度の平均値を，$\overline{[H_2]}$はその時間におけるモル濃度の平均値を表すものとする。

表

t	0	1	2	3	4
$[H_2]$	0.1200	0.1030	0.0900	0.0800	0.0720
$\Delta[H_2]$	（あ）	0.0130	0.0100	0.0080	
$\overline{V}$	0.0170	0.0130	0.0100	0.0080	
$\overline{[H_2]}$	0.1115	（い）	0.0850	0.0760	
$\overline{[H_2]}^2$	0.01243	0.00931	0.00723	0.00578	

(1)　表の空欄(あ)・(い)にあてはまる数値を求めなさい。

(2)　4分後のヨウ化水素HIのモル濃度を求めなさい。

(3)　この反応の反応速度Vを$[H_2]$，$[I_2]$及び反応速度定数kを用いて表しなさい。

(4)　体積を変化させることができる密閉容器に，同じ物質量の水素H_2とヨウ素I_2を加え，数百℃に加熱して反応させた後，反応条件を(a)〜(e)のように変化させると，①における右向きの反応速度はどうなるか。速くなるときはA，変化しないときはB，遅くなるときはCを記入しなさい。ただし，変化させた直後の反応速度を直前の反応速度と比較することとし，気体分子自身の体積は無視できることとする。

(a)　体積を一定に保ったまま，温度を高くする。

(b)　温度を一定に保ったまま，体積を大きくする。

(c)　温度と体積を一定に保ったまま，ヨウ化水素を加える。

(d)　温度と全圧を一定に保ったまま，生じていたヨウ化水素を取り除く。

(e)　活性化エネルギーを小さくする触媒を加える。

(5)　$\overline{V}$と$\overline{[H_2]^2}$の関係からこの反応の反応速度定数kを求めるためのグラフをかき，反応速度定数kを求めなさい。ただし，グラフの縦軸と横軸には適切な目盛りと単位を記入すること。また，kの単位も明記すること。

(☆☆◎◎◎)

【5】次の文を読み，(1)～(8)に答えなさい。数値計算の解答は有効数字2桁で答えなさい。

　　石油は，炭化水素を主成分とし，(a)硫黄の化合物なども含む混合物である。原油は，沸点の差を利用していくつかの成分に分けることができ，具体的には，常圧蒸留装置によって，沸点350℃以上の（　あ　），沸点240℃～350℃の（　い　），沸点170℃～250℃の（　う　），沸点30℃～180℃の（　え　），沸点30℃以下の「石油ガス」の各留分に分留される。（　あ　）は減圧蒸留装置によって，さらにいくつかの留分に分けられ，ある留分は接触分解によって（　い　）や分解ガソリンになる。（　い　）と（　う　）はそのまま燃料に用いられる。（　え　）の一部は熱分解によって(b)エチレンや，プロペンなどの脂肪族炭化水素や芳香族炭化水素に，一部は接触改質によって改質ガソリンになる。「石油ガス」のうち，(c)プロパンやブタンは常温で圧縮によって液化し，液化石油ガスとして燃料に利用される。ちなみに，液化天然ガスは，天然ガスを圧縮によって液化したものであり，メタンが主成分である。メタンは可燃性で燃焼熱も大きく，燃料として用いられているが，常温では比較的安定な物質である。しかし，(d)光を当てた場合にはハロゲンの単体と反応してメタンのハロゲンによる置換体とハロゲン化水素を生成する。また，メタンを水蒸気とともに触媒を用いて高温で熱分解させると，(e)$CH_4 + H_2O \rightarrow$〔　お　〕となり，その生成物を原料として酸化亜鉛などの触媒を用いて，高温高圧で反応させるとメタノールができる。

(1)　下線部(a)の混合物から硫黄を取り除く操作の名称を答えなさい。

(2)　石油から硫黄を取り除かずに燃料として用いた場合，環境にどの

ような影響を与えると考えられるか，次の語句を用いて答えなさい。

[語句]　硫黄　　燃焼　　水蒸気　　森林

(3)　（　あ　）〜（　え　）にあてはまる語句を答えなさい。ただし，同じ記号の空欄には同じ語句が入るものとする。

(4)　下線部(b)のエチレンやプロペンはアルケン，下線部(c)のプロパンやブタンはアルカンと呼ばれる。炭素数をnとして，アルケン及びアルカンの一般式をそれぞれ答えなさい。

(5)　$n＝2$のアルカンを直接塩素化したとき，生じるハロゲン化合物3種類をハロゲン原子の数の少ないものから順に＜例＞にならって構造式で書きなさい。

＜例＞

```
     H H Cl
  H-C-C-C-H
     H H H
```

(6)　下線部(e)の〔　お　〕にあてはまる化学反応式を書きなさい。

(7)　実験室でメタンを生成する場合は，酢酸ナトリウムを水酸化ナトリウムと混合して加熱する方法が用いられる。この反応を化学反応式で表しなさい。

(8)　(7)により，用いた酢酸ナトリウムがすべてメタンに変化したとすると，酢酸ナトリウム24.6gから得られるメタンは27℃，$1.0×10^5$Paで何Lになるか，求めなさい。ただし，気体定数$R＝8.3×10^3$〔Pa・L/(mol・K)〕とする。

（☆☆☆☆◎◎◎）

【6】次の文を読み，(1)〜(5)に答えなさい。数値計算の解答は有効数字2桁で答えなさい。

　ビニロンは1939年，日本の桜田一郎らにより開発された国産初の合成繊維である。当時，世界で初めての合成繊維（　あ　）がアメリカで発表されたばかりであり，石炭，石灰石という国内の資源で原料等が賄える国産合成繊維のビニロンには大きな期待が寄せられた。製造工程は，まず，石炭を乾留してコークスとし，石灰石を加熱して生石灰とする。(a)このコークスと生石灰を2000℃前後に加熱し溶融状態とす

ると一酸化炭素とともにカーバイドが得られる。加熱には電気炉が用いられ、その電力は水力発電により得た。この(b)カーバイドに水を作用させるとアセチレンが得られる。この方法は、現在のように石油化学工業が全盛となる以前は、各種有機化合物を合成するための重要な方法であった。ビニロンの直接の原料となるのはポリビニルアルコールである。ポリビニルアルコールの単量体はビニルアルコールであるが、(c)アセチレンからのポリビニルアルコールの合成は、ビニルアルコールの付加重合ではなく、酢酸ビニルを経由した工程により行われた。アセチレンに酢酸を付加させて酢酸ビニルとし、酢酸ビニルを重合させてポリ酢酸ビニルとした後、(d)ポリ酢酸ビニルを水酸化ナトリウムによりけん化することにより、ポリビニルアルコールとした。しかし、ポリビニルアルコールは、多数のヒドロキシ基を有するために水溶性であり、そのままでは繊維として用いることができない。そこで、ホルムアルデヒドで水に溶けないような処理を行った。この方法は、当時桜田らの研家室で別の繊維の耐水化に用いられた方法を応用したものであった。その後、ビニロンは衣料用としては伸び悩んだが、その強度を生かしてロープ、漁網など産業用途に活路を見いだしており、近年では、耐アルカリ性のアスベスト代替繊維としても注目されるようになっている。また、ビニロン繊維で培ったポリビニルアルコールに関する技術は、液晶ディスプレイ用偏光フィルムや食品包装用樹脂などに生かされ、大きな需要を生み出している。

(1)　(あ)にあてはまる合成繊維の名称は何か、答えなさい。

(2)　下線部(a)・(b)を化学反応式で表しなさい。

(3)　下線部(c)のような工程とした理由は何か、説明しなさい。

(4)　下線部(d)を＜例＞のような構造式を用いて、化学反応式で表しなさい。

　　＜例＞　$\left[CH_2-CH \atop \quad\ \ COOH \right]_n$

(5)　ポリビニルアルコールのヒドロキシ基のうち30％をホルムアルデヒドと反応させたとき、酢酸ビニル$1.0×10^3$kgから得られるビニロ

ンは何kgか，求めなさい。

(☆☆☆◎◎◎)

【7】高等学校学習指導要領「理科」について，(1)～(3)に答えなさい。

(1) 次の文は，「第1款　目標」である。[　①　]～[　④　]にあてはまる語句を答えなさい。ただし，同じ番号の空欄には同じ語句が入るものとする。

> 　自然の事物・現象に関わり，[　①　]を働かせ，[　②　]をもって観察，実験を行うことなどを通して，自然の事物・現象を[　③　]するために必要な資質・能力を次のとおり育成することを目指す。
> (1)　自然の事物・現象についての理解を深め，[　③　]するために必要な観察，実験などに関する技能を身に付けるようにする。
> (2)　観察，実験などを行い，[　③　]する力を養う。
> (3)　自然の事物・現象に[　④　]に関わり，[　③　]しようとする態度を養う。

(2) 次の文は，「第4　化学基礎　3　内容の取扱い　(1)　イ」である。[　①　]～[　⑧　]にあてはまる語句をア～ソから選び，記号で答えなさい。

> (1)　内容の取扱いに当たっては，次の事項に配慮するものとする。
> 　イ　この科目で育成を目指す資質・能力を育むため，[　①　]などを行い，[　②　]を踏まえた学習活動を行うようにすること。その際，学習内容の特質に応じて，[　③　]，[　④　]，[　⑤　]，[　⑥　]，[　⑦　]などの[　⑧　]を習得させるようにするとともに，報告書などを作成させたり，発表を行う機会を設けたりすること。

【選択群】

ア　情報の収集　　　　　　イ　コンピュータの活用
ウ　グループワーク　　　　エ　仮説の設定
オ　課題の設定　　　　　　カ　実験結果の考察
キ　探究の過程　　　　　　ク　探究の方法
ケ　科学的な探究　　　　　コ　実験の計画
サ　観察，実験　　　　　　シ　実験データの分析・解釈
ス　科学的な概念の活用　　セ　実験による検証
ソ　安全の徹底

(3)　次の文は，「第5　化学　2　内容　(5)　化学が果たす役割　ア」である。[　①　]～[　⑤　]にあてはまる語句を答えなさい。

> ア　化学が果たす役割を[　①　]と関連付けながら，次のことを理解すること。
> 　(ア)　人間生活の中の化学
> 　　⑦　様々な物質と人間生活
> 　　　化学が果たしてきた役割として，[　②　]，[　③　]及び[　④　]がそれぞれの特徴を生かして人間生活の中で利用されていることを理解すること。
> 　　④　化学が築く未来
> 　　　化学の成果が様々な分野で利用され，未来を築く新しい[　⑤　]となっていることを理解すること。

(☆☆◎◎◎)

【生物】

【1】生体膜とタンパク質について，(1)～(5)の問いに答えなさい。

(1)　生体膜の構造を，次の語句をすべて用いて説明しなさい。
　　【語句】　リン脂質分子　　疎水性　　流動性

(2)　次の文を読み，(a)・(b)の問いに答えなさい。
　　他の人の皮膚や臓器を移植すると(　ア　)を起こして移植片は排

除される。自己，非自己の識別には，細胞膜の表面に存在する糖タンパク質が利用されており，これを（　イ　）抗原という。ヒトでは，HLA(ヒト白血球型抗原)とよばれ，第6染色体上にある6対の遺伝子によって決まる。HLA遺伝子の対立遺伝子数は非常に多いため，HLAが他人と一致することは極めてまれであるが，<u>兄弟姉妹間のHLAは約25％の確率で一致する。</u>

(a)　文中の（　ア　）・（　イ　）に適する語句を答えなさい。

(b)　文中の下線部のようになる理由を，簡潔に説明しなさい。

(3)　生体膜が大きく変形することによって，タンパク質などの大きな分子を内部に取り込む現象の名称を答えなさい。

(4)　原形質流動に関係する①細胞骨格と②モータータンパク質の名称をそれぞれ答えなさい。

(5)　細胞間結合の一種であるギャップ結合について，結合に関わるタンパク質の特徴と役割について説明しなさい。

(☆☆☆◎◎◎)

【2】呼吸と発酵について，(1)～(5)の問いに答えなさい。

A　細胞呼吸に関わる酵素の働きを調べるため，次の手順で実験を行った。

①　ニワトリの胸筋に石英砂とリン酸緩衝液を加えてすりつぶし，ガーゼでろ過して酵素液をつくった。

②　ツンベルク管を用意し，主室に①でつくった酵素液を5mL入れ，副室にコハク酸ナトリウム水溶液5mLとメチレンブルー水溶液を数滴入れた。

③　（　　　）

④　副室の溶液を主室に流し込み，ツンベルク管を37℃の温水に浸した。

⑤　主室内の溶液の色の変化を観察した。

　　実験の結果，温水に浸した直後の溶液は青色だったが，しばらくすると青色が薄れていき，最終的に青色はなくなり，酵素液の

色(乳白色)になった。

(1)　酵素液に含まれ，今回の実験に関係する酵素の名称を答えなさい。

(2)　手順③の(　　)に入る操作を，「アスピレーター」という語句を用いて答えるとともに，この操作を行う理由を説明しなさい。

(3)　反応後の主室内の溶液中にあらたに生成される有機酸を，次の(ア)〜(エ)から1つ選び，記号で答えなさい。

(ア)　ケトグルタル酸　　　(イ)　オキサロ酢酸

(ウ)　リンゴ酸　　　　　　(エ)　フマル酸

B　酵母菌をグルコース溶液に入れて培養し，気体の出入りを調べたところ，吸収された酸素量が10mL，放出された二酸化炭素量が50mLであった。

(4)　アルコール発酵で消費されたグルコースは何mgか。小数点以下を四捨五入して整数値で答えなさい。ただし，原子量はH＝1.0，C＝12，O＝16とし，1molの気体の体積を22.4Lとする。

(5)　この測定結果から，アルコール発酵と呼吸で生成したATPの割合を整数比で答えなさい。ただし，生成するATP数は，それぞれの反応での最大数を用いることとする。

(☆☆☆◎◎◎)

【3】遺伝情報の発現について，(1)〜(4)の問いに答えなさい。

(1)　次の図は，大腸菌における転写と翻訳の様子を模式的に示したものである。図中の(　a　)・(　b　)の名称をそれぞれ答えなさい。また，(　a　)，(　b　)の移動方向を(　a　)は矢印(ア)・(イ)から，(　b　)は矢印(ウ)・(エ)からそれぞれ選び，記号で答えなさい。

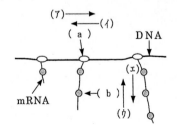

(2) 原核生物では，転写によってできたRNAがmRNAとなるが，真核生物では転写によってできたRNAから，ある過程を経てmRNAとなる。この過程の名称とその内容を説明しなさい。

(3) 大腸菌抽出液に人工RNAを加え，次の実験1〜3のようにタンパク質合成を行わせた。この実験からイソロイシンとチロシンを指定するコドンとして確定できるものをそれぞれ答えなさい。

　〔実験1〕UAの繰り返し塩基配列をもつ人工RNAからは，イソロイシンとチロシンが交互に配列したポリペプチド鎖が合成された。

　〔実験2〕UUAの繰り返し塩基配列をもつ人工RNAからは，イソロイシン，ロイシン，チロシンのいずれかだけからなる3種類のポリペプチド鎖が得られた。

　〔実験3〕AAUの繰り返し塩基配列をもつ人工RNAからは，アスパラギン，イソロイシンのいずれかだけからなる2種類のポリペプチド鎖が得られた。

(4) RNAに転写されるDNA領域において，1塩基の置換が起こっても，合成されるタンパク質のアミノ酸が変化しない場合がある。真核生物について，どのような場合が考えられるか。2つのパターンについて，それぞれ簡潔に説明しなさい。

(☆☆☆◎◎)

【4】ニューロンについて，(1)〜(5)の問いに答えなさい。

(1) 軸索の太さが同じであれば，有髄神経繊維の方が無髄神経繊維より伝導速度が速い。その理由を，次の語句をすべて用いて説明しなさい。

　【語句】　跳躍伝導　　非電導性　　活動電流

(2) 図1は，ニューロンに刺激を加えた時の時間の経過と，膜外を基準とした膜内の電位の変化を示したものである。あとの(ア)〜(ウ)のイオンチャネルが開いている状態になっている時間帯を，図中の(a)〜(c)からすべて選び，それぞれ記号で答えなさい。

【図1】

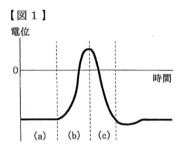

(ア)　電位依存性Na^+チャネル

(イ)　電位依存性K^+チャネル

(ウ)　電位非依存性K^+チャネル

(3)　複数のニューロンが束になった感覚神経において，受容した刺激の強弱の情報はどのようなかたちで中枢に伝えられるか，2つ答えなさい。

(4)　図2のように，軸索のd点とe点を同時に刺激すると，d点からの興奮とe点からの興奮がf点で衝突し，それぞれの興奮は消滅する。衝突した興奮が消滅する理由を説明しなさい。

【図2】

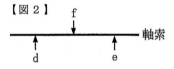

(5)　興奮性シナプスおよび抑制性シナプスにおいて興奮が伝達されると，シナプス後膜の膜外に対する膜内の電位はどのように変化するか。シナプス後膜にあるイオンチャネルから流入するイオンの種類を含めて，それぞれ説明しなさい。

(☆☆☆☆◎◎)

【5】個体群について，(1)〜(5)の問いに答えなさい。

(1)　次の図は，ある生物が増殖によって個体数を増やしていく様子を示したものである。アのグラフの名称を答えなさい。また，イの個体数を何というか答えなさい。

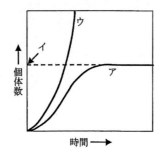

(2) 個体数は理論的には，上の図のウのグラフのように増加するはずで
あるが，実際にはそうならない。その要因として，「食物の不足」，「生
活空間の不足」以外にどのようなものが考えられるか，答えなさい。

(3) ある池に生息するメダカの個体数を調べるため，メダカを100個
体捕獲し，標識をつけてその場で放流した。3日後，同じ場所で120
個体のメダカを捕獲したところ，標識をしたものが8個体含まれて
いた。(a)～(c)の問いに答えなさい。

(a) このような個体数推定方法を何というか，答えなさい。

(b) 捕獲個体にとりつける標識には注意点が2つある。簡単に消え
ないことと，もう1つはどのようなことか，説明しなさい。

(c) この池の面積が500m²のとき，この池に生息するメダカの個体
群密度〔個体/m²〕を答えなさい。

(4) 次の表は，あるハチの一種が同時期に産んだ卵1000個について，
各発育段階別の生存数と死亡数をまとめた生命表である。(a)・(b)の
問いに答えなさい。

【表】あるハチの一種の生命表

発育段階	卵	1齢幼虫	2齢幼虫	3齢幼虫	4齢幼虫	さなぎ	成虫
はじめの生存数	1000	956	826	756	721	674	16
期間内の死亡数	44	130	70	35	47	658	—

(a) 死亡数が最多の発育段階はどれか，またその段階の死亡率〔%〕
を，小数点以下を四捨五入して整数値で答えなさい。

(b) このハチが，次世代でも同じ個体群の大きさを維持する場合，
成虫1個体あたりの産卵数を答えなさい。ただし，このハチが産
む卵の性比は，雌：雄＝1：1となるものとする。

(5)　動物が群れをつくることが，生存に有利になる理由を説明しなさい。

(☆☆☆◎◎◎◎)

【6】次の文は，高等学校学習指導要領「理科」の「第6　生物基礎」における「3　内容の取扱い」の(1)の一部である。(a)～(f)にあてはまる語句を答えなさい。同じ記号には，同じ語句が入るものとする。

イ　この科目で育成を目指す(a)を育むため，観察，実験などを行い，(b)を踏まえた学習活動を行うようにすること。その際，学習内容の特質に応じて，問題を見いだすための観察，(c)，仮説の設定，実験の計画，実験による検証，調査，データの分析・解釈，(d)などの探究の方法を習得させるようにするとともに，報告書などを作成させたり，発表を行う機会を設けたりすること。

エ　この科目で扱う用語については，用語の意味を単純に数多く理解させることに指導の重点を置くのではなく，主要な(e)を理解させるための指導において重要となる200語程度から250語程度までの重要用語を中心に，その用語に関わる(e)を，(f)を発揮しながら理解させるよう指導すること。

(☆☆◎◎◎)

【7】次の文は，高等学校学習指導要領「理科」の「第7　生物」における「2　内容　(1)　生物の進化　ア」の一部である。(a)～(f)にあてはまる語句を答えなさい。

(ア)　生命の起源と細胞の進化

㋐　生命の起源と細胞の進化

生命の起源と細胞の進化に関する資料に基づいて，生命の起源に関する考えを理解するとともに，細胞の進化を(a)の変化と関連付けて理解すること。

(イ)　遺伝子の変化と進化の仕組み

㋐　遺伝子の変化

遺伝子の変化に関する資料に基づいて，(b)と生物の形質の

変化との関係を見いだして理解すること。

〔イ〕　遺伝子の組合せの変化

　　(c)の結果などの資料に基づいて，遺伝子の組合せが変化することを見いだして理解すること。

〔ウ〕　進化の仕組み

　　進化の仕組みに関する観察，実験などを行い，(d)が変化する要因を見いだして理解すること。

(ウ)　生物の系統と進化

〔ア〕　生物の系統と進化

　　遺伝情報に関する資料に基づいて，生物の系統と(e)や(f)との関係を見いだして理解すること。

　　　　　　　　　　　　　　　　　　　　　　(☆☆◎◎◎)

【地学】

【1】次の(1)～(5)の問いに答えなさい。

(1)　地球の内部構造について説明した次の文章の(a)～(c)に適する語句を書きなさい。

　　大陸地殻の上部は，主に(a)岩質岩石，下部は主に斑れい岩質岩石からできており，海洋地殻は主に(b)岩質岩石・斑れい岩質岩石からできている。上部マントルは(c)岩質岩石からなる。

(2)　地球の深さ2900kmから中心までの部分を核といい，主に鉄とニッケルでできている。外核と内核はほぼ同じ組成だが，外核は液体で，内核は固体である。外核の最上部の温度は約3000～4000℃で，地球は中心に近づくほど高温であると考えられている。外核が液体で，内核が固体である理由について説明しなさい。

(3)　ジオイドとはどのような面か，説明しなさい。

(4)　次の文章が成り立つように，文中の(　)のア～エから適する語句を選び，記号で答えなさい。

　　地球内部の密度分布の影響で重力の方向が変化するため，ジオイドは地球楕円体に対して凹凸をもつ。鉛直線の方向は重力の方向で

あり，これはどこでもジオイドと(ア　不規則　　イ　平行
ウ　直交　　エ　斜交)の関係にある。

(5)　次図のように，標高5kmの山地の地殻の厚さを50km，海洋の深さ
を3kmとする。海水の密度を1.0g/cm³，地殻の密度を2.7g/cm³，マン
トルの密度を3.3g/cm³とするとき，海洋部分の地殻の厚さは何kmに
なるか，求めなさい。

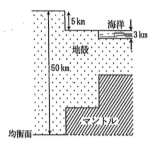

(☆☆☆☆◎◎)

【2】次の(1)～(3)の問いに答えなさい。

(1)　2019年7月に衝となった頃の土星は天の川の近くに位置していた。
次の(a)～(c)の問いに答えなさい。

(a)　天の川は，私たちの太陽系を含む多数の恒星などが集まった天
体を内側から見た姿である。この天体の名称を書きなさい。

(b)　(a)の天体における太陽系の位置として，最も適切なものはどこ
か，次図のア～エから選び，記号で答えなさい。

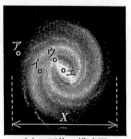

(a)の天体の模式図

(c) (a)の天体の直径*X*はおよそ何光年か，書きなさい。

(2) 徳島県でカメラを夜空に向け，長時間シャッターを開いて星の動きを撮影した。次のⅠ～Ⅳは東西南北のどの方位を記録したものか，また，星の動きはa・bのいずれか，Ⅰ～Ⅳそれぞれについて，撮影した方位と星の動きを答えなさい。

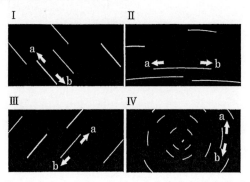

(3) 2019年7月に衝となった頃の土星の南中高度を徳島県(北緯約34度)で観測すると，約34度でかなり低かったが，2005年1月に衝となった頃の南中高度を調べると，約75度でとても高かった。なぜ，土星が衝となった頃の南中高度が，1月に比べて7月に低くなるのか，1月と7月を比較しながら理由を書きなさい。

(☆☆☆☆◎◎◎)

【3】次の(1)～(3)の問いに答えなさい。

(1) 次図は北北西，西北西に連なるハワイ諸島の火山と海山を●点で示したものである。ハワイ島から約2300km離れたミッドウェー島の火山の活動年代はおよそ2770万年前である。ホットスポットはハワイ島の位置から動かないものとして，あとの(a)～(c)の問いに答えなさい。

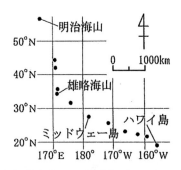

(a)　2770万年前から現在までの太平洋プレートの平均移動速度は約何cm/年か，求めなさい。

(b)　東太平洋海嶺から日本列島沖の沈み込み帯までの距離を11000kmとすると，沈み込み帯付近の太平洋プレート上の岩石は約何万年前に形成されたか，求めなさい。

(c)　図の火山島や海山の列が途中で折れ曲がっているように見える理由を説明しなさい。ただし，具体的なプレートの動き(方角など)について述べること。

(2)　結晶分化作用で生じるケイ酸塩鉱物について，次の(a)・(b)の問いに答えなさい。

(a)　玄武岩質マグマから最初に晶出する有色鉱物は何か，答えなさい。

(b)　SiO_4四面体の骨組みの間の金属イオンは，鉱物が結晶したときの温度や圧力によって様々な割合で入れかわることができる。結晶構造は同じだが元素の割合，つまり化学組成が連続的に変化する鉱物を何というか，答えなさい。

(3)　次図は，火成岩に含まれる主な酸化物の化学組成について示したものである。図の(a)～(c)に入る適当な酸化物をあとのア～カから選び，記号で答えなさい。

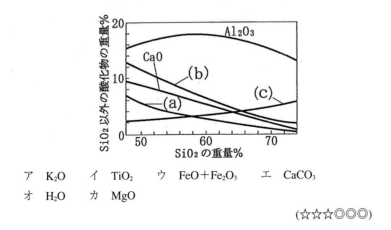

ア　K₂O　　イ　TiO₂　　ウ　FeO＋Fe₂O₃　　エ　CaCO₃
オ　H₂O　　カ　MgO

（☆☆☆◎◎◎）

【4】図は地球のエネルギー収支を表している。図中の数字は地球に入射する太陽放射を100としたときのエネルギーの大きさを示し，＋は吸収，－は放出を表している。大気圏外，大気圏，地表それぞれにおいてエネルギー収支はつり合っているとして，(1)～(5)の問いに答えなさい。

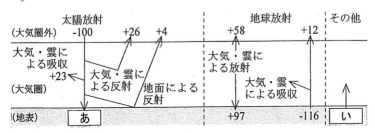

(1)　地球に入射する太陽放射のうち地球全体として大気圏外へ反射されるエネルギーは何％か求めなさい。

(2)　図中の　あ　，　い　にあてはまる適当な数字(符号も含む)を書きなさい。

(3)　　い　は，地表から大気に，放射以外で移動するエネルギーの輸送を示している。それは何か，2つ書きなさい。

(4)　太陽放射で最も多く放射される波長領域は可視光線であるのに対

299

し，地球放射で最も多く放射される波長領域の電磁波は何か，書きなさい。

(5) 地表から放射される地球放射のうち，大気や雲によって吸収されるエネルギーは何％か求めなさい。

(☆☆☆◎◎)

【5】次の文を読み，(1)〜(5)の問いに答えなさい。

　図Ｉは，岩盤を切り通した地点で崖に露出した地層を模式的に示したものである。道路は水平で一定の幅をもち南北方向に伸びている。道路の両側の崖は鉛直に切り立っている。A層は礫岩層でB層群の上に水平に堆積しており，ビカリアの化石が産出した。B層群・C層・D層群は整合関係であり，走向はNS，傾斜は60°Wであった。B層群とD層群は砂泥互層，C層は凝灰岩層である。D層群には級化成層が見られ，泥岩からサンゴやサンヨウチュウの化石が産出した。この地点から西に50m進んだ場所の南側の崖には，図Ⅱのような露頭があった。図中のZの部分では接触変成作用が見られ，花こう岩体Eの放射性年代は約2億2000万年前である。

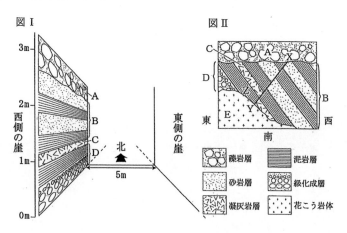

(1) C層はいつ堆積したと考えられるか。最も適切なものを次のア〜

オから選び，記号で答えなさい。

ア　新第三紀　　イ　古第三紀　　ウ　ジュラ紀　　エ　白亜紀

オ　石炭紀

(2)　断層X－Yについて，次の(a)・(b)の問いに答えなさい。

(a)　断層X－Yはどのような種類の断層か。最も適切なものを次のア～エから選び，記号で答えなさい。

ア　右横ずれ断層　　イ　左横ずれ断層　　ウ　正断層

エ　逆断層

(b)　断層X－Yから推察されることとして最も適切なものを，次のア～エから選び，記号で答えなさい。

ア　B層が東から西へ引っ張られるような力が加わった。

イ　C層を西から東へ押すような力が加わった。

ウ　花こう岩体Eが形成された後に断層X－Yが形成された。

エ　断層X－Yが形成される前にA層が堆積した。

(3)　西側の崖で1mの高さに見えた凝灰岩層Cは，東側の崖では何mの高さに見えると考えられるか，求めなさい。ただし，$\sqrt{2}=1.41$，$\sqrt{3}=1.73$，$\sqrt{5}=2.23$とする。

(4)　図中のZの部分では泥岩のほかに，どのような岩石を観察することができるか，書きなさい。

(5)　D層群からはサンゴの化石が産出した。サンゴやシジミなどの化石は示相化石の代表例である。ある化石が示相化石として用いられる条件として，どのようなことがあげられるか，書きなさい。

(☆☆☆☆◎◎◎)

【6】次の(1)・(2)の問いに答えなさい。

(1)　高等学校学習指導要領「理科」の「第8　地学基礎　3　内容の取扱い」および「第9　地学1　目標」について，(　①　)～(　⑥　)にあてはまる語句を書きなさい。

「第8　地学基礎　3　内容の取扱い　(1)　イ」

　この科目で育成を目指す資質・能力を育むため，観察，実験などを行い，探究の過程を踏まえた学習活動を行うようにすること。その際，学習内容の特質に応じて，情報の収集，（　①　）の設定，実験の計画，野外観察，調査，（　②　）の分析・解釈，推論などの探究の方法を習得させるようにするとともに，（　③　）などを作成させたり，発表を行う機会を設けたりすること。

「第9　地学　1　目標」

　地球や地球を取り巻く環境に関わり，理科の見方・考え方を働かせ，（　④　）をもって観察，実験を行うことなどを通して，地球や地球を取り巻く環境を科学的に探究するために必要な資質・能力を次のとおり育成することを目指す。

(1)　地学の基本的な概念や原理・法則の理解を深め，科学的に探究するために必要な観察，実験などに関する基本的な（　⑤　）を身に付けるようにする。

(2)　観察，実験などを行い，科学的に探究する力を養う。

(3)　地球や地球を取り巻く環境に主体的に関わり，科学的に探究しようとする態度と，自然環境の（　⑥　）に寄与する態度を養う。

(2)　次の(a)・(b)の問いに答えなさい。

　(a)　高等学校学習指導要領「理科」の「第8　地学基礎　3　内容の取扱い　(2)　イ」では，「⑦(日本の自然環境)の『恩恵や災害』については，日本に見られる気象現象，地震や火山活動など特徴的な現象を扱うこと。また，自然災害の予測や防災にも触れること。」とある。このことについて，緊急地震速報の仕組みを2つの地震波の性質と関連付けてどのように授業で取り上げるか，書き

なさい。

(b) 高等学校学習指導要領「理科」の「第9 地学 3 内容の取扱い (2) エ」では，「『公転』については，年周視差と年周光行差を扱うこと。」とある。年周視差と年周光行差について，恒星との距離を踏まえながら，地球の公転の証拠としてどのように授業で説明するか，具体的に書きなさい。

(☆☆☆◎◎◎)

解答・解説

中学理科・高校物理共通

【1】(1) $\dfrac{\rho_0 mg}{\rho}$ 〔N〕　(2) $mg-f$〔N〕　(3) $g-\dfrac{f}{m}$〔m/s²〕

(4) $\dfrac{mg-f}{k}$〔m/s〕　(5) (a) $Mg+f$〔N〕　(b) $(M+m)g$〔N〕

〈解説〉(1) アルキメデスの原理；「物体が液体中にある時，物体が押しのけた体積の液体の重さに等しい浮力がはたらく」より，鉄球の体積$=\dfrac{m}{\rho}$〔m³〕 → 浮力$f=$鉄球の押しのけた体積の水の重さ$=\dfrac{m}{\rho}\times$ $\rho_0\times g=\dfrac{m\rho_0 g}{\rho}$〔N〕となる。　(2) 鉄球を糸でつるして静止させているときの糸の張力をT〔N〕として鉄球にかかる力のつり合いから$T+f=mg$ → $T=mg-f$〔N〕となる。　(3) 糸を切った直後の鉄球の加速度をa〔m/s²〕とすると鉄球の速度はまだ0であるので鉄球の運動方程式は$ma=mg-f$ → $a=g-\dfrac{f}{m}$〔m/s²〕となる。　(4) 鉄球が落下し終端速度(等速度)v〔m/s〕に達したときの水からの抵抗力$C=kv$〔N〕であり鉄球周りの力のつり合いより$C+f=kv+f=mg$ → $kv=mg-f$ → $v=\dfrac{mg-f}{k}$〔m/s〕となる。　(5) (a) 糸でつ

303

るして静止しているときの垂直抗力をFa〔N〕とすると，水と容器側から見た鉄球から受ける力は浮力の反力fであり台にかかる力$F=Mg+f$〔N〕となる。したがって台から受ける垂直抗力$Fa=F=Mg+f$〔N〕となる。　(b)　終端速度v〔m/s〕に達したときの垂直抗力をFb〔N〕とすると水と容器側から見た鉄球から受ける力は浮力の反力f〔N〕と水が鉄球に与える抵抗力の反力C〔N〕であり，台にかかる力$F=Mg+f+C$〔N〕となり前問の内容から$C=mg-f$〔N〕であることから　→　$F=Mg+f+C=Mg+f+mg-f=Mg+mg$〔N〕　よって$Fb=F=(M+m)g$〔N〕となる。

中学理科・高校生物共通

【1】(1)　a　延髄　　b　副交感　　c　洞房結節　　(2)　鉱質コルチコイド　　(3)　チロキシン濃度の低下を視床下部が感知し，甲状腺刺激ホルモン放出ホルモンを分泌する。放出ホルモンは脳下垂体前葉からの甲状腺刺激ホルモンの分泌を促し，甲状腺刺激ホルモンは，甲状腺からのチロキシンの分泌を促す。その結果，チロキシン濃度が上昇する。　　(4)　・立毛筋が収縮する。　　・皮膚の血管が収縮する。
(5)　(a)　視床下部からの情報が交感神経によって副腎髄質に伝えられ，副腎髄質からアドレナリンが放出される。アドレナリンによってグリコーゲンの分解が促され，血糖濃度が上昇する。　　(b)　・細胞内へのグルコースの取り込みや消費の促進　　・グリコーゲンの合成の促進。
〈解説〉(1)　心臓の拍動調節の中枢は延髄にあり，自律神経のはたらきによって拍動が調節される。鳥類や哺乳類において心臓の周期的な収縮は右心房上部の洞房結節という自動能をもつ心筋細胞の集団が起点となって起こる。　　(2)　タンパク質からなるホルモンは細胞膜に存在する受容体と結合し，ステロイドからなるホルモンの多くは細胞膜内の受容体と結合する。細胞内の受容体には，核内受容体と細胞質受容

体がある。ステロイドホルモンには，鉱質コルチコイド，糖質コルチコイドなどがある。　(3)　チロキシンを分泌する内分泌腺は甲状腺である。甲状腺からチロキシン分泌を促進するのは脳下垂体前葉から分泌される甲状腺刺激ホルモンである。脳下垂体前葉のはたらきを促進するのが視床下部から分泌される甲状腺刺激ホルモン放出ホルモンである。　(4)　寒冷刺激により，交感神経が興奮し体表面の血管を収縮させるとともに立毛筋を収縮させて体表からの熱の放散量を減少させる。交感神経はさらに心臓の拍動を促進させ，副腎髄質からアドレナリンの分泌を促進する。一方，脳下垂体前葉から副腎皮質刺激ホルモンや甲状腺刺激ホルモンを分泌して糖質コルチコイドや甲状腺ホルモンの分泌を増大させ，血糖量を上げるとともに呼吸を盛んにして発熱量を増大させる。　(5)　(a)　血糖量の減少により交感神経が興奮すると，副腎髄質からのアドレナリンの分泌の増大と，膵臓ランゲルハンス島のA細胞からのグルカゴンの分泌の増大を促す。両者はグリコーゲンを分解してグルコース(血糖)の増大を促進する。　(b)　インスリンは，脳細胞を除くほとんどの細胞，特に肝細胞，筋繊維，脂肪細胞でのグルコースの取り込みを促進する。また，グリコーゲン，脂肪，タンパク質の合成を促進する。

中 学 理 科

【1】(1)　あ　1　　い　ネオン　　う　1　　え　アルゴン　　お　8　　か　1　　(2)　12　　(3)　6　　(4)　0.11〔nm〕　　(5)　0.41

〈解説〉(1)　あ・い　ナトリウム$_{11}$Naは価電子の数が1の原子であるため，電子1個を失い，ネオン$_{10}$Neと同じ電子配置をもつナトリウムイオンNa$^+$になりやすい。　う・え　塩素$_{17}$Clは価電子の数が7の原子であるため，電子1個を得て，アルゴン$_{18}$Arと同じ電子配置をもつ塩化物イオンCl$^-$になりやすい。　お・か　Na$^+$およびCl$^-$では，ともに最外殻に8個の電子が存在し，塩化ナトリウムNaClの結晶では，NaからClへ電

子1個が移ることにより生じた多数のNa^+とCl^-が静電気的な引力で結びついている。　(2)　図1において，中心のNa^+に着目すると，12個のNa^+と隣接しており，配位数は12となっている。　(3)　図1において，中心のNa^+に着目すると，6個のCl^-と隣接しており，配位数は6となっている。　(4)　題意より，一辺が0.28nmの立方体の頂点にNa^+とCl^-の中心が位置しているので，Na^+の半径は，0.28−0.17＝0.11〔nm〕と求まる。　(5)　陰イオンどうしが接している場合を考えると，隣り合う陰イオンの中心間の距離は$2R$であり，陽イオンと陰イオンの中心間の距離は$R+r$である。三平方の定理を考えると，式$\sqrt{2}(R+r)>2R$が成り立ち，整理すると，$\dfrac{r}{R}>0.41$と求まる。

【2】(1)　(a)　銀河系　　(b)　イ　　(c)　10万〔光年〕　　(2)　Ⅰ　方位…西，星の動き…b　　Ⅱ　方位…南，星の動き…b　　Ⅲ　方位…東，星の動き…a　　Ⅳ　方位…北，星の動き…a　　(3)　地球の地軸は公転面に垂直な方向から23.4°傾いて公転しているため，黄道は天の赤道に対して23.4°傾いている。衝の頃，地球から見て土星は太陽の反対側の黄道付近に位置しており，1月の太陽は冬至点に近く，7月は夏至点に近いのに対して，土星は天球上で太陽の反対側に位置しているために，1月の土星は夏至点に近く，7月は冬至点に近い。その結果，1月に比べて7月の南中高度は低くなる。　　(4)　北緯50°のある地点…低い　　赤道上のある地点…高い

〈解説〉(1)　(a)　天の川に分布する約2000億個の恒星と星間物質の大集団を銀河系という。　(b)　太陽系は銀河系の中心から約2万6100光年の距離の円盤部(ディスク)内にある。太陽系はオリオンの腕とよばれる渦巻き構造の中にあり，棒状構造内にはないので，イが適当と考えられる。　(c)　(b)の考察から，直径X内が銀河系の円盤部であると考えられる。円盤部の半径は約5万光年である。　(2)　地球は地軸を中心に西から東に自転している。そのため，北天にある恒星について，周極星(沈まない星)は北極星を中心に反時計回りに回転し，出没星(昇り沈む星)は東から昇って南中し西に沈む。このことからⅠ～Ⅳの方位

を判断できる。各図で左右がどの方位かを考えると，星の動きも判断できる。　(3)　土星の軌道傾斜角は約2.5度であるので，土星は黄道付近に位置する。衝のとき，土星は地球から見て太陽と反対方向にある。したがって，天球上で夏至点付近の土星は冬至点付近の太陽と，冬至点付近の土星は夏至点付近の太陽とほぼ同様の日周運動をするということである。このことは，月に関して満月のときは月が地球から見て太陽と反対側にあるので，満月の南中高度が春分・秋分の頃に中間的で，夏至の頃に低く，冬至の頃に高くなる理由と同じである。

(4)　(3)での考察から，冬至の頃の太陽の南中高度が緯度によってどうなるかを考えればよい。冬至における太陽の南中高度＝90°－緯度－23.4°であるから，緯度が高いほど南中高度は低くなる。

【3】(1)　(a)　①　見通し　　②　分析　　③　規則性　　(b)　①　性質　　②　密度　　③　加熱　　④　固有　　⑤　共通
(c)　①　連続性　　②　基本的な技能　　(d)　①　組織　　②　細胞のつくりの特徴　　(2)　①　考え方　　②　総合的　　③　日常生活
〈解説〉「第1　目標」と「第2　各分野の目標及び内容」は，特に重要なので，学習指導要領だけではなく，学習指導要領解説もあわせて理解するとともに，用語などもしっかり覚えておきたい。

高　校　理　科

【物理】

【1】(1)　$a=\dfrac{mg}{k}\sin\theta$　　(2)　(a)　$T=2\pi\sqrt{\dfrac{m}{k}}$　　(b)　b

(c)　$\pi\sqrt{\dfrac{m}{k}}$　　(d)　$v_{max}=b\sqrt{\dfrac{k}{m}}$

〈解説〉(1)　ばねが自然長lからa縮んだ時の弾性力＝kaである。小球にかかる重力の斜面に沿った方向の分力は$mg\sin\theta$である。これらがつり合って静止しているので$ka=mg\sin\theta$となることから，$a=\dfrac{mg}{k}\sin\theta$

となる。　(2)　単振動する時の状態を，補助情報を加えた図で示す。

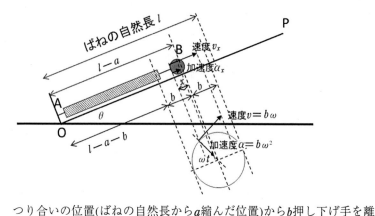

つり合いの位置(ばねの自然長からa縮んだ位置)からb押し下げ手を離すと振幅をbとする単振動を行う。単振動は相応する等速円運動の正射影であり図のような関係にある。等速円運動の角速度をω，速度をv，加速度をαとし，手を離してからの時間をtとする。そのときの小球のつり合いの位置からの距離をx，そこでの速度をv_x，加速度をα_xとする。　(a)　図より小球の運動の加速度$\alpha_x = \alpha\cos\omega t$であることがわかる。これを質量も加えて表せば，$m\alpha_x = m\alpha\cos\omega t$である。また$t = 0$のところで見てみるとばねのつり合いの位置に対する弾性力(復元力)はkbであり$kb = m\alpha$である。これらから$m\alpha_x = m\alpha\cos\omega t = kb\cos\omega t$より$m\alpha = kb$となって，さらに等速円運動の加速度$\alpha = b\omega^2$であることから，$m\alpha = mb\omega^2 = kb$　→　$\omega^2 = \dfrac{k}{m}$　→　$\omega = \sqrt{\dfrac{k}{m}}$となる。単振動の周期$T$は等速円運動の周期であり，$T = \dfrac{2\pi}{\omega} = 2\pi\sqrt{\dfrac{m}{k}}$となる。(b)　小球が最も高い位置にあるときとは手を離してから初めのつり合いの位置を中心として反対側に最大振れたときとなる。その変位はつり合いの位置から単振動の振幅bとなる。　(c)　手を離してから小球が最も高い位置に到達するのは単振動あるいは相応する等速円運動の周期Tの$\dfrac{1}{2}$の時間(円運動の半周)が経ったときである。よってその時

間は$\dfrac{T}{2} = \pi\sqrt{\dfrac{m}{k}}$となる。　(d)　小球が最大の速さ$v_{max}$になるのは初めのつり合いの位置$(x=0)$を通過するときである。図からわかるように小球の速度$v_x = v\sin\omega t$であり$x=0$では$\sin\omega t=1$で$v_{max}=v$となる。等速円運動の$v=b\omega$であるから上記の$\omega=\sqrt{\dfrac{k}{m}}$を用いて$v_{max}=b\omega=b\sqrt{\dfrac{k}{m}}$となる。

【2】(1)　x軸方向に進む波…y_1

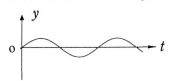

(2)　ア　$2A\cos 2\pi\dfrac{x}{\lambda}$　　イ　$\left(m+\dfrac{1}{2}\right)\dfrac{\lambda}{2}$　　ウ　$\dfrac{\lambda}{2}$　　エ　$m\dfrac{\lambda}{2}$

(3)　振動項より，この定常波の振動数は$\dfrac{1}{T}$であり，これは2つの進行波の振動数と一致している。

〈解説〉(1)

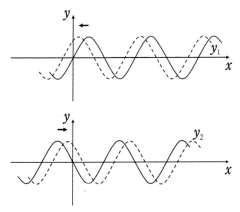

仮に$t=0$のときのそれぞれの正弦波のy_1とy_2を実線で示す。そこから時間$t>0$経つと両者の変位はyの正の向きに生じる(それぞれの破線の状

態)。そのとき波の進行方向を見てみるとy_1はx軸の負の向きに，y_2はx軸の正の向きに進むことがわかる。x軸の負の向きに進むのはy_1である。　(2)　$y = y_1 + y_2 = A\sin 2\pi\left(\dfrac{t}{T} + \dfrac{x}{\lambda}\right) + A\sin 2\pi\left(\dfrac{t}{T} - \dfrac{x}{\lambda}\right)$となる。

ここで設問に示された三角関数の関係式と対比して，$2\pi\left(\dfrac{t}{T} + \dfrac{x}{\lambda}\right) = a$，$2\pi\left(\dfrac{t}{T} - \dfrac{x}{\lambda}\right) = b$とすると，$\dfrac{a-b}{2} = \dfrac{2\pi x}{\lambda}$，$\dfrac{a+b}{2} = \dfrac{2\pi t}{T}$となるので$y = y_1 + y_2 = A\sin 2\pi\left(\dfrac{t}{T} + \dfrac{x}{\lambda}\right) + A\sin 2\pi\left(\dfrac{t}{T} - \dfrac{x}{\lambda}\right)$

$= A\left(2\cos\left(\dfrac{2\pi x}{\lambda}\right)\sin\left(\dfrac{2\pi t}{T}\right)\right) = 2A\cos 2\pi\dfrac{x}{\lambda}(\text{ア})\times\sin 2\pi\dfrac{t}{T}$

となる。(ア)を振幅項として波の節；変位$y = 0$となるのは，$2\pi\dfrac{x}{\lambda}$が，$\cdots$，$-3\dfrac{\pi}{2}$，$-\dfrac{\pi}{2}$，$\dfrac{\pi}{2}$，$3\dfrac{\pi}{2}$，$5\dfrac{\pi}{2}$，$\cdots$となるときである。整数$m = \cdots$，-2，-1，0，1，2，$\cdots$を用いると，$2\pi\dfrac{x}{\lambda} = (2m+1)\dfrac{\pi}{2}$より$x = \left(m + \dfrac{1}{2}\right)\dfrac{\lambda}{2}(\text{イ})$となる。それらの間隔は例えば$x_{m=0} = \dfrac{\lambda}{4}$，$x_{m=1} = 3\dfrac{\lambda}{4}$より間隔$\varDelta = 3\dfrac{\lambda}{4} - \dfrac{\lambda}{4} = \dfrac{\lambda}{2}(\text{ウ})$となる。振幅が最大の$y = 2A$となる波の腹は$2\pi\dfrac{x}{\lambda} = \cdots$，$-\pi$，$0$，$\pi$，$2\pi$，$\cdots$となるときで，$2\pi\dfrac{x}{\lambda} = m\pi$より$x = m\dfrac{\lambda}{2}(\text{エ})$となり，間隔は$\dfrac{\lambda}{2}$となる。　(3)　振幅項に対して定常波の$\sin 2\pi\dfrac{t}{T}$が振動項となる。それぞれの正弦波の振動数も$T$を周期，すなわち振動数を$\dfrac{1}{T}$として振動し，この定常波も同じく振動数を$\dfrac{1}{T}$として振動し両者の振動数は等しくなる。

【3】(1)　$Bld\sin\theta$〔Wb〕　　(2)　誘導起電力$\cdots Bld\omega\cos\theta$〔V〕　　高電位$\cdots$C　　(3)　$\dfrac{B^2 d^2 l\omega\cos\theta}{r}$〔N〕　　(4)　$-\dfrac{(Bdl\omega\cos\theta)^2}{r}$〔W〕
(5)　ブランコの力学的エネルギーは，抵抗でジュール熱として消費され，減少するから。

〈解説〉補助情報を加えた図を示す。

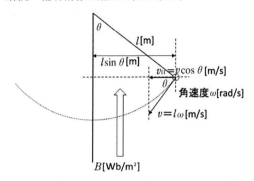

(1) 金属棒CDの長さはd〔m〕である。導線AD(BC)の鉛直上向きの磁場に対して垂直な投影長さは$l\sin\theta$〔m〕となる。よって長方形ABCDの磁場に対して垂直な投影面積は$dl\sin\theta$〔m^2〕となり，その面積を貫く磁束は$Bdl\sin\theta$〔Wb〕となる。 (2) 角速度がω〔rad/s〕であるので金属棒の速度$v=l\omega$〔m/s〕である。これも磁場に対して垂直な方向の速度ベクトル$v_H=v\cos\theta=l\omega\cos\theta$〔m/s〕である。この時の誘導起電力$V=v_HBd=Bdl\omega\cos\theta$〔V〕となる。コイルABCDにおいてその磁場に対する垂直な投影面積は減少する方向にある。すなわちそれを貫く磁束が減少する方向にある。レンツの法則からこの場合そこを貫く磁束を増やす方向に誘導起電力が生じる。右ねじの進む方向を磁場の向きでねじる向きが誘導電流の向き，あるいは右手の親指が磁場の向きで他の指の向きが誘導電流の向きであり，磁束を増やすつまりこの場合の磁場の向きに親指を向けた時の方向＝A→D→C→Bの方向に電流が流れる。電流の向きについては，金属棒中の荷電粒子にかかるローレンツ力からも考えることができる。磁場内を運動する荷電粒子にはローレンツ力がかかりその荷電粒子が正電荷であれば金属棒の運動方向を電流の向きと考えてフレミングの左手の親指の向きに力がかかりD→Cの向きに移動し，この場合は自由電子(負電荷)が荷電粒子と考えられるのでその逆向きC→Dに移動する。つまり負電荷がD端側に移動する，すなわちC端側に正電荷が移動していく。よってC端側の方が

311

高電位になると考えられる。　（3）　上記の誘導起電力VによってコイルABCDに，$V=ir$より$i=\dfrac{V}{r}=\dfrac{Bdl\omega\cos\theta}{r}$〔A〕の電流が流れる。この電流には磁場から力$f=Bdi=\dfrac{B^2d^2l\omega\cos\theta}{r}$〔N〕が働く。電流の向きに対してこの力の向きはフレミングの左手からこの場合金属棒が進む方向と逆向きになる。　（4）　（3）の力の時間当たりの仕事＝仕事率は$f\times v_\mathrm{H}$と考えることができる。ただし上記のように力fの向きと進むv_Hの向きは逆になる。よって仕事率は$-fv_\mathrm{H}=-\dfrac{B^2d^2l\omega\cos\theta}{r}\times l\omega\cos\theta=-\dfrac{(Bdl\omega\cos\theta)^2}{r}$〔W〕となる。　（5）　ブランコは初めある高さまで持ち上げられて振り出される。最初はその高さでの力学的エネルギーである位置エネルギーを持っている。そこから運動し誘導起電力を生じ，流れる電流が金属棒の抵抗によってジュール熱を生じエネルギーが消費され，持っていた力学的エネルギーを失い金属棒はやがて静止することになる。

【4】（1）　ア　$\dfrac{N}{N_\mathrm{A}}$　　イ　$\dfrac{NRT}{N_\mathrm{A}L^3}$　　ウ　$\dfrac{v_x}{2L}$　　エ　$\dfrac{mv_x^2}{L}$

　　オ　$\dfrac{Nm\overline{v_x^2}}{L^3}$　　カ　$\dfrac{Nm\overline{v^2}}{3L^3}$　　（2）　理想気体の場合，分子には大きさがないので，分子同士は衝突しないとみなすことができる。

　　（3）　$\dfrac{3RT}{2N_\mathrm{A}}$

〈解説〉（1）　この立方体内の気体分子の数がN〔個〕であるので気体の物質量は$n=\dfrac{N}{N_\mathrm{A}}$（ア）〔mol〕となる。容器の容積$V=L^3$である。これらを気体定数$R$と温度$T$とともに理想気体の状態方程式$PV=nRT$に当てはめると$P\times L^3=\dfrac{N}{N_\mathrm{A}}\times RT$　→　$P=\dfrac{NRT}{N_\mathrm{A}L^3}$（イ）となる。立方体の1面の壁Aに気体分子が$v_x$の速度で衝突し弾性衝突で跳ね返ることを考える時，まず1つの分子が壁Aに衝突する回数は，x軸方向の距離Lを往復する時間ごとに1回衝突するので，その往復にかかる時間は$\dfrac{2L}{v_x}$で

あり，単位時間に衝突する回数はその逆数の$\frac{v_x}{2L}$（ウ）となる。1個の分子はmv_xで壁に向かい弾性衝突をして$-mv_x$で跳ね返る。その力積の大きさは$|-mv_x-mv_x|=2mv_x$となる。それによって壁に及ぼす力$\overline{f}$はこの力積(通常〔kg・m/s〕)に単位時間に衝突する回数(〔1/s〕)をかけて$\overline{f}=2mv_x\times\frac{v_x}{2L}=\frac{mv_x^2}{L}$（エ）である。壁Aが受ける圧力Pは壁の面積が$L^2$で$N$〔個〕分子があることからこの1個の分子による$\overline{f}$に$N$をかけ面積で割ったものになる。この時容器中の速さの2乗の平均を$\overline{v^2}$としてそのx，y，z成分との関係は$\overline{v^2}=\overline{v_x^2}+\overline{v_y^2}+\overline{v_z^2}$と表すことができる。内容は同じであるが，この$\overline{v_x^2}$を$v_x^2$と置き換えて$P=\frac{N}{L^2}\times\frac{mv_x^2}{L}=\frac{Nmv_x^2}{L^3}$（オ）となる。また運動はランダムで，説明にあるように$\overline{v_x^2}=\overline{v_y^2}=\overline{v_z^2}$が成り立つので$\overline{v^2}=\overline{v_x^2}+\overline{v_y^2}+\overline{v_z^2}=3\overline{v_x^2}$ → $\overline{v_x^2}=\frac{\overline{v^2}}{3}$とする

ことができる。この関係を用いると$P=\frac{Nm\overline{v^2}}{3L^2}$（カ）と表すことができる。 (2) 理想気体では分子が大きさを持たず，分子同士の影響がないことを前提としている。実在の気体でも分子同士の衝突が無視できる希薄な状態では理想気体の状態方程式をほぼ適用できる。日常の環境の条件ではほぼそれを適用できる条件にある。そのことからも逆に理想気体では分子同士の衝突はないものと考えることができる。実在の気体は圧力が上がりあるいは温度が下がって分子同士の距離が短くなってくると互いの影響が大きくなり理想気体の条件からずれてくる。 (3) $P=\frac{NRT}{N_AL^3}$，及び$P=\frac{Nm\overline{v^2}}{3L^3}$と表すことができた。これらから$\frac{NRT}{N_AL^3}=\frac{Nm\overline{v^2}}{3L^3}$ → $m\overline{v^2}=3L^3\times\frac{RT}{N_AL^3}=\frac{3RT}{N_A}$となり気体分子1個の平均運動エネルギー$\frac{m\overline{v^2}}{2}=\frac{3RT}{2N_A}$となる。

【5】 (1) (a) ^{235}U   (b) α崩壊…7回 β崩壊…4回

(2) (c) 3^1_0n (d) 連鎖反応   (e) 8.2×10^{10}〔J〕

〈解説〉(1)　(a)　α崩壊は$_2^4$He原子を放出し質量が4減り原子番号が2減る。またβ崩壊では電子を放出し原子番号が1増え電子の質量は非常に小さいので質量は変わらない。^{207}Pbに至るまでの質量変化からα崩壊回数を見てみると^{238}Uでは$\dfrac{238-207}{4}=\dfrac{31}{4}$となって割り切れない。^{235}Uでは$\dfrac{235-207}{4}=\dfrac{28}{4}=7$と割り切れる。このことから^{235}Uが該当すると考えられる。ウランの崩壊系列では$_{92}^{235}$U→$_{82}^{207}$Pbをアクチニウム系列といい，$_{92}^{238}$U→$_{82}^{206}$Pbをウラン－ラジウム系列という。　(b)　示したように$_{92}^{235}$U→$_{82}^{207}$Pbの崩壊では質量変化から7回のα崩壊が行われたと考えられる。7回のα崩壊によって原子番号は$2×7=14$減少するがその実際の変化は10の減少である。したがってα崩壊に加えて$14-10=4$〔回〕のβ崩壊が行われたと考えられる。　(2)　(c)　反応式の両側で質量と原子番号の合計は等しくなる。左辺では質量の合計＝236，原子番号の合計＝92であり，右辺のBaとKrからの合計数字は，質量＝$141+92=233$，原子番号＝$56+36=92$となる。原子番号の合計はすでに等しく質量の合計は右辺で3不足している。このことから$_{92}^{235}$U$+_0^1$n→$_{56}^{141}$Ba$+_{36}^{92}$Kr$+3_0^1$n（ア）となり3個の中性子を放出すると考えられる。

(d)　記載のように分裂反応からの中性子が次の$_{92}^{235}$Uに当たり次々と分裂反応を引き起こす状態を連鎖反応という。連鎖反応が生じる状態を臨界といい，量が少なすぎると当たらないで連鎖反応に至らないが，この連鎖反応を生じるのに必要な量を臨界量という。　(e)　1〔g〕の$_{92}^{235}$Uは$\dfrac{1}{235}$〔mol〕でありその核の数は$\dfrac{1}{235}×6.0×10^{23}$〔個〕である。したがってこの数の核が核分裂すると発生するエネルギーは$\dfrac{1}{235}×6.0×10^{23}×2.0×10^8$〔eV〕となり，1〔eV〕$=1.6×10^{-19}$〔J〕より$\dfrac{1}{235}×6.0×10^{23}×2.0×10^8×1.6×10^{-19}=\dfrac{6.0×2.0×1.6}{235}×10^{(23+8-19)}=\dfrac{6.0×2.0×1.6}{235}×10^{12}=8.170\cdots×10^{10}≒8.2×10^{10}$〔J〕となる。

【6】　①　事物　　②　理科　　③　見通し　　④　科学的　　⑤　探究
　　　⑥　資質　　⑦　能力　　⑧　概念　　⑨　主体的

〈解説〉第1款にある教科の目標，および，第2款にある各科目の目標は，非常に重要なので，しっかりと理解しておくとともに，用語などもしっかり覚えておきたい。

【7】(1)　【A班】良い点…試行回数を多くしてデータを取得しているところ。　　問題点1…1周期分計測値が小さいときがあり，往復回数の数え間違いがあるのではないか。　　問題点2…速さがだんだん小さくなるので，振幅が最大になる瞬間をとらえるのは難しいのではないか。【B班】良い点…棒と糸が重なる時が振動の中心を通る瞬間としており，とらえやすいと思われる。　　問題点1…有効数字のことが考えられていない。　　問題点2…データ取得回数が少ないと，測定誤差等の影響が大きく残ってしまうのではないか。　　(2)　精度の高い実験を行っても，空気抵抗等を無視した条件のもとで計算した理論値と実験値では近い値にならないこともある。逆に不適切な実験操作でも偶然に理論値と近い値が出る場合もあることを注意してほしい。(97字)

〈解説〉(1)　A班　良い点…単振り子の往復回数10回，繰り返し計測回数7回は計測誤差を少なくする点で良いと思われる。　　問題点1…計測担当者を固定ししかも全ての計測に関する作業を1人で行っているが，データの偏りや誤差を軽減するために担当者も変えて計測してみることを考えた方が良い。人も誤差の要因の1つと考えるべきである。その場合は計測者を増やすことに伴って計測回数をもう少し増やすことになるだろう。　　問題点2…計測データには誤差が付き物で，中には誤差が他のデータからみて比較的大きいものがある。一定以上の回数の計測を行って全体から特にはみ出しているデータは省いて計算することを考えた方が良い。　　B班　良い点…単振り子の往復回数20回は誤差低減の点ではさらに良いと思われる。振動の起点・終点を台の棒に重なるところにしたのは目印がはっきりし良い。また回数計測の担当と，ストップウォッチの担当を分担したことは良い。　　問題点1…繰り返し計測回数3回は少ないと考えられる。　　問題点2…こちらもやはりそれぞれの担当を変えてその分さらに回数を増やして計測した方

が良い。　(2)　理論値は通常空気抵抗などの要素を無視して計算する。実際にはそれらの抵抗は存在するので測定による値はこの場合大きくなる傾向にある。どの程度大きくなるかは実験での測定とその誤差レベルによるがあまり理論値に近いものは結果を小さくする誤差が大きかったのではないか，と推測される。実験を行う上で，理論値は一旦片隅に置いて，誤差をいかに最小にするかを考えて計画し実験を実施することが重要である。100字程度にまとめると，解答の他に，「理論値は種々の抵抗要素を無視しているが実際には存在する。データは大きい方にも小さい方にも誤差が生まれる。先ず誤差を最小にすることに注意して行い，結果が得られた後理論値も含めてデータの解析を行うようにした方が良い。」(106字)などが考えられる。

【化学】

【1】　(1)　あ　1　い　ネオン　う　アルゴン　え　8　お　1
　　　(2)　12　(3)　6　(4)　0.11〔nm〕　(5)　0.41

〈解説〉(1)　あ〜う　ナトリウム$_{11}$Naは価電子の数が1の原子であるため，電子1個を失い，ネオン$_{10}$Neと同じ電子配置をもつナトリウムイオンNa^+になりやすい。また，塩素$_{17}$Clは価電子の数が7の原子であるため，電子1個を得て，アルゴン$_{18}$Arと同じ電子配置をもつ塩化物イオンCl^-になりやすい。　え・お　Na^+およびCl^-では，ともに最外殻に8個の電子が存在し，塩化ナトリウムNaClの結晶では，NaからClへ電子1個が移ることにより生じた多数のNa^+とCl^-が静電気的な引力で結びついている。　(2)　図1において，中心のNa^+に着目すると，12個のNa^+と隣接しており，配位数は12となっている。　(3)　図1において，中心のNa^+に着目すると，6個のCl^-と隣接しており，配位数は6となっている。　(4)　題意より，一辺が0.28nmの立方体の頂点にNa^+とCl^-の中心が位置しているので，Na^+の半径は，0.28−0.17＝0.11〔nm〕と求まる。　(5)　陰イオンどうしが接している場合を考えると，隣り合う陰イオンの中心間の距離は$2R$であり，陽イオンと陰イオンの中心間の距離は$R+r$である。三平方の定理を考えると，式$\sqrt{2}(R+r)>2R$が

成り立ち，整理すると，$\frac{r}{R}>0.41$と求まる。

【2】(1)　56〔kJ〕　　(2)　−76〔kJ/mol〕　　(3)　$\varDelta H \cdots 41$〔kJ/mol〕　$\varDelta U \cdots 37$〔kJ/mol〕　　(4)　$\varDelta H_2^p$は$\varDelta H_1^p$の3倍よりも小さいことから，ベンゼンの3個の不飽和結合はより飽和結合に近い安定化した状態にあると考えられる。

〈解説〉(1)　メタンCH_4の物質量は$\frac{1.0}{16}$〔mol〕であるため，求める熱量の大きさは，$\frac{1.0}{16}$〔mol〕$\times 890$〔kJ/mol〕$=55.6 \fallingdotseq 56$〔kJ〕と求まる。(2)　メタンCH_4(気)の燃焼反応の式を①，二酸化炭素CO_2(気)と水H_2O(液)の生成反応の式をそれぞれ②，③として，②＋(③×2)−①を求めると，C(黒鉛)$+2H_2$(気)$\rightarrow CH_4$(気)　$\varDelta H^p=-394+(-286 \times 2)-(-890)=-76$〔kJ/mol〕となり，メタン$CH_4$(気)の生成反応の式とその標準生成エンタルピーが求まる。　(3)　1mol当たりのエンタルピー変化$\varDelta H$は，$\dfrac{1.8〔kJ〕}{\frac{0.80}{18}〔mol〕}=40.5 \fallingdotseq 41$〔kJ/mol〕と求まる。水の沸点373Kにおいて，気体の状態方程式より1mol当たり，$pV=1 \times 8.3 \times 10^{-3} \times 373 = 3.0959$〔kJ〕である。よって，題意の式より，求める1 mol当たりの内部エネルギーは，$\varDelta U = \varDelta H - pV = 40.5 - 3.0959 \fallingdotseq 37$〔kJ/mol〕と求まる。　(4)　エンタルピー変化$\varDelta H$が，負の方向に値が大きいほど，生成物はエネルギー的により安定になる。ベンゼンの3個の不飽和結合がより飽和結合に近く安定化した状態であるために，エンタルピー変化$\varDelta H$の絶対値が小さくなっていると考えられる。

【3】(1)　イ，ウ，エ　　(2)　あ　$8H^+$　　い　$4H_2O$　　う　$2H^+$　え　$2e^-$　　(3)　0.024〔mol/L〕　　(4)　$2KMnO_4+5H_2O_2+3H_2SO_4 \rightarrow 2MnSO_4+5O_2+8H_2O+K_2SO_4$　　(5)　モル濃度$\cdots$0.90〔mol/L〕質量パーセント濃度$\cdots$3.1〔％〕

〈解説〉(1)　(a)　過マンガン酸カリウム中にはじめから混在している，あるいは，水の中に含まれる極微量の還元剤と過マンガン酸イオンと

の反応によって生成する，酸化マンガン(Ⅳ)MnO_2によって，過マンガン酸カリウムの分解が起こりやすくなってしまう。そのため，十分に加熱して還元性物質を分解し，反応を完全に終了させて安定した濃度の溶液を得るために長時間放置する必要がある。　(2)　反応前後の酸化数の変化を調べて電子e^-を加え，両辺の電荷の総和を等しくするためにH^+(酸性条件であるため)を加える。両辺のH，Oの数がそろっていない場合はH_2Oを加える。　(3)　シュウ酸水溶液の濃度は，$\dfrac{0.756}{126}$ $\times \dfrac{1}{0.1} = 0.06$〔mol/L〕である。(2)のイオン反応式より，過マンガン酸カリウム2molに対してシュウ酸は5mol反応するため，求める過マンガン酸カリウム水溶液の濃度をx〔mol/L〕とすると，$0.06 \times \dfrac{10.0}{1000} \times 2 =$ $x \times \dfrac{10.0}{1000} \times 5$より，$x = 0.024$〔mol/L〕と求まる。　(4)　$MnO_4^- + 5e^- + 8H^+ \rightarrow Mn^{2+} + 4H_2O$を式①，過酸化水素のイオン反応式$H_2O_2 \rightarrow O_2 + 2H^+ + 2e^-$を式②として，(①×2)+(②×5)として電子$e^-$を消去し，両辺に$(2K^+ + 3SO_4^{2-})$を加えることで得られる。　(5)　求める市販のオキシドールのモル濃度をy〔mol/L〕とすると，希釈したオキシドールの濃度は，$y \times \dfrac{10.0}{1000} \times \dfrac{1000}{100} = 0.1y$〔mol/L〕である。(4)のイオン反応式より，過マンガン酸カリウム2molに対してオキシドール(過酸化水素)は5mol反応するため，$0.1y \times \dfrac{10.0}{1000} \times 2 = 0.024 \times \dfrac{15.0}{1000} \times 5$より，$y = 0.90$〔mol/L〕と求まる。質量パーセント濃度については，1Lつまり，1.0〔g/cm³〕$\times 1000$〔mL〕$= 1000$〔g〕中に$0.90 \times 34 = 30.6$〔g〕の過酸化水素が存在するので，$\dfrac{30.6}{1000} \times 100 = 3.06 \fallingdotseq 3.1$〔％〕と求まる。

【4】(1)　あ　0.0170　　い　0.0965　　(2)　0.0960〔mol/L〕
(3)　$v = k[H_2][I_2]$　　(4)　(a)　A　　(b)　C　　(c)　B　　(d)　A
(e)　A

(5)

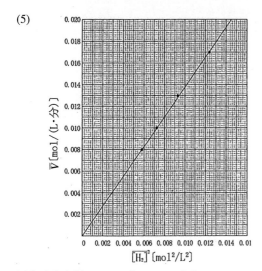

反応速度定数k…1.38〔L/(mol・分)〕

〈解説〉(1) あ $\dfrac{0.1200-0.1030}{1-0}=0.0170$より求まる。

い $\dfrac{0.1030+0.0900}{2}=0.0965$より求まる。 (2) 4分経つと$H_2$は，

0.1200−0.0720＝0.0480〔mol/L〕分が反応で消費される。題意の反応式より，H_2が1molに対して，HIは2mol生成されるため，0.0480×2＝0.0960〔mol/L〕と求まる。 (3) 題意の反応式の係数に対応させる。

(4) (a) 一般に，温度が高くなるほど反応速度は速くなる。

(b) 単位体積あたりの粒子の数が少なくなり，それらの衝突回数が減少するため，反応速度は遅くなる。 (c) ヨウ化水素は反応速度に関与していない。よって，変化しない。 (d) 体積が一定に保たれておらず，ヨウ化水素を取り除いた分だけ体積が減少，つまり，粒子の衝突回数が増加するため，反応速度は速くなる。 (e) 触媒を加えることで反応速度は速くなる。 (5) 表の$\overline{V}$と$\overline{[H_2]^2}$をもとにプロットをしていき，グラフを作成する。得られた直線の傾きより，$\dfrac{0.018}{0.013}≒1.38$〔L/(mol・分)〕と反応速度定数$k$を求める。

【5】(1)　脱硫　　(2)　硫黄の燃焼により生じた二酸化硫黄が水蒸気と反応して亜硫酸の酸性雨となり，森林が破壊される。　　(3)　あ　重油　い　軽油　う　灯油　え　ナフサ　　(4)　アルケン…C_nH_{2n}　　アルカン…C_nH_{2n+2}

(5)

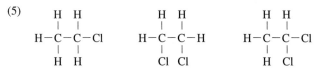

(6)　$CO+3H_2$　　(7)　$CH_3COONa+NaOH→Na_2CO_3+CH_4$

(8)　7.5〔L〕

〈解説〉(1)　脱硫は，ラネーニッケルとよばれる触媒によって還元させ，炭化水素を与える合成反応である。　　(2)　二酸化硫黄は水によく溶け，酸性雨の原因となっている。　　(3)　原油は，分留などによって，石油ガス，ナフサ，灯油，軽油，残渣油などの成分に分けられる。
(4)　鎖式炭化水素のうち，飽和のものをアルカン，不飽和で二重結合を1つもつものをアルケンという。　　(5)　$n＝2$のアルカンのうち，クロロ基を1つもつものは1種類しか存在しない。また，クロロ基を2つもつものは2種類存在する。　　(6)　触媒を用いて炭化水素を水蒸気に作用させて，一酸化炭素と水素を発生させる水蒸気改質の反応である。
(7)　実験室では，メタンは，酢酸ナトリウム無水塩に水酸化ナトリウムやソーダ石灰などを加え，加熱して得られる。　　(8)　気体の状態方程式より，求める体積V〔L〕は，$V=\dfrac{24.6}{82}×8.3×10^3×300×\dfrac{1}{1.0×10^5}$
$=7.47≒7.5$〔L〕と求まる。

【6】(1)　ナイロン　　(2)　(a)　$3C+CaO→CaC_2+CO$　　(b)　$CaC_2+2H_2O→Ca(OH)_2+C_2H_2$　　(3)　ビニルアルコールは不安定な物質であり，すぐにアセトアルデヒドに変化するため。

(4)

$$\left[CH_2-CH \right]_n \quad + \quad n\text{NaOH} \quad \rightarrow \quad \left[CH_2-CH \right]_n \quad + \quad n\text{CH}_3\text{COONa}$$
$$\quad\quad\,\, | \quad\quad\quad\quad\quad\quad\quad\quad\quad\quad\quad\quad\quad\quad\,\,\, |$$
$$\quad\,\, \text{OCOCH}_3 \quad\quad\quad\quad\quad\quad\quad\quad\quad\quad\quad \text{OH}$$

(5) 5.3×10^2〔kg〕

〈解説〉(1) カロザースは，1931年，合成ゴムであるクロロプレンゴムの合成に成功し，その後，繊維用材料の開発に着手し，1935年，最初の合成繊維であるナイロン66の合成に成功した。 (2) 解答参照。

(3) アセチレンに適当な触媒を用いて水を付加させると，不安定なビニルアルコール$CH_2=CHOH$を経て，アセトアルデヒドCH_3CHOになる。

(4) ポリ酢酸ビニルを水酸化ナトリウムにより加水分解することで，ポリビニルアルコールが得られる。 (5) ポリビニルアルコールにホルムアルデヒドと反応させることで，一部の隣り合うヒドロキシ基$-OH$がアセタール化されて，$-O-CH_2-O-$のエーテル結合を形成する。ヒドロキシ基のうち30%がアセタール化されたとすると，ビニロンの分子量は，$88n \times 0.70 + 100n \times 0.30 = 91.6n$となる。よって，酢酸ビニル$1.0 \times 10^3$〔kg〕から得られるビニロンは，$\dfrac{1.0 \times 10^3}{86n} \times \dfrac{1}{2} \times 91.6n$ $\fallingdotseq 5.3 \times 10^2$〔kg〕と求まる。

【7】(1) ① 理科の見方・考え方 ② 見通し ③ 科学的に探究 ④ 主体的 (2) ① サ ② キ ③ ア ④ エ ⑤ コ ⑥ セ ⑦ シ ⑧ ク (3) ① 日常生活や社会 ② 無機物質 ③ 有機化合物 ④ 高分子化合物 ⑤ 科学技術の基盤

〈解説〉第1款にある教科の目標，および，第2款にある各科目の目標は，非常に重要なので，しっかりと理解しておくとともに，用語などもしっかり覚えておきたい。

【生物】

【1】(1)　生体膜を構成するリン脂質分子は，疎水性の部分を内側に向けて2層に並び，安定した構造をとるが，流動性があるため膜の形状は柔軟に変化する。　　(2)　(a)　ア　拒絶反応　　イ　主要組織適合　(b)　6対のHLA遺伝子間の距離が近く，組換えがほとんど起こらないため，子のHLA遺伝子の組み合わせが最大4通りしかないから。

(3)　エンドサイトーシス　　(4)　①　アクチンフィラメント

②　ミオシン　　(5)　中空のタンパク質で，細胞間の物質の通路となる。

〈解説〉(1)　生体膜はリン脂質が親水性部(リン脂質分子のリン酸基)を外側に，疎水性部分(脂肪酸の炭化水素鎖)を内側に2層に並んだ膜に，タンパク質が埋め込まれた基本構造をもつ。リン脂質分子は固定されておらず流動的に動くし，モザイク状に埋め込まれたタンパク質も比較的自由に膜の中を横方向に動く。このような膜モデルを流動モザイクモデルという。　　(2)　移植臓器の拒絶反応は，臓器の表面にある主要組織適合抗原(ヒトの場合はHLAとよばれる)をリンパ球が識別して起こる免疫反応である。HLA遺伝子は複数の遺伝子によって構成されており第6染色体の狭い範囲にあるために遺伝子の組換えが生じにくい。父のもつ相同染色体をAとB，母が持つ相同染色体をCとDとすると，子の持つ染色体は，AとC，AとD，BとC，BとDの4通りになる。よって，兄弟姉妹間で染色体が同じになる確率は$\frac{1}{4}$(25%)となる。

(3)　エンドサイトーシスは，白血球が異物を取り込む食作用などにも見られる。　　(4)　細胞骨格であるアクチンフィラメントの上を細胞質が周回する。このときモータータンパク質であるミオシンは，細胞質の流動層の部分を細胞小器官と結合しながら，アクチンとの相互作用で移動する。これによって細胞質流動が起こる。　　(5)　ギャップ結合は細胞間接着のしくみの一つである。細胞膜に，膜タンパク質で構成されたトンネル状の構造がつくられ，この構造どうしが結合することで，水やイオン，小さな分子が移動する通路としてはたらく。

【2】(1) コハク酸脱水素酵素 (2) 操作…アスピレーターを用いてツンベルク管内を脱気し，副室を回して密閉する。 理由…コハク酸脱水素酵素のはたらきにより生じた水素が酸素と結合するのを防ぐため。 (3) (エ) (4) 161〔mg〕 (5) 12：19

〈解説〉(1) 胸筋から取り出した酵素はコハク酸(基質)から脱水素によりフマル酸にするはたらきをする。よって酵素はコハク酸脱水素酵素である。 (2) 酵素による脱水素反応で生じた水素は，青色の酸化型メチレンブルーを無色の還元型メチレンブルーに変えることで確認できる。しかし管内に酸素が存在すると，生じた水素がH_2Oの生成に使われて，還元型メチレンブルーとならない。アスピレーターは水流によるベンチュリー効果によりツンベルク管内の空気を吸引排気する道具である。 (3) (ア)～(エ)の物質はいずれもクエン酸回路の中間生成物である。クエン酸→ケトグルタル酸→コハク酸→フマル酸→リンゴ酸→オキサロ酢酸の順に反応が進む。 (4) 呼吸で吸収される酸素の物質量と放出される物質量は同じである。吸収された酸素10mLは呼吸によるので，気体の状態方程式より，放出した二酸化炭素も同量の10mLである。よって，放出された二酸化炭素50mLは，呼吸による量が10mL，発酵による量が40mLとなる。アルコール発酵で放出した二酸化炭素40mLの物質量は，$\frac{40}{22.4}$〔ミリmol〕である。アルコール発酵の，グルコース(分子量180)と二酸化炭素の関係は，$C_6H_{12}O_6 - 2CO_2$であるので，消費されたグルコースの物質量は，$\frac{40}{22.4} \div 2$〔ミリmol〕であり，その質量は，$180 \times \frac{40}{22.4} \div 2 \fallingdotseq 160.7$〔mg〕となる。 (5) アルコール発酵での二酸化炭素と生成ATPの物質量の関係は，$C_6H_{12}O_6$：$2CO_2$：2ATP である。二酸化炭素は$\frac{40}{22.4}$〔ミリmol〕だから，生成したATPも$\frac{40}{22.4}$〔ミリmol〕である。呼吸では，$C_6H_{12}O_6$：$6CO_2$：38ATP の関係となる。呼吸により放出した二酸化炭素の物質量は，$\frac{10}{22.4}$〔ミリmol〕となるので，生じるATPの物質量は，$\frac{10}{22.4} \times \frac{38}{6}$〔ミリmol〕

である。発酵と呼吸の生成ATPの物質量について，発酵によるATPを H，呼吸によるATPを K とすると，次の比例式が成り立つ。

$$H:K=\frac{40}{22.4}:\left(\frac{10}{22.4}\times\frac{38}{6}\right)=1:\frac{19}{12}=12:19$$

【3】(1)　a　名称…RNAポリメラーゼ　　方向…(ア)
b　名称…リボソーム　　方向…(ウ)　　(2)　名称…スプライシング
内容…転写されたRNAからイントロンが除去され，エキソンのみがつなぎ合わされる。　　(3)　イソロイシン…AUA　　チロシン…UAU
(4)　パターン1：塩基が置換されても，同じアミノ酸を指定するコドンになる場合。　　パターン2：イントロンにおいて塩基の置換が起こった場合。

〈解説〉(1)　問題の図で3本のmRNA鎖の長さを比べると右側の方が長いことから，右の鎖が先に転写されていることが分かる。aはRNAポリメラーゼでありその移動方向は(ア)である。mRNA鎖の内，DNAに近い位置が新しく転写された部分なので，bのリボソームはDNA鎖から遠い位置の塩基から(ウ)方向に移動しながら翻訳していく。　　(2)　真核生物の遺伝子はエキソンの間にイントロンが介在していることが多い。そのような遺伝子では，イントロンはエキソンに接続したまま転写される。このようにして合成されたRNAは，mRNA前駆体とよばれる。その後，核外に出るまでに，前駆体においてイントロンに対応する部分が除去されるとともに，分断されたエキソンに対応する部分が連結するスプライシングが起こる。

(3)

鎖1… UAU AUA UAU AUA	イソロイシン
	チロシン
鎖2… UUA UUA UUA UUA	イソロイシン
鎖3… UAU UAU UAU UAU	ロイシン
鎖4… AUU AUU AUU AUU	チロシン
鎖5… AAU AAU AAU AAU	アスパラギン
鎖6… AUA AUA AUA AUA	イソロイシン

図で，鎖1のUAUとAUAのどちらかがイソロイシンである。鎖1，4，6の太い下線部は共通して一番目の塩基が<u>A</u>，二番目の塩基が<u>U</u> をもっており，イソロイシンと推定できる。すると，<u>UAU</u> がチロシンとなる。よって，残るUUAがロイシン，AAUがアスパラギンと判断できる。

(4) 例として，DNAのGCCの3番目の塩基がGに置換した場合，mRNAへの転写でコドンはCGGがCGCになるが，翻訳されるアミノ酸はともにアルギニンであり変わることはない。かつ，この塩基配列がイントロンに含まれていることが前提となる。

【4】(1) 有髄神経繊維には非電導性の髄鞘があるため，活動電流がランビエ絞輪間を跳躍伝導するため。 (2) (ア)…(b) (イ)…(c) (ウ)…(a)，(b)，(c) (3) ・興奮するニューロンの数の違い ・ニューロンに発生する興奮の頻度の違い (4) 興奮した直後の軸索は不応期となり，反対側から来た活動電流に反応しないため。

(5) 興奮性シナプス…ナトリウムイオンが流入し，膜内の電位は上昇する。 抑制性シナプス…塩化物イオンが流入し，膜内の電位は下降する。

〈解説〉(1) 有髄神経では，髄鞘の成分である脂質が非伝導性のため，活動電流はランビエ絞輪を次々と伝わる。このような興奮の移動を跳躍伝導という。 (2) 細胞表面の電位差の変化は，Na^+とK^+に対する膜の透過性に関係する。 (a) 静止時には，ナトリウムポンプがNa^+を細胞外に汲み出し，電位非依存性K^+チャネルでK^+を細胞内に汲み入れている。 (b) 刺激を受けるとNa^+チャネルが開いて，膜外のNa^+が細胞膜に急激に流入するので，膜内外の電位が逆転する(活動電位の発生)。 (c) Na^+の流入よりやや遅れてK^+チャネルが開いてK^+が細胞外に流出するため，膜内の電位が急激に下降して負に戻る。ナトリウムポンプと電位非依存性K^+チャネルは常時はたらいている。

(3) 1本のニューロンにおいて，刺激の強弱は興奮の頻度に置き換えて伝えられる。多くのニューロンの束では，それぞれのニューロンの閾値が少しずつ異なり，刺激が強くなると興奮するニューロンの数が

増えていく。　(4)　dとcからの興奮はfに到着する。活動電流の上昇期，下降期，過分極期ではNa$^+$の急激な流入は起こらず，新たな活動電流は発生しない。このような期間を不応期という。　(5)　興奮性シナプス…アセチルコリンなどの神経伝達物質を受容すると，次のニューロンの膜(シナプス後膜)ではNa$^+$が流入し膜内の電位が上昇して活動電位が起こりやすくなる。　抑制性シナプス…γ－アミノ酪酸などの神経伝達物質を受容すると，シナプス後膜ではCl$^-$が流入し，膜内の電位が低下して活動電位が起こりにくくなる。

【5】(1)　ア　成長曲線　　イ　環境収容力　　(2)　排出物の増加などによる生活環境の悪化。　(3)　(a)　標識再捕法　　(b)　個体の行動に影響を与えないこと。　(c)　3〔個体/m²〕　(4)　(a)　段階…さなぎ　死亡率…98〔%〕　(b)　125〔個〕　(5)　集団で分業や協調行動をとると，食物の獲得や捕食者の発見が容易になる。また，繁殖活動の相手を得る機会が増えて，子孫を残しやすくなる。

〈解説〉(1)　個体群がその個体数を増加させ，個体群密度が高くなることを個体群の成長という。時間の経過に伴う成長の様子を表したグラフを成長曲線という。一般に成長曲線はS字状の曲線を描く。問題文のグラフで，ウは計算上の成長曲線(指数曲線)を表す。　(2)　解答参照。　(3)　(a)　標識再捕法は移動する生物の個体数の測定に用いられる。植物や固着性動物など移動しない生物の個体数の測定には区画法が用いられる。　(b)　標識再捕法で推定するにはいくつかの前提条件がある。i)標識の脱落がなく，つけた標識がその後の生物の行動に影響を与えたり，捕獲されやすさに差がなかったりすること。ii)標識個体と非標識個体がランダムに混ざりあうこと。iii)調査期間中に個体群での出生，死亡，他の個体と移出入がないこと。　(c)　この問いの場合，個体群密度は次の計算式で求める。　個体群密度$(D)=\dfrac{個体数(N)}{生息面積(S)}$　標識再捕法による全個体数(N)は次の式による計算で求める。

$$\dfrac{標識個体数(100尾)}{全個体数(N)}=\dfrac{再捕獲標識個体数(8尾)}{再捕獲個体数(120尾)}$$

$N=\dfrac{100\times120}{8}=1500$　よって，個体群密度$D=\dfrac{1500}{500}=3$〔個体/m²〕

(4)　(a)　さなぎの死亡率＝$\dfrac{\text{期間内の死亡数}}{\text{はじめの生存数}}\times100=\dfrac{658}{674}\times100\fallingdotseq97.6$

$\fallingdotseq98$〔％〕　　(b)　1000個の卵から成虫になるのは16匹である。雌：雄＝1：1なので，成虫のうち卵を産む雌の数は8匹であり，それで1000個の卵を産む必要がある。よって，1個体あたりの産卵数は，$\dfrac{1000}{8}$＝125〔個〕　　(5)　群れをつくることにより，自身が捕食者に捕食される危険性が下がったり，他個体が捕食者を警戒している間に獲物を採餌できたり，生殖の機会が増大したりするが，群れが大きくなると，捕食者に見つかりやすくなったり，共通の資源をめぐる競争が生じたりする欠点もある。

【6】a　資質・能力　　b　探究の過程　　c　情報の収集　　d　推論
e　概念　　f　思考力
〈解説〉該当箇所を読み込むこと。

【7】a　地球環境　　b　突然変異　　c　交配実験　　d　遺伝子頻度
e　塩基配列　　f　アミノ酸配列
〈解説〉該当箇所を読み込むこと。

【地学】

【1】(1)　a　花こう　　b　玄武　　c　かんらん　　(2)　外核では，温度・圧力条件により，鉄やニッケルは融けて液体になっていると考えられる。内核は外核より高温であるが，高圧なので，高温でも金属が融けないため固体であると考えられる。　　(3)　平均海水面を陸域にも延長し，平均海水面で地球の全表面を覆った仮想の面をいう。
(4)　ウ　　(5)　11〔km〕
〈解説〉(1)　大陸地殻の上部は花こう岩質岩石，下部は斑れい岩質岩石，海洋地殻は玄武岩質岩石・斑れい岩質岩石，上部マントルはかんらん岩質岩石からなると考えられている。　　(2)　レーマンによって内核が

発見されたときは，P波速度の構造しか明らかではなかったが，当時から内核は固体であると考えられていた。2010年の時点で高温・高圧実験により地球中心部に相当する364万気圧，5500度の発生に成功しており，現在では内核の環境における物性を調べることができるようになってきている。　(3)　平均海水面を仮想的に陸地へ延長した面をジオイドという。地球の重力による位置エネルギーの等しい面(重力の等ポテンシャル面)の1つであり，地球の重力以外の影響を取り去った場合の全地球を覆う仮想的な海面である。陸域への延長は，運河やトンネルを掘ってその場所まで海水を導いたとして考える。標高はジオイド面からの高さで表される。　(4)　ジオイドは重力の等ポテンシャル面であるから，重力の方向(鉛直線の方向)はジオイド面と直交する。(5)　均衡面よりも上にある物質による単位面積当たりの重力が等しい。簡単のため，密度と厚さの積の総和のつり合いを考えればよい。求める海洋部分の地殻の厚さをx〔km〕とすると，$2.7 \times 50 = 1.0 \times 3 + 2.7 \times x + 3.3 \times (50 - 5 - 3 - x)$　これを解いて，$x = 11$〔km〕

【2】(1) (a)　銀河系　　　(b)　イ　　　(c)　10万〔光年〕　　　(2)　(方位，星の動き　の順)　Ⅰ　(西，b)　　Ⅱ　(南，b)　　Ⅲ　(東，a)
Ⅳ　(北，a)　　　(3)　地球の地軸は公転面に垂直な方向から23.4°傾いて公転しているため，黄道は天の赤道に対して23.4°傾いている。衝の頃，地球から見て土星は太陽の反対側の黄道付近に位置しており，1月の太陽は冬至点に近く，7月は夏至点に近いのに対して，土星は天球上で太陽の反対側に位置しているために，1月の土星は夏至点に近く，7月は冬至点に近い。その結果，1月に比べて7月の南中高度は低くなる。

〈解説〉(1)　(a)　天の川に分布する約2000億個の恒星と星間物質の大集団を銀河系という。　(b)　太陽系は銀河系の中心から約2万6100光年の距離の円盤部(ディスク)内にある。太陽系はオリオンの腕とよばれる渦巻き構造の中にあり，棒状構造内にはないので，イが適当と考えられる。　(c)　(b)の考察から，直径X内が銀河系の円盤部であると考

えられる。円盤部の半径は約5万光年である。 (2) 地球は地軸を中心に西から東に自転している。そのため，北天にある恒星について，周極星(沈まない星)は北極星を中心に反時計回りに回転し，出没星(昇り沈む星)は東から昇って南中し西に沈む。このことからⅠ～Ⅳの方位を判断できる。各図で左右がどの方位かを考えると，星の動きも判断できる。 (3) 土星の軌道傾斜角は約2.5度であるので，土星は黄道付近に位置する。衝のとき，土星は地球から見て太陽と反対方向にある。したがって，天球上で夏至点付近の土星は冬至点付近の太陽と，冬至点付近の土星は夏至点付近の太陽とほぼ同様の日周運動をするということである。このことは，月に関して満月のときは月が地球から見て太陽と反対側にあるので，満月の南中高度が春分・秋分の頃に中間的で，夏至の頃に低く，冬至の頃に高くなる理由と同じである。

【3】(1) (a) 8.3〔cm/年〕 (b) 1億3000〔万年前〕 (c) 雄略海山が形成されるまでのプレートの移動方向は北北西であったが，雄略海山の形成後に移動方向が北北西から西北西へと変化し，現在に至っている。 (2) (a) かんらん石 (b) 固溶体 (3) (a) カ (b) ウ (c) ア

〈解説〉(1) (a) 2770万年で2300km移動したので，$\dfrac{2300\times10^{3}\times10^{2}}{2770\times10^{4}}=$ 8.30…≒8.3〔cm/年〕 (b) 東太平洋海嶺で形成されたプレートが，日本列島までの1.1×10^{4}kmを(a)で求めた8.3cm/年で移動してきたとすると，求める年代は$\dfrac{1.1\times10^{4}\times10^{5}}{8.3}=1.32\cdots\times10^{8}$年≒1億3000万年前となる。 (c) このような海山や火山島の列は，プレートの下でマントル深部から高温の物質が上昇してできたほぼ固定されたマグマの供給源の上を，プレートが移動していくことにより形成される。海山はできたときは現在のハワイ島の位置にあったと考えられるので，形成過程は解答のようになる。 (2) (a) ボーエンの反応理論によれば，かんらん石である。 (b) 例えば，かんらん石は独立したSiO_4四面体が骨組みとなり，四面体の間にFe^{2+}やMg^{2+}が入り込んで，電気的な力

で結合していて，化学式では$(Mg, Fe)_2SO_4$と表される。石英以外の主な造岩鉱物は固溶体である。　(3)　(a)(b)は，SiO_2の割合が多くなると減少する酸化物であり，結晶分化作用でFeOやMgOを多く含む有色鉱物が最初に結晶化すると考えるので，割合の大小も考慮すると，(a)がMgO，(b)が$FeO＋Fe_2O_3$である。(c)について，SiO_2の割合が多くなるとカリ長石や黒雲母が含まれるようになるが，これらの鉱物にはK(カリウム)が含まれている。したがって，K_2Oの割合が多くなる。

【4】(1)　30〔％〕　　(2)　あ　＋47　　い　－28　　(3)　潜熱輸送，顕熱輸送　　(4)　赤外線　　(5)　90〔％〕

〈解説〉(1)　求めるものは，大気・雲による反射＋26と地面による反射＋4の和である。　(2)　太陽放射の内訳を考えて，あ＋23＋26＋4＝100より，あ＝＋47　地表におけるエネルギー収支を考えて，あ＋97－116＋い＝0より，い＝－28　(3)　水の蒸発・凝縮などに伴う潜熱輸送と，対流や伝導による顕熱輸送の和を表している。　(4)　太陽放射は，主に紫外線や可視光線，4μmより波長の短い赤外線であるのに対して，地球放射は，4μmより波長の長い赤外線である。
(5)　地表から放射される地球放射は116，そのうち大気圏外に出てしまうのは12なので，大気・雲による吸収は104である。したがって，求める割合は$\frac{104}{116}×100＝89.6\cdots≒90$〔％〕

【5】(1)　オ　　(2)　(a)　エ　　(b)　イ　　(3)　9.65〔m〕　　(4)　ホルンフェルス　　(5)　・生息条件(範囲)が限られていること　　・現生の種と比べて，生息環境をある程度推察することができるものであること　　・現地性の(産出した場所で生息していた)ものであること

〈解説〉(1)　D層群のZのところでは放射年代約2億2000万年前の花こう岩体により接触変成作用を受けているので，D層群の形成はそれ以前であること，泥岩層からサンゴやサンヨウチュウの化石が産出したことから，古生代であると考えられる。　(2)　(a)　B層群・C層・D層群の走向がNS，傾斜が60°Wで，図Ⅱにおける見かけの傾斜が50°〜55°W

であるので，図Ⅱの露頭は走向NSに対して垂直に近い。よって，断層X－Yは上下にずれた断層であると考えられる。C層(凝灰岩層)に着目すると，上盤がずり上がっているので，逆断層である。　(b)　逆断層なので，水平方向(東西方向)に圧縮する力が加わった。断層X－Yは花こう岩体Eに切られているので，EはX－Yの後である。また，A層はB～D層群およびX－Yを切っているので，AはX－Yの後である。

(3)　傾斜が60°Wなので，求める高さは，$1+5\tan60°=1+5\times\sqrt{3}=1+5\times1.73=9.65$〔m〕　(4)　泥岩が接触変成作用を受けるとホルンフェルスになる。　(5)　解答参照。

【6】(1)　①　仮説　　②　データ　　③　報告書　　④　見通し　⑤　技能　　⑥　保全　　(2)　(a)　地震波には初期微動をもたらすP波と，激しい揺れ(主要動)をもたらすS波があるが，P波の方がS波より速いため，地震波到着時刻に差が生じる。そこで震源に近いところでP波の初動を観測し，各地のS波の到達時間や震度を計算して素早く警報を出すことにより，S波到達までの時間を使って被害軽減に役立てることができる。　(b)　年周視差は，比較的近くの恒星を1年間観測したとき，背景の遠方の星に対して1年を周期としてわずかに動いて見える現象で，その値は恒星までの距離に反比例して小さくなる。また年周光行差は，恒星の見える方向が地球の公転方向に，1年を周期としてわずかに動いて見える現象で，恒星までの距離に関係なく最大20.5″程度である。どちらの現象も地球が公転していなければ起こりえない現象で，地球公転の証拠である。

〈解説〉(1)　高等学校学習指導要領(平成30年3月告示)の該当箇所を読み込むとともに，詳しく述べられている学習指導要領解説にあたって整理しておくとよい。　(2)　(a)　気象庁より提供される緊急地震速報では，P波をとらえて地震の発生時間，震源，大きさを即時にとらえ，各地の震度を推定し報告している。それによって災害の大きさなどの推定にも役立っている。蓄積されるデータはさらに地震の予測や防災にも役立っている。　(b)　イギリスのブラッドレーによって発見され

　た年周光行差についてみると，恒星からの光は，鉛直に降る雨が動いている電車の窓では(雨の落下速度と電車の速度によって)斜めに降っているように見えるのと同じで，斜めに(地球の進行方向の前の方から)やってくるように見え，あたかも恒星が動いているかのように見える。実際は地球が動いているからである。その恒星の見かけの動きは，地球の公転運動を反映して，地球の公転面(黄道面)に垂直な位置の恒星では円運動をしているかのように，黄道面方向の恒星は直線的に左右に動いているかのように見える。その間の恒星は楕円形を描くように見える。ドイツのベッセルが最初に測定に成功した年周視差については，遠いながらも比較的近い恒星はさらに遠くの星(天空)を背景に映し出した時，その恒星の見かけの動きは地球の公転運動を反映して形状は年周光行差の場合と同じようになる。この年周視差は地球からあるいは太陽から恒星までの距離を知るのに役立つ。

●書籍内容の訂正等について

　弊社では教員採用試験対策シリーズ（参考書，過去問，全国まるごと過去問題集），公務員試験対策シリーズ，公立幼稚園・保育士試験対策シリーズ，会社別就職試験対策シリーズについて，正誤表をホームページ（https://www.kyodo-s.jp）に掲載いたします。内容に訂正等，疑問点がございましたら，まずホームページをご確認ください。もし，正誤表に掲載されていない訂正等，疑問点がございましたら，下記項目をご記入の上，以下の送付先までお送りいただくようお願いいたします。

> ① **書籍名，都道府県（学校）名，年度**
> （例：教員採用試験過去問シリーズ　小学校教諭 過去問　2025年度版）
> ② **ページ数**（書籍に記載されているページ数をご記入ください。）
> ③ **訂正等，疑問点**（内容は具体的にご記入ください。）
> （例：問題文では"ア〜オの中から選べ"とあるが，選択肢はエまでしかない）

〔ご注意〕

○ 電話での質問や相談等につきましては，受付けておりません。ご注意ください。

○ 正誤表の更新は適宜行います。

○ いただいた疑問点につきましては，当社編集制作部で検討の上，正誤表への反映を決定させていただきます（個別回答は，原則行いませんのであしからずご了承ください）。

●情報提供のお願い

　協同教育研究会では，これから教員採用試験を受験される方々に，より正確な問題を，より多くご提供できるよう情報の収集を行っております。つきましては，教員採用試験に関する次の項目の情報を，以下の送付先までお送りいただけますと幸いでございます。お送りいただきました方には謝礼を差し上げます。

（情報量があまりに少ない場合は，謝礼をご用意できかねる場合があります）。

◆あなたの受験された面接試験，論作文試験の実施方法や質問内容

◆教員採用試験の受験体験記

- -

送付先

○電子メール：edit@kyodo-s.jp

○FAX：03-3233-1233（協同出版株式会社　編集制作部 行）

○郵送：〒101-0054　東京都千代田区神田錦町2-5
　　　　協同出版株式会社　編集制作部 行

○HP：https://kyodo-s.jp/provision（右記のQRコードからもアクセスできます）

※謝礼をお送りする関係から，いずれの方法でお送りいただく際にも，「お名前」「ご住所」は，必ず明記いただきますよう，よろしくお願い申し上げます。

教員採用試験「過去問」シリーズ

徳島県の
理科 過去問

編　集	ⓒ 協同教育研究会
発　行	令和6年3月25日
発行者	小貫　輝雄
発行所	協同出版株式会社
	〒101-0054　東京都千代田区神田錦町2‐5
	電話　03－3295－1341
	振替　東京00190－4－94061
印刷所	協同出版・POD工場

落丁・乱丁はお取り替えいたします。